30 | 계명한국학총서

근대 전환기의 학문적 단절 잇기

— 계명대학교 한국학연구원 편 —

계명대학교 출판부

계명한국학총서 30 | 근대 전환기의 학문적 단절 잇기

책을 펴내며

근대를 사이에 둔 여러 겹의 학문적인 단절들

'근대'라는 용어 자체는 현실이 아니라 개념의 세계에 속한 것이다. 그것은 매 순간 동일하지는 않은 속도로 흘러가는 시간의 흐름을 인위적으로 분절하여 하나의 국면을 부각시키는 과정에서 발생했다. 그렇게 서로 다른 국면을 나누어 설명하는 것이 관습화되면서, 그것을 경계로 한 앞뒤의 두 시간적 세계가 마치 단절된 것처럼 보이는 일종의 착시현상 속에 우리가 놓여 있는 것은 아닐까. 그 단절은 물론 우리가 겪어야 했던 근대 성립의 파행적 경로 탓도 있겠지만, 그와 같은 왜곡된 시간의식에 의해 더 강화되고 있었던 것은 아닐까.

이와 같은 근대 이전과 근대 사이의 단절에 대한 감각은 한국학의 개별 학문 분야 내에서 하위 전공을 분류하는 방식에 의해 한 번 더 강화되고 고착되어 온 듯하다. 가령 한국문학의 경우 대개 고전문학과 현대문학으로 전공이 나눠져 있고, 한국사학의 경우에는 조선사, 근대사로 구분하는 방식에 익숙해져 있는 상황이다. 각 전공은 상대편 시기의 영역을 좀처럼 건드리려 하지 않는 경향이 있고, 그러다 보니 그 사이에는 보이지 않는 문턱이 점점 더 높아갈 수밖에 없다. 그 필연적인 결과로 동일한 대상에 대해 설명하더라도, 어느 시간의 방향에서 바라보느냐에 따라 서로 다른 면이 보이는 현상이 초래되고 있다. 하지만 그 근대의 경계 영역은 그 전후의 전공 영역의 협력에 의할 때 각 시선으로 바라보지 못했던 이면을 함께 확인할 수 있을 것이다.

그리고 여기에 한 가지 단절이 더 작용하고 있다. 한국학의 영역에서 문학, 사학, 철학 등으로 구분된 학문체계가 사실은 그런 방식으로 분화되어 있지 않은 대상을 앞서 구분하고 있는 측면이 있다. 근대적인 학문체계가 고착되기 이전에는 그와 같은 구분은 기능하지 않았기 때문에, 가령 신채호와 같은 경우 그의 사상은 지금으로 보면 문학, 사학, 철학 모두에 걸쳐 있다. 하지만 우리는 각 연구 분야의 시각으로부터 그 대상의 특정 면만을 바라보는 방식에 익숙해져 있는 것이다.

이 책은 2011년 4월 29일 계명대학교 한국학연구원에서 '근대 이전과 근대 사이의 학문적 단절 잇기'라는 주제로 개최한 기획학술대회에서 발표되었던 여섯 편의 논문을 엮은 것이다. 그 학술대회의 취지는 위에서 언급한 문제의식을 토대로 문학, 사학, 철학 등의 서로 다른 세 분야의 학자들을, 그리고 그 개별 학문 분야 내에서는 근대를 경계로 하여 그 전후의 시기를 전공하는 두 명의 학자들을 한자리에 초청해서 근대의 문턱을 경계로 한 여러 겹의 학문적인 단절 문제를 생각해보고자 한 것이다. 말하자면 동일한 대상을 바라보는 서로 다른 여섯 개의 시선을 교차시켜보고 그 차이에 대해 사유하는 과정에서 우리가 놓여 있는 상황의 실상을 확인할 수 있으리라 기대했던 것이다. 이 논문들은 그 문제의식에 대한 저마다의 공들인 대답을 담고 있다고 생각되는데, 그럼에도 그 문제는 한 번의 학술대회로 해소될 수 있는 성격의 것이 아니라는 것도 사실이다. 이 글들이 그 논의를 이어나가는 출발점이 되기를 기대하는 바람을 담아 이 책을 펴낸다.

계명대학교 한국학연구원

Content

문학

문학론·문장론·문학사론에서의 전통의 문제
이광수·이태준·임화를 중심으로 | 황재문

한문맥漢文脈의 이미저리,
『대한민보大韓民報』(1909~1010) 만평漫評의 알레고리 읽기
1909년 연재분을 중심으로 | 황호덕

Literature

문학론 · 문장론 · 문학사론에서의 전통의 문제

—

이광수·이태준·임화를 중심으로

—

황 재 문

1. 서론

외국인 학생을 대상으로 한 강의에서 한국 문학을 배우면서 느낀 점이 무엇인지 물어본 일이 있었다. 오스트리아 국적의 학생이 한국에서 시를 '읽는 것'이 낯선 풍경이었다고 답했다. 자신은 시를 눈으로 읽거나 음률 없이 낭독해본 경험이 없었다는 것이다. 근대에 이르러 정형시 대신 자유시를 창작하게 되었고 음영이 아닌 묵독默讀이나 낭송으로 향유하게 된 것이 아닌가 하고 물었더니, 자신은 그렇게 생각하지 않는다고 했다. 근대를 규정하는 '근대성'의 구체적 양상은 나라마다 다를 수 있는 것인 셈이다.

그렇다면 오늘날 한국에서 문학의 근대성에 대한 답은 어디서 도출하고 있는가를 문제 삼아 볼 만하다. 근대성이란 당연히 우리의 근대에 대한 경험으로부터 이끌어낸 것이어야 하겠는데, 실제로 그러했는지는 정밀하게 살펴볼 필요가 있다. 이광수가 '문학'이 'Literature'

의 역어譯語라고 발언하였고 오늘날에도 그러한 발언에 대한 긍정론이 존재한다는 사실을 고려한다면, 우리의 근대로부터 근대성의 지표를 이끌어내지 않았을 가능성도 있다고 판단되기 때문이다.

본고에서는 우리의 근대문학이 성립되던 시기에 전통의 문제가 어떻게 다루어지고 있었는지를 살핌으로써 이 문제에 접근해 보고자 한다. 근대문학이 문학에 대한 새로운 이해를 바탕으로 문학사의 새로운 시대를 열어간 것이라고 한다면, 그 '새로운 이해'의 형성에 우리 문학의 전통이 어떤 역할을 할 수 있었을지 이를 통해 짐작해 볼 수 있다고 기대할 수 있다. 우리 문학의 전통, 즉 우리의 고전문학 유산에 대한 정당한 비판을 통해 우리의 근대문학이 정립된 것인지를 따지기 위해서는 문학작품의 양상에 대한 세밀한 검토가 있어야 할 것이나, 여기서는 우선 근대문학 성립기에 '문학'에 대한 이해를 주도한 논의들에서 그 가능성을 살피고자 한다.

우리의 근대문학 성립기에 있어 전통에 대한 태도를 논한 선행연구가 있어 본고에서 논의를 진행하는 데 참조할 수 있다. 조동일은 1920년대에 한문학 전통에 대한 전통고수론, 전통부정론, 전통혁신론이 공존했다고 지적한 바 있는데,[01] 이를 수용한다면 당시의 전통에 대한 태도나 시각의 다양성을 인정할 수 있을 것이다. 그렇지만 정만조, 이광수, 안확의 문학 활동에 대한 영향력이 균등하지는 않기 때문에, 그러한 다양성이 우리 근대문학이 실제 성립하는 데 어느 정도 반영되었는지에 대해서는 의문을 가질 수 있다.

이에 본고에서는 당대 및 현대에 비교적 영향력이 큰 작가들에

---

01 조동일. 1991. 「한문학 전통의 계승에 대한 논란」. 『한국문학과 세계문학』. 지식산업사.

의해 마련된 문학에 대한 논의들을 주로 검토하고자 한다. 즉 이광수의 「문학이란 何오」(1916), 이태준의 『문장강화』(1940), 임화의 『개설 신문학사』(1939~1941)에서의 전통에 대한 태도를 살피고자 한다. 이들은 각기 문학, 문장, 문학사를 다룬 것이어서 그 서술의 성격에 차이가 있지만, 세 가지 모두가 전통적인 의미의 '문학'에 속하는 요소를 포함하고 있으므로 함께 다룰 필요가 있다고 판단된다.

2. 「문학이란 何오」와 전통의 부정

이광수는 「문학의 가치」(1910)에서 "시가나 소설처럼 情의 분자를 포함한 문장"으로 문학을 정의하였으며, 「문학이란 何오」(1916)에서는 이를 보다 구체화하여 11개 항으로 구성된 비교적 체계적인 문학론을 제시하였다. 문학론의 성립에 외부적 영향이 있었음은 이미 잘 알려진 바이지만,[02] 그렇다고 이광수의 주체적인 '선택'의 의의를 부정하기는 어렵다. 이광수는 1920년대 이후에 부분적인 변화를

02 이광수의 문학론 성립에 관해서는 쓰보우치 쇼요[坪內逍遙]의 『小說神髓』의 영향이 깊이 있게 다루어진 바 있다(김윤식. 1973. 「초창기의 문학론과 비평의 양상」. 『한국근대문학연구』. 일지사). 또한 톨스토이의 영향(이선영. 1965. 「춘원의 비교문학적 고찰」. 『새교육』 134호)이 언급된 바도 있다. 이광수는 「문학에 뜻을 두는 이에게」에서는 윈치스터의 「문예비평론」, 나츠메 소세키[夏目漱石]의 문학개론, 혼마 히사오[本間久雄]의 「문학개론」 등을 청년들에게 소개할 만한 문학서로 거론하고 있는데, 이들의 영향 또한 지적할 만하다. 김열규. 1969. 「이광수의 문학론」. 『한국근대문학연구』. 서강대출판부에서 쓰보우치 쇼요, 혼마 히사오, 나츠메 소세키의 문학론과의 비교가 이루어진 바 있다.

보인 문학론을 발표하기도 했지만,[03] 그 의의나 영향이 초기의 문학론보다 큰 것이었다고 말하기는 어렵다.

「문학이란 何오」는 같은 단어에도 여러 가지 의미가 있을 수 있는데 자신이 말하고자 하는 '문학'의 의미는 재래의 것과는 다르며 서양인이 사용하는 'Literature'와 같다고 규정하면서 시작된다(①新舊 語義의 相異). 이광수는 자신이 사용하는 '문학'은 특정한 형식과 내용을 갖춘 것이라고 했는데, 형식에 있어서는 문자로 기록되어 있으면서 시·소설·극·평론과 같은 문학상의 형식을 갖추어야 한다고 했고 내용상으로는 사상과 감정을 발표한 것이어야 한다고 했다. 과학과 달리 지知가 아닌 정情을 만족시키는 것이라고도 했다(②文學의 定義).

이광수가 과거와는 다른 '새로운 문학'을 선언한 것은 분명히 의미 있는 발언이었다. 일본의 나츠메 소세키〔夏目漱石〕나 중국의 루쉰〔魯迅〕에게서도 이와 유사한 발언을 찾아볼 수 있으며, 이는 문학사의 시대 변화에 조응하고자 하는 자신감과 의무감의 표현이라고 볼 수 있다. 량치차오〔梁啓超〕가 문학계의 '혁명'을 주창한 것도 새로운 시대에 맞는 새로움의 필요성을 제기했다는 점에서 같은 맥락으로 해석할 수 있다.

그런데 이러한 새로운 시대의 선언이 실질적인 의미를 갖는 것이 쉬운 일은 아니다. 과거에 대한 자각적이면서도 비판적인 성찰을 거

---

03 조동일, 「한문학 전통의 계승에 대한 논란」, 208-217쪽에서 거론된 「문학강화」(1924~1925)가 대표적인 사례이다. 초기의 문학론에서 강조한 '지정의론知情意論' 이해에 변화가 보이지만, 자신을 비판하는 새로운 세대에 대한 반박의 의미 이상을 찾기는 어렵다. 또한 문학을 예외로 둔다고 해도 '지정의론' 자체는 그대로 유지하고자 했으므로, 근본적인 변화라고 평가하기도 어렵다(같은 글, 213-214면 참조).

쳐서 새로운 길을 열어가야 하며, 그렇게 하지 않으면 선언 자체가 일종의 구호로만 그칠 수 있기 때문이다. 예컨대 량치차오가 '시계혁명詩界革命'의 구체적 내용으로 신의경新意境, 신어구新語句와 함께 고인지 풍격古人之風格을 내세운 것은 시계혁명의 선언이 과거의 문학전통에 대한 성찰 위에서 이루어진 것임을 의미한다. 량치차오가 편 '고인지 풍격古人之風格'이라는 주장이 근대적 의의를 가질 수 있는 것인가에 대해서는 논란의 여지가 있지만, 적어도 그러한 주장을 내놓기까지의 과정이나 배경에는 자각적인 전통 비판의 면모를 발견할 수 있다. 따라서 중국 내에서 이를 두고 논란이 펼쳐질 수 있었다. 이는 이광수의 「문학이란 何오」의 상황과는 다르다.

일본의 경우는 어떠한지 살펴보자. 일본 근대문학론의 다양한 면모를 여기서 자세히 살필 여유는 없지만, 문학이 'Literature'의 번역어라고 주장했던 나츠메 소세키의 발언에서 그 상황을 짐작해 볼 수 있다.

> 풍속이나 습관이나 또는 정조情操에 있어서 서양의 역사에 드러난 것만이 풍속과 습속, 그리고 정조라고 할 수 있고 그 외의 다른 풍속이나 습속이나 정조는 없다고 말할 수는 없습니다. 또 서양인들이 자신들의 역사에서 자신들만의 독특한 변천을 경과하여 다다른 최후의 도착점이 반드시 모두의 표준이 될 수도 없습니다. 특히 문학에 있어서는 전혀 그렇게 되지 않습니다. 대부분의 사람들은 일본을 유치하다고 말합니다. 정떨어지는 이

> 야기입니다만, 나도 그렇게 생각하고 있습니다. 그러나 자국의 문학이 유치하다고 고백하는 것은 그렇기 때문에 오늘의 서양문학이 표준이 되어야 한다는 의미는 아닙니다. 유치한 오늘의 일본문학이 발달하면 반드시 현대의 러시아문학처럼 되지 않을 수 없다는 식의 논리는 성립할 수 없다고 나는 믿고 있습니다.[04]

1908년에 발표한 글의 한 부분이다. 나츠메 소세키 특유의 '자기 본위'의 정신을 담고 있는 이 글에는, 자국의 문학이 유치하다고하는 인식과 함께 그 유치한 문학이 발전하게 된다면 서양의 문학이 걸어간 길을 그대로 가지는 않을 것이라는 신념이 표명되어 있다. 역사도 그러하지만 문학의 경우는 더욱 서양이 표준일 수 없다고 했다. 이러한 견해를 가지게 되면, 자국 문학의 상황에 대한 성찰과 비판을 통해 '새로운 문학'의 길을 찾아볼 수밖에 없다. 적어도 이광수처럼 외국의 문학론 수용에서 머무는 손쉬운 대안을 찾을 것이라고는 생각하기 어렵다.

본격적인 논의에 들어가서는 문학이 가진 독자성과 가치를 강조하는데(③文學과 感情), 그 독자성의 근거는 한국의 문학과는 거리가 있는 데서부터 도출된다. 지知·정情·의意가 각기 독자적인 영역을 가진다는 당대에 유행한 논의를 받아들이는데,[05] 이광수는 이를 그

---

04 나츠메 소세키. 2004.「창작가의 태도」.『나츠메 소세키 문학예술론』. 황지헌 역. 소명출판. 182쪽.
05 권보드래. 2000.『한국근대소설의 기원』. 소명출판. 27-53쪽에서는 당시 지知·정情·의意 개념이 교육학에서의 지智·덕德·체體 개념과의 관련 하에서 확산된 양상을 상세하게 제시하고 있다.

대로 수용함으로써 문학의 독자성을 주장한다. 또 여기서 한 걸음 나아가 '정의 만족'을 '흥미'로 구체화하였으며, 그 결과 문학의 재료로서 '흥미를 줄 만한 것'을 높이 평가하기에 이른다(④文學의 材料).

'지知·정情·의意'는 기독교가 지배하는 사회적 상황으로부터 벗어나 과학과 예술의 자유를 얻기 위해 고안된 개념이다.[06] 그것은 유럽의 특수한 역사적·종교적 상황과 관련된 것이어서, 유사한 배경을 갖지 않은 지역에서는 그대로 적용하기 어렵다. 이광수가 지知·정情·의意 가운데 지知와 정情이 각기 문학과 과학에 관련된다는 점은 분명하게 지적하지만 상대적으로 의意의 문제에 대해서는 불분명하게 언급하고 있는 점은, 그러한 어려움에서 온 결과로 해석할 만한 여지가 있다.

'지정의론'은 전통적인 문학사상인 '성정론性情論'에 혼란을 초래할 수 있다는 점에서도 문제가 된다.[07] '성정론'에서는 마음의 바탕인 성性과 작용인 정情의 관계를 따져서 문학의 성격에 대한 논란을 펴 왔는데, 이때의 정情은 마음의 한 영역이나 작용이 아니어서 지知·정情·의意의 정情과는 다르다. 이러한 혼란은 이광수가 과거의 문학사상에 대해 무지했기 때문에 일어난 것이기도 하지만,[08] 이광수 스스로 재래의 문학을 '문학'이 아니라고 부정하면서부터 시작된 것이기도 하다. 재래의 문학을 부정하는 입장에서는, 재래의 문학론이나 문학사상에 대해 관심을 갖기 어려울 것이다. 물론 전대의 문학사상을 그대로 수용하거나 계승해야 한다고 말할 수는 없겠지만, 전대 문학사

---

06 조동일. 1991. 앞의 책. 212쪽.
07 조동일. 1978. 「이광수」. 『한국문학사상사시론』. 지식산업사; 김태준. 1994. 「이광수의 문학론」. 『춘원 이광수 문학 연구』. 연세대학교 국학연구원 편. 국학자료원.
08 김태준. 1994. 앞의 책. 136쪽.

상의 유산과 맞서서 그것을 비판하거나 극복하는 길을 차단해 버렸다는 점에서 이는 중대한 문제라고 할 만하다.[09]

이광수는 '정情'의 만족에 바탕을 둔 문학의 독자성을 강조하면서, 과거의 우리 문학을 '유교도덕으로 골자를 삼은 천편일률의 문학'으로 비판하였다(⑤文學과 道德). 우리 문학을 이렇게 평가하는 것이 정확하거나 정당한 것인지도 문제이거니와, 이 주장은 「문학의 가치」에서 과거에 우리 문학이 '유희적'이고 '오락'으로 받아들여졌다는 진술과도 어긋난다. 판단이 달라질 만한 계기가 있었는지는 알 수 없지만, 진지한 탐구의 결과물은 아닌 듯하다.

'정情'의 만족을 흥미로 규정하고 그에 바탕을 둔 문학을 주장하고 보면 문학의 방향성에 대한 우려가 없을 수 없다. 이에 이광수는 "결코 독자를 고독蠱毒할 만한 음담패설을 재료로 한 문학을 작作하라 함이 아니"[10] 라는 것과 같은 단서를 붙이지 않을 수 없었다. 문학이 도덕으로부터 독립한 것이라는 점을 설명하면서 단서를 붙이게 되니, 그렇게 해서 얻은 결론은 성정론性情論의 바탕에서 적극적으로 정情의 의의를 긍정한 허균의 문학사상보다 오히려 후퇴한 것처럼 보인다. 결론이 철저하지 못했을 뿐 아니라, 성정론에서는 불필요했을 단서까지 덧붙여야 했기 때문이다.

---

09 지정의론知情意論을 이광수 또는 한국에서만 받아들인 것은 아니었다. 일본이나 중국에서도 이를 받아들여 근대문학을 이루는 길을 닦았다. 그렇지만 수용했다는 사실만 유사할 뿐이며, 그 배경은 같지 않았다. 일본은 전대 문학 가운데 '정情'의 요소를 끌어들임으로써 풍부한 해석이 가능한 작품이 많았고, 중국에서는 학설의 소개 차원에서 수용하여 전적으로 지知·정情·의意의 개념에 의존하지는 않았다. 따라서 전대 문학에 대한 비판과 극복이라는 측면에서는 이광수의 경우와 같지 않았다고 할 수 있다. 이러한 차이에 대해서는 앞으로 보다 정밀한 연구가 필요하다.

10 이광수. 1979. 「문학이란 何오」. 『이광수전집』 1. 우신사. 549쪽.

이광수는 '정의 만족'에만 문학의 가치를 한정하지는 않았다. 여섯 가지 '부산적副産的 실효實效'를 거론하여 문학을 통해 개인이 얻을 수 있는 이점을 제시했고(⑥文學의 實效), 문학에 민족의 정신적 유산을 전수하는 특별한 의의가 있다고 주장했다(⑦文學과 民族性). 물론 이러한 주장들 또한 당대의 중국이나 일본의 문학론에서 찾아볼 수 있는 바이지만, 이를 선택하여 덧붙인 것은 이광수이다. 이광수가 이와 같은 논의를 편 이유를 정확히 알 수는 없지만, 유럽의 특수한 역사적 경험에서 도출한 '정情'의 독립이나 만족만으로는 문학의 가치를 구체적으로 제시하고 설득하기 어려웠기 때문은 아니었을까 짐작해 볼 만하다.

실제 문학작품을 창작하고자 하는 입장에서는 문학의 형식이 중요한 주제일 수 있다. 이광수는 서두에서 제시한 문학상의 형식을 중심으로 문학의 종류를 설명하였는데(⑧文學의 種類), 이 기준은 물론 서양에서 받아들인 것이다. 논문(비평문, 평론문), 소설, 극, 시의 넷을 제시하였으므로 일종의 사분법에 해당하는 것처럼 보이는데, 특별한 분류 기준이 보이지 않으므로 사분법이라고 규정하기는 어렵다. 문학의 종류와 그에 따른 형식을 서양에서 수용하고자 하였으므로, 그 서술 내용이 구체적이거나 우리 문학과 연관되어 풀이되기 어렵다. 그래서 전래의 소설과 이광수 자신이 말하는 '소설'을 혼동하면 "무식한 소치所致"로 비판하고, 조선어의 특성상 압운押韻과 평측平仄이라는 시의 형식적 요건을 충족시키기 어렵다는 정도의 결론을 내리게 된다.

문학 창작에 관심을 둔 이상 문자와 문체는 실질적인 문제일 수 있다. 이광수는 한문 및 한문체의 완전한 폐지와 언문일치를 주장하고 있는데(⑨文學과 文), 이는 이후 「현상소설고선여언」(1918)에서 더욱 구체화되었다. 이광수가 이후에도 특별한 자부심을 보인 부분이 이 대목인데, 역시 문체의 문제에 있어서도 전대의 문학이나 글쓰기로부터 얻어낸 성찰은 보이지 않는다.

이광수는 문학작품을 창작하는 문학자의 특별한 노력과 그 사회적 보상에 대해서도 관심을 보였다(⑩文學과 文學者). 보통 사람과는 다른 천재인 데다가 수양을 쌓아야 하고 각고의 노력 끝에 작품을 탄생시킬 수 있다고 하였으며, 따라서 외국에서는 작가에게 높은 원고료나 문학상과 같은 보상이 있다고 했다. 이 대목에서 이광수는 '대문학大文學'이라는 말을 사용하고 있는데, "어떤 때 어떤 곳에서 읽어도 '재미있는' 문학"이 바로 '대문학'이라고 했다. 사실 이러한 '재미'란 주관적인 것일 수도 있는데, 이광수는 그 이상의 기준을 제시하지는 않았다. 그러면서 『심청전』이나 『춘향전』, 『삼국지』나 『수호지』가 한 민족의 중보重寶라면 호메로스나 셰익스피어의 작품은 인류의 대보大寶라고 하여, 서양문학을 높이 평가하는 시각을 드러내었다. 이광수의 문학적 기호를 여기서 짐작할 수도 있지만, 동시에 정情, 흥미興味와 같은 개념이 주관적이고 추상적임도 여기서 확인할 수 있다.

「문학이란 何오」의 말미에는 '조선문학朝鮮文學'의 항목을 따로 두었는데, 이는 조선문학의 역사나 현황을 살피기 위해 설정한 것이 아니다. "朝鮮文學은 오직 將來가 有할 뿐이요, 過去는 無하다 함이 合當하니, 從此로 幾多한 天才가 輩出하여 人跡不到한 朝鮮의 文學野를 開拓할지라"[11]고 한 데서 드러나듯이 조선문학이란 거의 존재하지 않았던 것이나 마찬가지임을 천명하고자 했을 뿐이다. 그렇게 된 원인은 이광수가 '조선문학의 범위'를 비역사적으로 그리고 지나치게 좁게 설정한 데서 찾을 수 있다. 문자라는 조건을 내세워 구비문학과 한문학을 우리 문학의 영역에서 제외시켰고, 다시 서양 문학의 기준을 내세워 국문문학의 수준을 낮추어 보는 결과를 가져왔기 때문이다.

이는 나츠메 소세키가 "일본 문학이 유치하다"고 고백하는 것과는 근대를 맞이하는 자세에서 전혀 다르다. 우리의 문학적 전통을 담은 고전문학작품 대부분을 우리 문학의 영역에서 제외함으로써 근대를 성립시키기 위해 대결하고 극복해야 할 전통 자체가 없어져 버리기 때문이다.[12] 한문 수입 이전의 전통까지 부정하지는 않았다고 하더라도, 현실적인 사정은 달라질 것이 없다.

물론 「문학이란 何오」에서 내세운 문학론 가운데는 긍정적인 부분도 적지 않다. 특히 한문을 버리고 한국어로 문학을 해야 하는 근대의 상황에서 고려해야 할 여러 문제들을 체계적으로 거론한 점은 높이 평가할 만하다. 또 이광수 스스로 여기서 제시한 바대로 "조선朝鮮의 문학야文學野를 개척開拓"하고자 노력했다는 점도 인정할 만하다. 초기 단편들에서 정情의 문학론과 부합할 만한 사례를 찾아볼 수 있을 뿐 아니라,[13] 우리말로 압운을 한 시를 써 보고자 노력한 흔적도

---

11 이광수. 1979. 같은 글. 555쪽.

12 김붕구는 이광수의 문학과 문학론을 "문학에 대한 관념적인 어떤 순수주의와 권위주의의 중독" 으로 평가하고 "전통이 단절된 게 아니고 단절을 선언한 것이다. 단절된 것이 아니고 단절시킨 것이다." 라고 비판한 바 있다(김붕구. 1964. 「신문학초기의 계몽사상과 근대적 자아」. 『한국인과 문학사상』. 일조각). 문학론에서의 이광수의 전통 단절 선언의 근원은 여기서 찾을 수 있을 듯하다.

13 이광수의 초기 단편과 문학론의 관계에 대해서는 손정수. 2002. 「1910년대 이광수의 문학

발견할 수 있다. 민요나 시조에서 우리 문학의 가능성을 찾아보는 노력을 기울이기도 했다.

그렇지만 이러한 노력이 새로운 문학론으로 결실을 맺지는 못한 것으로 보인다. 그것은 무엇보다 자국 문학 전통의 존재를 부정하는 데서부터 출발한 것이기 때문일 듯하다. 그 결과 이광수는 자국의 문학 전통을 계승하지 못했을 뿐 아니라, 그 이전에 그러한 전통과 대결하거나 극복하려는 노력도 기울일 수 없었던 것이다.

3. 『문장강화』와 전통의 분리

근대로 접어드는 시기에 '문文'은 상대적으로 큰 위상의 변화를 경험하게 되었다. 문학의 범위를 좁혀서 설정한 결과 문학인 것과 문학이 아닌 것이 나눠지게 되었고, 한문 대신 국문이 공식적인 문자로서의 지위를 굳히면서 국문 글쓰기에 대한 연구와 논의가 본격적으로 이루어져야 했다. 이러한 두 가지 이유로 인해 소설을 제외한 산문문학, 특히 한문으로 된 산문문학의 전통은 근대 이후로까지 이어지기 어려운 조건에 처하게 되었다.

반면 이러한 상황으로 인해 국문 글쓰기 자체는 새로운 관심의

론과 작품의 관련양상」. 『개념사로서의 한국근대비평사』. 역락 참조.

대상으로 떠오를 수 있게 되었다. 20세기 초에 이미 이러한 관심의 산물들이 나타나기 시작했는데, 그 가운데는 전통적인 한문 글쓰기의 영향을 계승한 측과 서양식 언어관에 입각하여 우리말 글쓰기를 하려는 측의 두 가지 흐름이 있었다. 이해조의 『신찬일선작문법』, 원영의의 『초등작문법』(1908), 최재학의 『실지응용작문법』(1909), 이각종의 『실용작문법』(1911), 이종린의 『문장체법』(1913)이 전자의 예이며, 로스의 『초급한국어』(1877)와 『한국어회화』(1882), 언더우드의 『한영문법』(1890), 게일의 『사과지남』(1894), 이봉운의 『국문정리』(1897), 한승곤의 『국어철자첩경』(1908) 등이 후자의 예이다.[14]

국문, 그리고 국문 글쓰기에 대한 관심은 이후에도 지속되었는데, 근대적인 문법 지식의 확산과 국문으로 된 근대문학 작품의 증가는 이러한 관심을 구체적이면서 실용적인 문장론으로 이어질 수 있도록 했다. 그러한 사례 가운데 문장론의 영역에서 특히 주목할 만한 것은 이태준의 『문장강화文章講話』(1940)이다. 『문장강화』는 문법의 영역을 벗어나서 문학에서의 문장론을 다룸으로써 문학론으로까지 이해될 수 있는 면모를 갖추었기 때문이다.[15]

총 9강으로 구성된 『문장강화』는 국문문장을 쓰는 원리와 방법을 설명하고 그에 맞는 예시문을 제시하여 이론과 실제를 겸할 수 있도록 하였다. 책의 내용은 크게 세 부분으로 나누어볼 수 있다. 1~3

14 배수찬. 2008. 『근대적 글쓰기의 형성 과정 연구』. 소명출판. 147-160쪽.

15 박진숙. 2003. 「이태준 문장론의 형성과 근대적 글쓰기의 의미」. 『시학과 언어학』 6호; 문혜윤. 2007. 「조선어/한국어 문장론과 문학의 위상」. 『한국문예비평연구』 23집. 『문장강화』의 개정판에서의 변이 문제 및 『문장강화』에 대한 선행연구는 두 논문의 서론에 상세히 정리되어 있다. 본고의 논의와는 다소 거리가 있으므로, 그 내용을 다시 거론하지 않는다.

강(문장작법의 새 의의, 문장과 언어의 제 문제, 운문과 산문)에서는 문장작법의 기본 이론에 대해 해설하였고, 4~8강(각종 문장의 요령, 퇴고의 이론과 실제, 제재·서두·결사 기타, 대상과 표현, 문체에 대하여)에서는 실제로 문장을 쓸 때의 방법과 유의점에 대해 논하였다. 마지막 부분인 9강 '문장의 고전과 현대'에서는 과거와 현재의 문장 간의 차이를 논하면서 언문일치 문장의 의의와 한계까지 다루었다. 적어도 실용적인 측면에서는 현대의 작문교과서와 비교해 보아도 상당히 짜임새 있는 구성이라고 평가할 만하다.

그런데 실제 내용을 살펴보면 『문장강화』에서는 현대의 작문 교과서와 적지 않은 차이점을 발견할 수 있다. 10종으로 나눈 '각종 문장', 즉 문장의 종류에서 그 구체적인 예를 찾아볼 수 있다. 이태준은 산문을 일기, 서간문, 감상문, 서정문, 기사문, 기행문, 추도문, 식사문, 논설문, 수필의 10종으로 나누어 설명하고 있는데, 기준이 무엇이며 명확히 나눌 수 있는지 불분명하다. 실제로는 논설문 정도를 제외하면 거의 수필에 속할 만한 것들이기 때문이다.

논설문의 경우에도 인용한 5편 가운데 「한글 철자법 시비에 대한 성명서」를 제외한 4편은 수필에 포함시키더라도 크게 이상하지 않을 만한 글들이다.[16] 논설문의 다섯 가지 요령 가운데도 "열의가 있어, 먼저 감정적으로 움직여놓을 것"을 제시하고 있을 뿐 아니라,[17] 예시

---

16 『조선일보』의 사설인 「一草一木에의 愛」와 『신동아』 권두언인 「인생」은 수필적인 성향이 강하며, 평론인 최재서의 「비평의 형태와 기능」과 안민세의 「독서개진론」 또한 중수필 정도로 파악해도 무방하다.

17 나머지 4개 항목은 "(1)공명정대할 것, (2)확호確乎할 실례를 들어 의심을 살 여지 없이 신임을 받아야 할 것, (3)논리정연하고 공리공론이 없고 중언부언이 없을 것, (4)엄연미嚴然美가 있을 것" 이다(이태준. 1988. 『문장강화』. 창작과비평사. 154-155쪽).

문의 뒤에 붙인 논평에서도 논증 방법보다는 표현의 효과에 주목한 경향을 발견할 수 있다.

수필의 범위와 위상에 불분명한 부분이 있어 이들 모두가 수필에 속한다고 단언하기는 어렵지만, 적어도 이들 문장이 실용적이기보다는 문학적인 성향이 강한 점은 지적할 수 있다. 또한 효과적이고 정확한 '표현'에 주의하고 있다는 점까지를 고려한다면, 『문장강화』의 초점은 문학적인 산문에 놓인 것이라고 할 만하다. 이는 현대의 작문보다는 전통적인 '문장'의 영역에 더 가깝다고 할 수 있을 것이다.

그런데 '상고주의자'로도 평가되는 이태준은, 『문장강화』의 서술에서 우리의 고전산문을 적극적으로 수용하지는 않았다. 예시문으로 활용한 고전산문이 드물 뿐 아니라, 고전산문의 작품 분석으로부터 글쓰기의 요령을 도출한 사례는 거의 찾기 어렵다. 한글로 글을 쓰게 된 당시의 상황에서 한문산문이 제외되는 점은 이해할 수 있다 하더라도,[18] 우리의 고전문학에 대한 이해가 그리 부족하지 않았던 이태준이[19] 국문고전산문으로부터 글쓰기의 요령을 발견해내지 않은 데는 납득하기 어려운 면이 있다.

사실 이태준은 한글, 즉 문자를 조선문학을 정의하는 거의 유일한 조건으로 제시했던 인물이기도 하다. 한문으로 된 고전의 의의에

18 국문 글쓰기를 논할 때 한문산문을 반드시 제외해야 하는 것은 아니다. 최남선의 『시문독본時文讀本』(1916)에서 다양한 양식의 한문산문을 번역하여 수록한 사례를 확인할 수 있다. 『문장강화』가 『시문독본』과 달리 내용이나 논리적 구조에 대한 관심보다는 문장의 표현에 치중하고 있기 때문에 이러한 결과에 이른 것이라 할 수 있다.

19 이태준은 한문문장에 대한 소양을 지닌 문인이었다. 실제 그의 수필 가운데는 조선후기 이래 유행했던 소품문의 모습과 유사한 면모를 지닌 작품도 찾을 수 있다. 또한 이태준은 이병기와 교유하면서 『문장』을 통해 우리의 고전산문을 대중적으로 소개하는 역할을 담당하기도 하였다.

대해서는 발언을 회피하면서도, 외국인이 쓴 국문문학까지 조선문학의 범위에 포함시켜야 한다는 견해를 제시한 바 있다.[20] 따라서 이태준은 국문고전산문의 의의까지 부정할 만한 상황은 아니었다.

그렇다면 이태준의 고전산문에 대한 인식과 평가가 어떠한 것이었는지 『문장강화』의 한 부분을 통해 살펴보자.

> 우리 산문 문장에서 고전이라고 찾는다면 정음正音 이전에는 이두문吏讀文으로 전해오는 가요뿐으로 아무래도 정음 이후의 것인데, 『윤음언해綸音諺解』 같은 것은 구독求讀하기 어렵고, 일반으로 성盛히 실용해온 듯한 내간문內簡文들은 본래 후세에 전해질 성질의 것이 희소했고, 『흥부전』, 『춘향전』 등 이야기책과 『한중록恨中錄』, 『인현왕후전仁顯王后傳』 등 전기문傳記文이 고작인데 이 중에도 이야기책은 하나같이 낭독과 창하기 위해 기록된 것이라 순수한 산문이 아니다. 그러므로 『춘향전』 같은 것은 아무데서나 읽어보아도 4·4조가 잘 나오는 대신, 요즘 말로 '리얼'이란 아주 희박稀薄한 문장인 것이다.[21]

향가, 언해, 내간문, 국문소설, 국문전기문 정도가 '고전 산문 문

---

20 "『熱河日記』, 『九雲夢』 等의 問題는 朝鮮文學史를 쓸 이들이 研究處理할 바이요, 한글이 유일한 또 완전한 우리글로 認定된 이 時代부터는(過去엔 어떤 例外가 있었던간에) 첫째 朝鮮글로 된 것이라야 '朝鮮文學'일 터이지요. 朝鮮 사람이 썻드라도 朝鮮 말이 아니면 '朝鮮文學'이 아니요, 外國人이 썻드라도 朝鮮 말이면 그것은 훌륭히 朝鮮文學이리라 생각합니다." (이태준. 1936. 「조선문학朝鮮文學의 정의定義 : 한글문학만이 '조선문학朝鮮文學'」. 『삼천리』 1936년 8월호. 98쪽).

21 이태준. 1936. (앞의 책. 277쪽).

장'의 사례로 거론될 수 있다고 하고서, 앞의 셋은 후세에 전해지기 어려운 상황이었다고 했다. 그렇다면 문제는 뒤의 두 가지 부류일 것인데, 이 가운데 국문소설은 산문으로서의 가치가 높지 않다고 했다. 즉 '순수한 산문'이 아니며 '리얼'이 부족하다는 것이다. '순수한 산문'이 아니라는 것은 산문으로서의 요건을 갖추지 못한 면이 있다는 뜻이며, '리얼'이 부족하다는 것은 실감나는 묘사나 표현 대신에 상투적이거나 비현실적인 비유가 대부분이라는 뜻이다.

이러한 평가의 배경에는 산문과 운문의 구별에 대한 이론이 놓여 있다. 『문장강화』의 제3강에는 '운문과 산문'이라는 제목이 붙어 있는데, 여기서 음향을 주로 하는 글인 '운문'과 뜻을 주로 하는 글인 '산문'이 근본적으로 성격이 다르다고 지적하였다.[22] 운문이 산문과는 달리 "정情의 표현"이라고 지적하기도 했는데,[23] 이는 주로 강한 감탄이나 직접적인 감정의 표출을 가리키는 말이다.

이태준이 '순수한 산문'의 의미를 그만큼 강조한 이유가 무엇인지 또 그것이 얼마나 적절한 것인지는 더 검토해보아야 할 문제이지만, 이태준이 국문고전산문, 그 가운데서도 고전소설의 문장으로서의 속성으로 '순수한 산문이 아님'을 지적하고 있다는 점은 분명하다. 이태준은 그러한 비순수성이 우리의 산문문학의 발전하는 것을 가로막고 있다는 데까지 논의를 이끌어간다.

> (가) 산문이 아니라 가사歌詞 그대로다. 그런데 이런 글, 『춘향전』이나 『심청전』을 보면 필사거나 인쇄거나

22 같은 책. 84쪽.
23 같은 책. 141쪽.

모두 줄글로 되었기 때문에 무의식중 산문이거니, 산문을 이렇게 써도 좋거니, 그보다, 무슨 글이든 이렇게 우선 낭독하기 좋아야 좋은 글이거니 여겨오게 되었다. 이것은 조선의 산문 발달을 더디게 한 큰 병폐의 하나였다.[24]

(나) 중얼거리며 고치지 말 것. 부지중에 자꾸 소리를 내며 읽어보기가 쉬운데, 그렇게 하다가는 뜻에만 날카롭지 못하고 음조에 끌리어 개념적인 수사에 빠지기 쉽다.[25]

(가)에서는 산문도 아닌 『춘향전』이나 『심청전』이 마치 산문인 것처럼 인쇄되어 유통된다는 점을 비판하고 있으며, (나)에서는 퇴고를 하면서 산문을 산문답지 못하게 만드는 버릇을 고쳐야 한다는 점을 당부하고 있다. 소리를 내며 읽으면서 퇴고하다 보면 산문의 속성을 갖추기보다는 "음조에 끌리어 개념적인 수사에 빠지는" 국문 산문문학의 부정적인 전통을 이어받게 된다는 것이다. 이태준이 『문장강화』의 말미에서 '언문일치 문장'을 문장의 지향점이나 목표가 아닌 하나의 과정으로 이해하여 '포폄'을 행하고 있는 점은,[26] 이러한 '순수한 산문'에 대한 관심에서 이해하면 상당히 일관된 부분이라 할 수 있을 것이다.

이태준이 거론한 고전산문 가운데 이제 남는 부분은 "『한중록恨中錄』,

24 같은 책, 90쪽.
25 같은 책, 198-199쪽.
26 같은 책, 297-298쪽.

『인현왕후전仁顯王后傳』 등 전기문傳記文"이다. 이태준은 이 작품들에 대해 상당히 높은 평가를 하고 있다. 구체적인 사례를 몇 가지 살펴보자.

> ○ 한중록, 인현왕후전 : 전아典雅한 고치古致가 여간 향기롭지 않다. 정情에 위곡委曲하다. 과장을 효과적이게 못하고 약간 개념에 흐른 것은 차라리 야박과 극성스러움을 피한 고전의 특색이라 할 수밖에 없다.[27]
> ○ 제문祭文 : 곡곡진진曲曲盡盡한 사정이 고문古文다운 풍운風韻이다.[28]
> ○ 제침문祭針文 : 식사문式辭文다운 낭독조를 가졌다. 이런 어리숙하고, 여유있는 맛도 고전만이 가져서 천하지 않은 특권이다.[29]

"고치古致", "고문다운 풍운", "고전의 특권"과 같은 발언은 이들 산문 작품에 대해 높이 평가하는 평어評語일 것이다. 그런데 이들에 붙은 '고古'는 모두 제한적인 의미를 작품에 부여하는 말일 수 있다. 작품 자체를 훼손 없이 길게 인용하고서 이처럼 짤막한 평가를 덧붙이게 되면, 독자는 고전산문을 충분히 감상할 수 있겠지만 그 감상의 범위는 '고전'이라는 한계를 넘어서기 어렵다. 이태준이 별도로 '문장의 고전'으로 분리한 지면에서만 이들 작품을 제시한 사실은, 그러한 분리와 한계를 만들고자 하는 의도의 산물로 해석할 수 있다.

27 같은 책. 289쪽.
28 같은 책. 291쪽.
29 같은 책. 293쪽.

이태준이 보여준 국문고전산문에 대한 태도는 분명히 대상에 대한 높은 평가의 결과물일 수 있다. 그렇지만 그것은 동시에 고전산문의 전통과 새로운 시대의 '문장' 간의 소통 가능성을 막는 기능을 할 수 있다. 높이 평가할 만하다면 그것을 통해 새로운 '문장'의 길을 찾아야 할 것인데, 평가자 스스로가 그 가능성을 제한하고 있는 셈이다. 적어도 결과에 있어서는, 전통과 소통하면서 그것을 넘어서는 문장론 및 문학론을 형성하지 못한다고 할 수 있다. 그 점에서는 이광수의 '전통의 부정'과 이태준의 '전통의 분리'가 다르지 않다고 할 수 있을 것이다.

사실 이태준이 미리부터 배제시킨 한문산문을 논의에 포함시켰다면, 『문장강화』의 내용과 성과는 많이 달라졌을지도 모른다. 예컨대 다음과 같은 언급들은 한문산문에 대한 이해의 부족이나 배제로부터 나온 결과로 판단할 수 있다.

> 문호 체홉이 여행 중에서 그의 누이에게 보낸 편지다. 얼마나 쉬운가? 서양의 편지만이 이렇게 쉬운 것은 아니다. 조선의 편지도 외국문자인 한문으로 쓴 것이 어렵지 조선문으로 쓴 것은 얼마든지 쉬운 것이 있었다.[30]
> 과거 시대에선 글 쓰는 사람이 수로도 적었고, 잘 쓰는 사람을 그대로 모방하는 것으로 문장법을 삼아 한 시대와 시대 사이엔 문체가 따로 있되 개인개인의 문체는 따로 없었다 해도 과언이 아닐 정도다.[31]

30 같은 책, 103–104쪽.
31 같은 책, 248쪽.

이처럼 한문산문, 국문고전소설, 국문고전산문을 각기 다른 이유와 배경에서 '새로운 문장론'을 구성하는 데 활용하지 못한 결과로, 이태준의 『문장강화』는 고전산문의 전통과는 분리된 자리에서 문학적 문장론을 형성하게 되었다고 할 수 있다. 그것이 『문장강화』가 신문학 또는 근대문학 성립 이후의 문학적 성과들을 반영하였음에도 불구하고 전통과의 대결과 극복이라는 과제에 제대로 대면하지 못하게 된 이유일 것이다.

4. 『개설 신문학사』와 전통의 선별

임화가 『개설 신문학사』에서 제시한 근대문학사에 대한 인식은 흔히 '이식문학론'으로 일컬어진다.[32] 임화가 "신문학사는 조선에 있어서의 서구적 문학의 이식으로부터 시작되는 것"[33]이라고 규정하고 문학은 "Literature의 譯語"인 '예술문학'이라고 발언하고 있으므로, 이러한 명명이 잘못된 것은 아니다. 그렇지만 임화가 내세운 이식문학론은 전통, 즉 고전문학의 전면적 부정에서부터 나온 것은 아니다.

---

32 임화의 '이식문학론'은 오늘날에도 논란거리이지만, 그것을 이해하는 방식에 대해서는 다양한 논의가 이루어졌다. 특히 '이중어 글쓰기'나 '한 · 일 간의 주고받기'와 같은 형태로 임화가 파악하지 못했던 실상을 세밀하게 접근한 연구들이 있어서 참고할 만하다. 이에 대해서는 김윤식. 2001. 「한 · 일 근대문학 주고받기의 한 가지 사례」. 『한 · 일 근대문학의 관련양상 신론』. 서울대학교 출판부 참조.

33 임화. 1993. 『임화 신문학사』. 임규찬·한진일 편. 한길사. 16쪽.

적어도 이광수가 가졌던 전통 부정의 시각과는 구별될 필요가 있다.

임화는 "서구적 문학의 이식"이 있기 이전에도 조선에 문학이 존재했다고 했다. 그것도 다양한 양식과 유형의 문학이 공존했다고 지적했다. 해당 부분을 살펴보자.

> (가) 신문학사는 조선에 있어서의 서구적 문학의 이식으로부터 시작되는 것이다. … 그렇다고 조선 문학의 역사가 신문학에서 시작되는 것은 아니다. 시조, 가사, 구소설, 혹 이두문헌, 또는 한문전적漢文典籍까지도 서구적 의미의 문학, 즉 예술문학적인 성질의 유산은 전부 문학사 가운데 포함되는 것이다.[34]
>
> (나) 조선 문학 전사全史의 범위와 내용을 규정하는 마당에선 불가불 '언어 즉 문학'의 공식은 약간 개변改變될 필요가 있다.
>
> 단적으로 말하면 조선문학전사는 향가로부터 시조, 언문소설, 가사, 창곡唱曲에 이르는 조선어문학사를 중심으로 하여 강수, 김대문, 최치원으로부터 강추금, 황매천, 김창강 등에 이르는 한문학사와 우리 신문학사를 첨가한 삼위일체일 것이다.
>
> 그렇지 않으면 조선반도에 사는 수천년간의 역사를 가진 한겨레의 문화로서의 문학의 역사는 기대할 수 없다.[35]

34 같은 책. 16-17쪽.
35 같은 책. 20-21쪽.

문학의 의미를 '예술문학'으로 한정하기는 했지만, 그러한 속성을 가진 과거의 작품들은 모두 문학사에 포함시켜야 한다는 것이 임화의 기본적인 생각이다. '언어'를 문학의 국적 문제에 있어 핵심적인 조건으로 규정하면서도 '조선 문학의 역사'에서는 그러한 조건을 무조건적으로 적용할 수 없다고 했다. 향찰로 표기된 향가나 국문으로 기록된 시조, 국문소설, 가사, 창곡은 물론이거니와 한문을 표기수단으로 한 한문학과 새롭게 대두된 신문학(근대문학)까지를 포괄하는 것이 옳다고 했다. 그리고 그러한 문학사의 중심에는 국문문학을 두었다. 구비문학을 언급하지 않은 것을 제외하면, 이는 오늘날의 한국문학사 구도와 거의 유사한 것처럼 보인다. 김태준, 조윤제를 비롯한 한국고전문학 연구자들의 활동이 있었기에 이러한 인식에 이른 것으로 해석할 수 있겠으나,[36] 또한 우리의 문학적 전통에 대한 임화 자신의 자각과 연구가 있었기에 이와 같은 발언이 구체화될 수 있었을 것이다.

사실 임화는 '신문학'의 시기에 이뤄진 '이식'이 당연하거나 필연적인 현상이었다고 파악하지도 않았다. 여러 가지 요인으로 인해 조선에서 이식이라는 현상이 나타나게 된 것이지, 그것이 자연스러운 일은 아니라고 했다. 오히려 모방이나 이식에 그치고 만 원인을 찾아내고자 노력했으며, 이광수의 경우와 같이 전대에 이뤄놓은 것이 전혀 없으므로 모방이나 이식을 통해 새로운 문학을 만들어가야 한다는 주장을 펴지는 않았다.

임화의 이러한 시각은 '과도기'라는 용어를 사용한 데서 다시 확인해 볼 수 있다.

---

36 임화는 김태준의 『조선소설사』나 조윤제의 『조선시가사강』 등을 적절히 인용하면서 신문학사를 서술하고 있다.

> 내가 신문학사에서 쓰는 과도기라는 말은 육당의 신시와 춘원의 새 소설이 나오기 이전, 그리고 한문과 구시대(이조적인)의 언문문학이 지배권을 상실한 중간의 시대를 지정하는 좁은 의미에 한정된다. 이 시기엔 자연히 구문학이 제諸 전래의 신용과 위엄을 상실한 대신 신문학은 당연히 가져야 할 새 위의威儀를 채 갖추지 못하여 일종 반구반신半舊半新의 문학으로 충전되었다.
>
> 이것을 내지〔일본〕문학사에선 '개화기의 문학'이라고도 하고, 중국문학사에선 주지하는 바와 같이 '문화혁명의 시대'라고도 불러온다.
>
> 두 가지 명칭이 다 중간시기를 형용함에 응분의 진리를 가지고 있으나, 내가 일부러 양자 중의 일자一者도 취하지 않고 특히 평범한 과도기란 용어를 사용함은 다름이 아니라 보다 객관적으로 이 시기를 보고자 하는 미의微意에서다. 개화기라 함은 구시대를 몽매기라 하여 그것이 문명개화됨에 중대한 역할을 연演한 서구 외래문화를 중히 평가한 데서 온 결과 같고, 문화혁명이라 함은 신문학에 주관적 입장을 설정하여 구문학을 개혁했다는 의미에서 이 시기를 보아, 새 문학의 탄생과 구문학의 몰락에 있어 서구 외래문화의 큰 역할을 몰각한 것 같아 취하지 아니 했다.[37]

---

37 같은 책. 129–130쪽.

일본의 '개화기'와 중국의 '문화혁명의 시대'라는 용어가 문학사적 상황을 객관적으로 반영하지 못하는 것으로 판단되므로 '과도기'라는 용어를 설정하여 신문학의 시대를 서술하고자 한다는 것이 글의 요지이다. 재래의 형식과 새로운 사상, 외래의 충격과 내부적 변혁 가운데 어느 한쪽의 의미를 주관적으로 과장하지 않는 객관적인 태도에서 문학의 역사를 살펴보겠다는 것이다. 임화의 이와 같은 지적이 적절한 것인지에 대해 논란이 있을 수는 있겠지만, 적어도 전통에 기반을 둔 고전문학을 문학사 연구의 주요 대상으로 삼을 수 있게 한다는 점에서는 이러한 태도에 긍정적인 의미를 부여할 수 있을 것이다.

임화는 '과도기'에 이루어진 문학의 양상에 대해서도 비교적 객관적인 분석을 가하고 있다. 투쟁보다는 계몽이 중심이었고 재래의 형식을 빌어서 새 사상을 표현하는 절충적인 문학이 우세했다고 기술하고, 그 원인으로 신문학의 힘이 약했으며 이와 동시에 외적 압력으로 인해 봉건적 지배층과 평민적 피치층被治層의 문화적 합작 가능성이 많았음을 지적했다.

임화는 신문학의 역사에서 '이식'이라는 현상을 찾아내고 있지만, 그렇다고 해서 전통의 역할을 부정하지 않았다. 오히려 "일방적인 신문화의 이식과 모방에서도 고유문화는 전통이 되어 새 문화 형성에 무형으로 작용함은 사실인데, 우리에 있어 전통은 새 문화의 순수한 수입과 건설을 저해했으면 할지언정 그것을 배양하고 그것이 창조될 토양이 되지 못했다는 점"[38]을 안타깝게 여긴다. '이식'이라는 인식에

38 같은 책. 56쪽.

대해서는 논란을 벌일 필요가 있지만, 전통과 신문화의 관계에 대한 착상은 충분히 동의할 만하다.

이처럼 임화가 우리의 문학적 전통에 대해 비교적 객관적인 시각을 소유하고 있었지만, 실제의 문학사 서술에서 그러한 객관성이 선명하게 드러나지는 않는다. 이는 임화가 우리 문학사 전반을 다루는 작업을 하지 않았기 때문이기도 하지만, 동시에 그의 시각에 있어 전통 속에 특정한 위계를 설정하고 있었기 때문이라고 생각된다. 1936년에 『삼천리』에서 실시한 조선문학의 정의에 대한 설문에 대한 임화의 답변에서 그러한 위계성의 구체적 양상을 찾아볼 수 있다.

> 朝鮮文學이 單純히 形式的으로만이 아니라, 朝鮮 사람의 生活 及 그 將來에 對하여 一定한 巧(功)獻을 하랴면 不可不得已 朝鮮 말에 依하야 씨워질 것은 爲先 決定的인 條件이며, 이러한 意味에 잇서 言語는 明瞭히 思想의 體現者로서의 意義를 갓는 것입니다. 따라서 『熱河日記』, 『三國遺事』 等은, 그 內容의 質에 잇서는 嚴密한 意味의 文學作品이 아닐뿐더러, 眞正한 意味의 朝鮮文學이기는 어렵습니다. 그러나 朝鮮人이 歷史로 써온 漢詩類와 더부러 일로부터 建設될 朝鮮文學까지를 승한 文學史 가운데 先史的頁 가운데 漢文學史部로 들어갈 수 잇는 것을 否宅(定)치는 안습니다. 나는 이런 種類의 文學的著述을 大體로 時調類보다도 더욱이 口碑傳說, 歌謠 等에 比하야 엿게 評價하는 者입니다.[39]

39 임화. 1936. 「朝鮮文學의 定義 : 客觀的 事情에 依하야 規定된다」. 『삼천리』 8월호. 95쪽.

앞서 살펴본 바와 유사하게 임화는 조선문학의 범위에서 한문학을 배제하지 않았다. 그렇지만 그 위상이나 가치는 시조와 같은 국문문학이나 설화, 가요와 같은 구비문학보다 낮은 것이라고 평가하고 있다. 즉 일차적으로는 한문학을 조선문학의 위계에서 가장 낮게 설정하고 있음을 확인할 수 있다.

한문학의 위상을 낮게 평가하는 것은 당시에 널리 퍼진 인식이었을 듯한데, 임화는 여기에 더하여 국문문학 가운데서도 시조에 대해 특별히 낮게 평가함으로써 특징적인 면모를 보인다. 임화는 "귀족적이었던 시조"는 새로운 시대에 별다른 기여를 하지 못했다고 지적하고, 당시의 신문에 두루 존재했던 사조란은 '낡은 한문취미의 산물'에 불과한 일종의 '잔해'라고 평가했다.[40] 시조의 작가층이나 작품 경향이 다양했다는 점은 미처 살피지 못한 것으로 보이는데, "귀족적"이라는 수식어를 부여하는 순간 이미 같은 문학 갈래 내의 차이에 대해서는 고려하기 어려워진 것이 아닌가 한다.

그 결과, 비록 신문학의 역사에 한정된 언급이기는 하지만, 임화는 새로운 문학사의 시대를 맞이하여 새로운 사상이 의지할 수 있었던 '재래의 문학전통'으로 '언문문학' 가운데서도 '비교적 평민적인' 소설, 창곡, 가사를 거론할 수 있게 된다.[41] 한글로 된 '평민적 문학'이 과연 이런 갈래들이었을지 또 이 갈래에 속하는 작품들에 특별한 위계를 부여할 수 있을지 의문스럽기는 하지만, 임화는 이들 갈래에 작자층 또는 향유층으로서의 평민이 관여하였다고 판단하였던 듯하다.

임화가 전통에 속하는 고전문학 작품의 갈래에 대해 일종의 계급

40 임화. 1993.(앞의 책. 134-135쪽).
41 같은 책. 132-134쪽.

적 또는 선별적 시각을 보인다는 점은, 어떤 의미에서는 문학사 서술이 갖는 특성 때문일 수도 있다. 즉 문학사가 과거의 문학 작품을 모두 상세히 다루는 것이 불가능하고 바람직하지도 않다면, 문학사는 역사적으로 의미 있는 작품들을 추려서 작품 사이의 관련성과 가치를 따질 수밖에 없을 것이다. 이때의 선별의 기준은 문학사를 서술하는 사람의 가치관이나 이념과도 관련된 것이겠는데, 임화의 경우에는 그러한 기준으로 문자와 함께 계급성의 문제를 거론하고 있는 셈이다.

이러한 선별에는 문학사의 실상을 왜곡할 위험성이 내재되어 있다. 특히 대상의 일면적 특징을 중시하다 보면 그것이 동시에 갖게 되는 다른 측면에 대해서는 부정하는 경향을 보일 수도 있다. 문학의 사례는 아니지만 '실학'에 대한 평가에서 임화는 실제 그러한 사례를 보여주고 있다. 임화는 조선의 실학과 일본의 '양학洋學'이나 '국학國學'과의 유사성을 하나의 연구테마로 설정할 만하다고 하면서도 실학이 가진 '고증학'과의 유사성은 부정적으로 파악하고 있는데,[42] 이는 대상으로서의 실학의 현실에 대한 적절한 파악이나 해석이라고 할 수 없을 것이다. 임화의 입장이나 견해에서 한국문학사를 서술할 경우를 상정한다면, '비교적 평민적인' 소설, 창곡, 가사에서 나타날 수 있는 '비평민적인 요소'에 대해서는 부정할 가능성이 있었으리라고 판단된다.

위계를 설정하는 선별 방식의 문제점에도 불구하고 또 실제 문학사 서술에 있어 우리 고전문학과의 진지한 대결이나 극복을 보이지

42 같은 책, 46-52쪽.

못함에도 불구하고, 임화가 보여준 전통에 대한 태도는 이광수나 이태준보다 진전된 것이었다고 평가할 만하다. 현상 자체에 대한 임화의 파악이 올바른 것이었는지에 대한 논의가 당연히 필요하겠지만, 그 이전에 전통을 대하는 태도와 방식의 진전에 대해서는 의미를 부여할 만하다.

그렇지만 같은 차원에서 한계 또한 분명히 존재한다. 특히 문학의 역사에서 나타나는 특정한 부류나 갈래를 실제의 작품 분석 이전에 배제할 수도 있다는 점은 문학을 실상대로 이해하는 데 장애가 될 수 있다. 이럴 경우 '문학사'는 문학의 역사에 대한 진지한 고찰이나 해명에 이르지 못할 수도 있을 것인데, 이는 임화의 문학사 서술이 가진 구조적 또는 시대적 한계라고 할 것이다. 오늘날의 문학사 연구와 문학사 서술이 임화를 극복하기 위해서는, 이식이라는 현상 파악의 문제점에 대한 검토와 함께 이러한 구조적 한계를 넘어서기 위한 노력이 있어야 할 것이다.

5. 결론

본고에서는 우리의 근대문학 성립기에 이루어진 문학, 문장, 문학사에 대한 대표적인 논의를 검토함으로써 이들이 제시한 문학론이 우리의 문학적 전통, 즉 고전문학의 전통에 대한 비판적 극복의 과정을 거치지 않고 형성되었음을 살펴보았다. 전통에 대한 태도에 있어서는 각기 부정, 분리, 선별로 달리 나타나지만 고전문학에 대한 비판과 극복을 거치지 못한 결과에 있어서는 동일함을 확인할 수 있었다.

본고에서 거론한 근대 초기의 문학론은 우리의 근대문학사에 나타난 문학론 가운데 극히 일부분에 지나지 않는다. 어쩌면 후대에 큰 영향을 미치지 못한 문학론 가운데 오늘날의 문학 및 문학 연구의 진전에 도움이 될 만한 것이 적지 않을 것이다. 임화가 설정했던 '과도기'의 실상은 낡은 것을 새로운 것이 몰아내는 과정으로만 단순화할 수 없는 것이어서, 100여년이 지나 근대의 문제점을 되짚어보고 그것을 극복해야 하는 오늘날의 입장에서는 당시에는 주목받지 못하고 밀려난 문학론이나 문학작품 가운데도 의미나 가치를 지닐 만한 대상을 발견할 수도 있을 것이다. 당대의 필요에 따라 문학사를 재검토하는 일이 요구되는 것은 당연한 이치일 것이다. 본고의 초점과는 거리가 있지만, 이러한 작업은 근대문학 연구의 중요한 부분이어야 할 것이다.

본고에서 거론한 이광수, 이태준, 임화의 문학이나 전통에 대한 인식과 태도, 결론 가운데는 오늘날의 관점에서는 불충분하거나 부당하다고 느껴질 만한 부분이 있다. 또 구체적인 양상의 차이는 있지만, 우리 고전문학의 전통을 본격적으로 검토하고 극복하지 못한 공통점을 지니고 있다. 이러한 부분을 뒤늦게나마 해결하기 위해서는 세 사람의 태도나 입장에 대한 이해와 함께 이들이 극복하지 못한 문제들을 오늘날의 관점과 시각에서 재검토하는 작업이 필요할 것이다. 그것은 일차적으로는 고전문학과 현대문학으로 분리된 오늘날의 한국문학의 연구 풍토를 바꾸는 데서부터 출발해야 할 것이다.

그런데 다른 한편으로는 이광수, 이태준, 임화가 각기 문학, 문장, 문학사를 연구하고 기술하면서 노출했던 문제점이 오늘날의 문학이나 문학 연구에서는 극복되었는지를 스스로 질문해볼 필요도 있을 듯하다. 고전문학과 현대문학, 문학과 인접 학문 사이의 소통이 더욱 어려워진 것이 오늘날의 현실일 수도 있다. 우리 문학의 실상과는 무관하게 외국 사례들을 토대로 이루어진 문학이론을 무비판적으로 받아들이는 잘못을 오늘날에 되풀이하고 있을 수도 있다. 과연 어떠한지 되살펴볼 필요가 있을 것이다.

참고문헌

권보드래. 2000. 『한국근대소설의 기원』. 소명출판.

김붕구. 1964. 『한국인과 문학사상』. 일조각.

김열규. 1969. 『한국근대문학연구』. 서강대학교 출판부.

김윤식. 1973. 『한국근대문학연구』. 일지사.

______. 2001. 『한·일 근대문학의 관련양상 신론』. 서울대학교 출판부.

김태준. 1994. 「이광수의 문학론」. 『춘원 이광수 문학연구』. 연세대학교 국학연구원 편. 국학자료원. 123-149쪽.

나츠메 소세키. 2004. 『나츠메 소세키 문학예술론』. 황지헌 역. 소명출판.

문혜윤. 2007. 「조선어/한국어 문장론과 문학의 위상」. 『한국문예비평연구』 23집. 231-251쪽.

박진숙. 2003. 「이태준 문장론의 형성과 근대적 글쓰기의 의미」. 『시학과 언어학』 6호. 135-165쪽.

배수찬. 2008. 『근대적 글쓰기의 형성 과정 연구』. 소명출판.

손정수. 2002. 『개념사로서의 한국근대비평사』. 역락.

이광수. 1979. 『이광수전집』 1. 우신사.

이선영. 1965. 「춘원의 비교문학적 고찰」. 『새교육』 134호.

이태준. 1936. 「朝鮮文學의 定義 : 한글문학만이 '朝鮮文學'」. 『삼천리』 8월호.

______. 1988. 『문장강화』. 창작과비평사.

임 화. 1936. 「朝鮮文學의 定義 : 客觀的 事情에 依하야 規定된다」. 『삼천리』 8월호.

______. 1993. 『임화 신문학사』. 임규찬 · 한진일 편. 한길사.

조동일. 1978. 『한국문학사상사시론』. 지식산업사.

______. 1991. 『한국문학과 세계문학』. 지식산업사.

한문맥漢文脈의 이미저리, 『대한민보大韓民報』(1909~1010) 만평漫評의 알레고리 읽기

—

1909년 연재분을 중심으로*

—

황호덕

Ⅰ. 100년 동안의 수수께끼—논제의 성격과 문제의식

〈동아시아에서의 한문漢文과 근대近代〉를 논하는 오늘 이 자리에서 내가 이야기할 논제는 구한말 일간신문 『대한민보大韓民報』의 중앙에 수록된 '만평', 당대의 용어로는 「삽화」[43]라 불린 '한국 최초의 근대 만화'의 문화사적 성격에 관한 것이다.

---

* 이 논문을 작성하면서 두 차례의 연구발표 기회를 얻었다. 자료의 성격 보고와 읽기 제안을 2011년 4월 29일 계명대 한국학연구원에서 개최한 〈근대 이전과 근대 사이의 학문적 단절 잇기〉 학술대회에서 행하였고, 〈동아시아에서의 한문과 근대〉라는 주제로 열린 단국대학교 일본학연구소 국제학술대회를 통해 1909년 연재분 만평의 총체상을 점검할 수 있는 기회를 얻었다. 이 자리를 빌어 귀중한 기회를 주신 손정수, 정형 교수와 세세한 토론말씀을 주신 경북대 김주현 교수, 동국대 정환국 교수께 감사의 말씀을 전하고자 한다.

43 『대한민보』는 배대판倍大版 4면에 각 면이 6단(1단이 대략 45행)으로 되어 있다. 창간 관련 서류를 보면, 재정 사정이 열악해 유길준, 김윤식 등이 관여했던 흥사단 소속의 동문관同文館에서 인쇄한 것으로 되어 있다. 만평(삽화)은 1면 가운데에 배치되어 있다(때에 따라 상단 혹은 하단의 중앙, 혹은 정중앙에 배치). 분석을 위한 자료로는 『大韓民報』, 大韓民報社(亞細亞文化社, 1985)와 연세대 중앙도서관에서 마이크로필름을 사용했다. 이 영인본은 상권과 중권까지 간행되었고, 나머지 자료는 연세대에 중앙도서관이 소장하고 있다. 첫 회부터 22 회까지는 회차를 포함하는 '삽화' 라는 명칭으로 그 이후에는 특별한 명칭 없이 게재되었다. 여기서는 일단 되도록 현재의 용례인 '만평' 으로 통일한다.

한문과 동아시아의 근대를 논하는 자리에서 이 신문만평을 거론하는 이유는 대략 두 가지로 요약될 수 있다. 첫째, 자료의 성격과 에크리튀르 문제. 이 만평의 '언어' 그 자체가 대략 절반가량 한문으로 적혀 있으며, 한문적 교양을 포함하는 기대지평 위에서 창작되고 읽혀졌다. 흔히 전통 교양인의 징표로 이야기되는 시서화詩書畵와 만화라는 근대 대중예술 사이에 '대한민보 만평'이라는 하나의 역사적 사건이 자리해 있는 것이다. 이 결합 자체가 해명을 요하는 사건이 아니겠는가. 주지하다시피 『대한민보』의 만평은 한국최초의 만화이자 한국최초의 시사만화로 이야기되어 왔다. '한국만화 100년 사업'을 비롯해 거의 모든 논문, 연구서, 대중서, 박물관 자료들이 이 만평이 한국만화의 원점이라는 데 동의하고 있다. 그러나 이 만평에 대한 그간의 관심에도 불구하고, 한문의 주도성 아래 다양한 형태의 에크리튀르와 복잡한 수법, 문화사적 전통의 차용이 만평으로의 접근을 가로막고 있어 전체적 주석 작업을 포함한 총체적 독해는 현재까지 이루어진 바 없다.[44] 이 자료에 대한 검토가 동아시아에서의

44 최석태는 『대한민보』삽화[만평] 및 이도영李道榮 연구의 개척자로서 이도영의 활동 및 작품 세계 전반과 한국근대미술사에서의 위치를 규정한 여러 편의 글을 발표해 이 분야의 선구적 업적을 쌓았다(최석태. 1996. 「애국계몽운동과 한국 근대미술-이도영론」. 『창작과비평』. 창비; 최석태. 1994. 「이도영 연보」. 『한국근대미술사학』 1. 한국근대미술사학회). 이구열의 단평 등 이후의 접근들은 최석태가 작성한 연보에 준해 서술되어 있다(이구열. 2004. 「신문에 항일·구국 시사만화를 그린 이도영」. 『미술세계』 231. 미술세계). 물론 정격적인 차원에서 전통회화와의 연속선상에서 놓인 이도영의 회화사적 위치를 설명한 글도 있다(이태호. 2003. 「20세기 초 전통 회화의 변모와 근대화-채용신·안중식·이도영을 중심으로-」. 『동양학』. 단국대 동양학 연구소). 한편, 정희정은 이 만화의 작법과 한국만화문화사에서의 의를 설명한 논문을 발표하여, 이 만평의 문법에 관한 가장 분석적인 글을 내놓았다(정희정. 2002. 「한국 근대 초기 시사만화 연구-1909~1920」. 『한국근현대미술사학』 10. 한국근현대미술사학회). 정희정의 연구는 만화 자체의 문법 설명 뿐 아니라 그 계통과 주변국의 만화 문화까지 언급하고 있다는 점에서 그 의의를 가진다. 그러나 그 '내용'의 총체상에 대한 접근 자체가 극히 한정된 상태에서의 미학적 특징을 논하고 있다는 한계 역시 분명하다. 현재까지의 연구는 이 자료의 전체상이나 문맥의 재구성에 성공하였다 보기 어렵다.

한문과 근대의 관계를 논하는데 어떤 단서를 제공할 수도 있을 것이다. 과연 이 만화 양식에 한문이 개입된 이유는 무엇이며, 이러한 양식을 어떻게 풀어나갈 것인가.

둘째, 사물을 보는 방법 혹은 표상하는 방법의 문제. 만약 서기체계(écriture)로서의 한문이 아니라 소위 근대에 있어서의 한문의 유산 혹은 한문을 둘러싼 전통의 장기지속을 문제 삼는다 할 때, 시사만화라는 근대 공론장의 전형적 표현 양식과 동양화·한국화韓國畵 양식에 내장된 한문 전통의 기맥이 절합切合된 이 만평은 그 자체로 한문과 근대가 맞물리는 인상적인 장면들을 보여준다. 한문으로부터 파생한 문체를 중심으로 하여, 한문적인 사고와 감각, 세계관까지를 포괄적으로 문제삼는 방법으로서 만약 소위 '한문맥漢文脈'이라는 개념[45]이 가능할 수 있다면, 문장이나 시문詩文의 차원 뿐 아니라 한문이 포함하는 문화적 질서, 즉 사물을 보고 표상하는 방법 전체의 문제로서 이 개념을 재고再考하는 일도 가능할 것이다. 시서화 일체의 사고를 고려할 때, 한문의 문제를 언어 내적인 것으로만 이해할 수는 없을지 모른다. 설령 한문맥을 그것이 나은 서기체계의 변동으로 이해하고 근대문학이나 '국어' 형성까지를 논한다고 해서 '한문맥漢文脈'의 문제가 해소되는 것은 아니다. 한문맥을 '漢文'脈(서기체계로서

---

45 사이토 마레시는 일본어에는 한자와 한시문漢詩文을 핵으로 하여 생겨난 세계가 있고, 한문의 소양과 한시조漢文調라는 서기체계書記體系가 이 세계의 중요한 부분임을 전제한다. 나아가 그는 한문이 파생시킨 역사의 흐름과 너비를 중시할 때, "한자와 한시문을 핵으로 전개된 말의 세계를 일단 한문맥漢文脈이라고 부르고", 이를 지역성과 시대성 속에서 보다 넓게 사고해 보는 일도 가능하지 않을까라고 제안하고 있다. 왜냐하면 한문맥이라는 문제 설정 속에서만 비로소 문화의 번역과 근대 일본의 사고·감각의 문제가 사인의식士人意識이나 비분강개와 같은 이질적 현상과 함께 그 종합적 실체를 드러내게 되는 까닭이다. (齋藤希史. 2007.『漢文脈と近代日本』. 日本放送出版協会. 13~16면, 24~29면: 사이토 마레시. 2010.『근대어의 탄생과 한문–한문맥과 근대일본』. 황호덕·임상석·류충희 역. 현실문화연구 참조).

의 한문의 기맥)이 아니라 漢文脈'(한문을 둘러싼 컨텍스트 전체)으로 해석하는 일도 가능할 것이다.[46] 언어의 질서만이 아니라 표상 공간 전체의 질서 속에서 '한문'의 유산을 파악하려 할 때, 이 만평이 적잖은 시사점들을 줄 수 있을지 모른다.

이러한 문제의식에 기초해 이 글에서는 전통적 서기체계와 근대적 표상 공간의 절합을 이끈 내외적 동기와 상황을 염두에 두고 해당 만평을 검토하고자 한다. 한문과 근대의 문제를 언어의 문제를 상회하는 표상 공간의 전변轉變, 즉 보고 읽고 표현하고 대표하여 개입하는 방식 전반(representation)의 문제 속에서 논해 보고 싶다. 강조해 두고 싶은 것은 한문을 서면화書面化된 서기체계 그 자체가 아니라 그것이 근대 속에서 펼쳐낸 잠재성 혹은 능산能産(Puissance / Potentia)의 문제로 파악해야 한다는 것, 나아가 이를 언어의 문제로 국한시키기보다 문화예술적·정치적 의미를 포함하는 표상表象 공간의 재구조화 속에서 검토해야 한다는 사실이다.

하나의 글 안에서 총 375호에 달하는 신문의 총량과 현존하는 분량에서 확인 가능한 총 362회분의 만평 전체를 다룰 수는 없기에, 오늘은 대체로 총량의 절반가량에 해당하는 1909년분을 중심으로 이 만평의 성격과 분석의 기본적 구도를 설명하는데 그치기로 한다. 한정된 지면에 대한 분석에서나마 대략적인 작품의 성격과 의의가 어느 정도 드러날 수 있으리라 믿고 싶다. 전체적인 해제와 분석은 차후 단행본을 통해서 해나갈까 한다.

---

46 여기에 대해서는 황호덕. 2007. 「漢文脈의 근대와 순수언어의 꿈—한국 근대 개념어 연구의 과제」. 『한국근대문학연구』 16. 한국근대문학회. 참조.

Ⅱ. 100년 동안의 알레고리 – 연구방법론 비판

1. 『대한민보』의 매체적 성격과 만평 – 언어적 실천과 도상학적 실천

1907년 창립을 본 대한협회는 '합법적' 범위 내에서 독립주권 수호운동을 벌여나갔던 대한자강회와 동우회가 헤이그밀사 사건과 고종의 강제퇴위에 즈음한 민중반란과 정국경색에 따라 강제해산하자, 이들 단체들이 벌여온 정치, 사회, 학술, 계몽 사업을 일부 상속하면서 성립하였다.[47] 만평의 창작자로 알려진 이도영 역시 대한자강회와 대한협회 양 단체에 모두 이름을 올리고 있다. 의병투쟁을 비롯한 직접적 무장 항일 운동과는 거리를 두고, 대한협회는 정치 비판과 교육 및 계몽을 통한 산업증진 즉 국부와 자강을 도모하였다. 취지문의 강령을 보면 국부증진을 위해, 교육 보급・산업 개발・생명 재산의 보호・행정제도개선・관민폐습 교정・권리 의무 사상의 고취

47 대한협회의 성립 과정의 개략, 즉 산파역을 한 일본인 오가키 다케오(大垣丈夫)의 존재를 둘러싼 평가, 협회의 취지 및 강령, 조직에 대한 검토, 활동상황에 대한 대체적 개요 설명, 대한협회・서북학회・일진회 연합 시도와 파탄 등에 대한 종합적 연구로는 다음의 글을 참조. 李鉉淙. 1993. 「大韓協會의 組織과 活動에 관한 性格」; 趙恒來. 1993. 『1900年代의 愛國啓蒙運動硏究』. 아세아문화사; 金項勾. 1993. 「大韓協會(1907~1910) 硏究」. 단국대학교 박사학위논문. 아울러 애국계몽기 제 단체의 비교 연구로는 전재관. 1997. 「한말 애국계몽단체 지회의 분포와 구성–대한자강회・대한협회・오학회를 중심으로–」. 『숭실사학』 10. 숭실대학교사학회; 김종준. 2010. 『일진회의 문명화론과 친일활동』, 신구문화사. 참조.

에 힘쓰겠다는 의지가 뚜렷하다. 의병투쟁과 친일 언설의 한 가운데에서 지덕부 삼자, 즉 정치・교육・산업의 강구 발달을 통한 애국을 이야기하는 한 협회의 창립취지서는 앞으로 우리가 다루어야 할 논제의 성격을 예감하게도 한다. 의병을 일관되게 '폭도'로 규정하는 기사 등에서 보이듯이 문명화론에 기반한 신문의 논조 역시 일괄하여 '저항적'이라고 말하기는 어려운 면이 있다. 한 연구자는 입헌 정체, 정당 정치, 식산 홍업에 관한 대한협회의 주장에 주목해 이 단체의 지향을 국권 강화에서 부르주의 계급의 권력 장악으로의 도치, 즉 '자본주의 근대화론'으로 요약한 바 있다.[48]

〔만평1〕 '문명의 진군'을 주창하는 이 만평은 '1.교육의 보급, 2.산업의 개발, 3.생명재산의 보호, 4.행정제도의 개선, 5.관료폐습의 교정, 6.근면저축의 실행, 7.권리, 의무, 책임, 복종의 사상을 고취'라는 당대 대한협회의 기치[49]-운동의 성격을 압축적으로 보여준다. 무력투쟁보다는 '아한 국시我韓 國是'의 확정과 지력智力에 기반한 실천을 강조했고, 그 기조 역시 국권론보다는 강한 국민론, 즉 민권론에 가까웠다. 의병투쟁을 국민 분열로 보고, 일사불란한 단결을 외쳤기에 훗날 일진회, 서우학회와의 연결을 가능하게 했을 것이다.

[만평1]1909년 6월 24일자

48 이태훈. 2000.「韓末 大韓協會 主導層의 國家認識과 資本主義 近代化論」.『학림』21. 연세대학교 사학연구회. 물론『대한민보』의 논조는 이 단체의 성격만큼이나 복잡한 면이 있으며, 만평의 경우는 예외적이라 할 정도로 "신문 전체 논조와 달리 적극적인 반일태도"로 일관했음이 지적되어 왔다.

49「대한협회취지서」.『대한협회월보』. 1908.4, 5~6면.

'합법적 공간'에서 이루어진 한말 최후 '자강운동自强運動' 조직으로 이야기되는 대한협회는 기관지 『대한협회월보』를 대중신문으로 전신轉身시키며 1909년 6월부터 일간『대한민보』를 간행하게 된다. 이 신문은 1909년 6월 2일에 창간되어 한일병합(1909.8.29) 이틀 후인 1910년 8월 31일까지 총 375호에 걸쳐 발행되었다. 대체로 관보官報, 외보外報, 삽화揷畵, 신래성어문답新來成語問答, 보감寶鑑, 일총화一叢話, 소설小說, 사조詞操, 이훈각비俚訓覺非, 명사집요名詞輯要, 사전연구초辭典研究草, 전보電報, 풍림諷林, 휘보彙報, 잡보雜報, 광고廣告 등의 기사로 구성되어 있다. 『주한일본공사관기록』의 통계에 따르면, 1909년 당시『대한민보』는 매일 대한협회원들을 포함해 매일 약 6,200부 정도를 소화했다고 한다. 당시 『대한매일신보』가 국문, 국한문, 영문판을 모두 합해 13,000여부, 『제국신문』이나 『황성신문』이 각각 3000부 정도가 최고발행 부수였음에 비추어 영향력이 적다할 수 없었다.[50] 특히 다양한 회원층의 요구와 상이할 수밖에 없었던 식자층의 편재성偏在性을 포괄하는 방편으로, 한문 및 한문현토, 국한문 및 순한글에 이르는 다양한 문체를 지면의 성격에 따라 배치한 점이 특징적이다. 『대한민보』 만평 역시 이러한 다양한 배치의 한 파편으로서 존재하며, 만평 그 자체가 다양한 이 신문의 문체를 반영하고 있기도 하다.

앞서 제기한 에크리튀르 및 표상 공간의 문제와 관련된 『대한민보』의 기획은 크게 두 가지 측면으로 대별해 볼 수 있다. 우선 언어적 실천의 면에서 보아, 『대한민보』의 기획은 가히 전방위적이라 할 만하다. 우선 어휘적 수준에서 볼 때 그 실천은 「신래성어문답」, 「이훈

---

50 金項勾. 1993. 「大韓協會(1907~1910) 硏究」. 단국대학교 박사학위논문. 169면.

각비」, 「명사집요」, 「사전연구초」 등 네 종류의 고정란으로 나타났다.[51] 이 각 고정란은 당대 대한제국을 둘러싼 정치사회적 지형과 문화적 유산/변동 등을 반영한 것인데, 그 분할이 매우 흥미롭다. 「신래성어문답」은 근대적 법령이나 규칙, 제도 등과 관계된 신어의 일본식 번역어 및 발음을 소개한 고정란으로 당대 질서를 규정한 사법적, 제도적 장치들을 규명하는 열쇠가 된다. 또한 「이훈각비」는 한자의 잘못된 훈訓을 바로잡고자 한 시도로서 한자의 의미 변동 및 음가 고정이 새롭게 요청됨으로써 시작된 코너이다. 이러한 한문 질서에 대한 고증 작업과 함께 『대한민보』는 한국어 질서의 정리작업에도 노력을 경주했다. 「사전연구초」가 바로 그렇다. 한국어 정리 사업 및 한국어 담론의 실행을 한문을 둘러싼 새로운 질서에 대응하며 시도하고 있었던 셈이 된다. 외국의 속담이나 격언을 한문(일부 현토식 국한문체)로 번역해 소개하는 「보감寶鑑」란 역시 세계체제를 천하질서의 틀 안에서 재질서화하려 했던 시도로서 매우 의미심장한 사례라 하겠다. 외보/잡보/관보에 등장하는 다기한 변폭의 국한문체, 소설의 순한글문체, 「보감」의 국한문체/순한문체의 선택적 번역, 그리고 이를 잇는 한자, 일본산 신조어, 한글정리사업이 필요에 따라 분할되어 있는 한편, 호를 더해가면서 교양·계급·성의 분할에 따른 독자 배치와 내외적 요구에 따라 유동함을 볼 수 있다.[52] 여기서

51 방영심의 연구는 『대한민보』의 언어관련란인 「新來成語問答」, 「俚訓覺非」, 「名詞輯要」, 「辭典研究草」를 중심으로 『대한민보』가 노력했던 근대 국어 정리 사업들을 설명하며 이들 단어가 후에 어떻게 유통되고 정착되었는지를 보여주고 있다. 방영심. 2008. 「『대한민보』의 언어 관련 기사에 관한 연구」. 『국어사연구』 8. 국어사학회.

52 『대한민보』에 연재된 소설이 국운國運에 대한 염려, 민중의 계몽 등 정치적 의식을 드러내는 것을 그 특징으로 한다는 것은 김복순, 차미라 등의 연구에서 밝혀진 바 있다(김복순. 1987. 「신소설「소금강」과 항일의병운동」. 『연세어문학』 20. 연세대학교 국어국문학과; 차미라.

도 알 수 있듯 문체적 수준에서 보더라도 『대한민보』는 독자 변수, 편집의도, 국제정치적 관계, 상황별 문화적 대응에 매우 고심한 매체였다 할 수 있다.

한편 무엇보다 『대한민보』는 당대 어느 신문보다도 도상학적 실천에 노력을 경주한 매체였다. 『한성순보』의 「지구전도地球全圖」("풍기기 열리고 지교가 날로 발전하여 화륜선이 누비고 전선이 서양까지 연결되었다.")에서 시작된 신문 미디어의 도상학적 실천은 『대한민보』의 고정란이었던 '삽화'〔만평〕로 심화・확대를 보게 된다. 한국 만화사의 서막으로 이야기되는 이도영(때때로 오세창이 원안과 글을 담당했다는 설이 있다)의 신문 만평은 목판화 자체의 완성도나 풍자의 수준, 문체적 다양성과 내용의 심도라는 측면에서 비근한 예를 찾을 수 없

2001. 「신소설「오경월」의 현실인식 양상연구」. 『새얼어문논집』 14. 새얼어문학회). 아울러, 연재소설에 등장하는 소수자들의 발언, 담화 양식을 통해 당시의 강화된 검열 환경 속에서 어떻게 이 매체가 '재미'를 중심에 둔 서사적 실험과 통속성을 감당했는지를 검토하고 있는지에 대한 연구도 이루어졌다(신지영. 2003. 「『대한민보』연재소설의 담론적 특성과 수사학적 배치」. 연세대 석사학위논문). 신지영은 『화수』, 『현미경』, 『만인산』, 『오경월』, 『소금강』, 『박정화』와 같은 작품에 나타난 근대적 징후들이 재미나 관능성에 대한 감각이나 자신의 욕망에 충실한 새로운 인물형의 등장으로 나타났다고 파악했고, 이를 소문과 토론의 변증법 속에서의 약자의 발언권 취득 문제와 연계시켰다. 다만 이 연구는 연재소설만을 대상으로 하여, 소수자의 언권 및 이를 확보하는 서사적/수사적 전략의 문제를 해명한 실증적이고 분석적인 연구로, 그 외의 정치 담론이나 만평 등의 수사 및 담론 분석에 있어서도 서사 구조 및 문체 분석의 틀을 크게 상회하지 않는 것으로 보인다.

한편, 『대한민보』의 '소설' 란을 다른 신문의 소설란과 비교하면서 『대한민보』가 여타의 다른 신문보다도 '소설' 을 포섭하고자 하는 욕망이 강했고, 이 매체만의 독특한 '소설' 의 개념을 만들어 나갔음을 지적한 연구가 있다(김재영. 2006. 「근대 계몽기 '소설' 인식의 한 양상 –『대한민보』의 경우」. 『국어국문학』 143. 국어국문학회). 김재영에 따르면『대한민보』의 소설은 당대성과 현실성이 짙었으며 계몽적 주장을 녹여내는 방식이 발달했다는 것이다. 소설을 공적인 것으로, 국가나 사회 안에서 일정한 책임을 갖는 것으로 인식하는 것은 개인의 감정과 내면의식을 드러내는 것을 목적으로 하는 근대적 소설관과는 차이가 있다고 할 수 있다. 하지만 이는 오히려 근대 이전의 문文에 가까운 의식이다. 『대한민보』의 소설란은 순국문체로 쓰였지만, 그 문체가 표현하고 있는 것은 한문이 담당했던 문文에 대한 사고로부터 비롯한 것이라는 점에서 문체 설명에 있어 한자, 한문의 감각이 담당했던 역할은 재고될 필요가 있다.

을 정도의 선구적 작품이라 할 수 있다. 또한 광고의 경우에 있어서도 첫 호부터 일관되게 이미지 광고를 실었고, 모자 등의 생필품에서 담배, 맥주 등의 소비재, 각종 약광고에 이르기까지 적극적으로 광고에 도상들을 도입하고 있다. 『황성신문』(예컨대, 브루너 소다 광고, 1899)과 『제국신문』(예컨대, 진고개 목도평 시계포 광고, 1902) 등에서 일부 광고 도상들이 사용된 적은 있지만, 4면 중 3면을 각종 이미지, 도상으로 채운 사례는 드물다. 일진회의 『국민신보』에 게재된 만평 역시, 『대한민보』 만평에 크게 영향 받은 것으로 보인다.

다시 말해, 우리가 보아야 할 것은 만평이지만, 근대 신문 미디어라는 모자이크의 전체를 염두에 두지 않으면 안 되는 것이다. 이 신문의 모자이크들은 한글과 한문을 가로지르는, 때로는 일본어 및 한문으로 번역된 서구 명언들을 가로지르는 '읽기'를 요구하며, 특히 만평의 경우는 이러한 매체적 성격으로 인해 이미지와 한문에 대한 문해력(literacy)을 동시에 요구한다.

2. 역사와 알레고리

당연한 말이지만, 이 만평은 당대 안에, 신문의 기사들 안에, 그리고 무엇보다 역사적 맥락 속에 존재한다. 만평이 창작된 배경과 만평을 둘러싼 정황은 이 '한문맥의 이미저리'들이 그 자체 안에서 읽을 수 있는 자율적 텍스트로서보다는 모자이크의 안팎 혹은 이면을 지시하면서 '풀리기를 기다리는 역사의 알레고리'로서 존재한다는 사실을 의미한다. 왜냐하면 이 신문 만평은 다른 모든 모자이크들이나 당대의 상황들에 가탁假託되어 있는 것이면서, 심지어 말해진 언어나 그려진 그림의 바깥에서 당대의 상황 및 언설 전체를 비판하도록 암시되어 있기 때문이다. 더구나 한문이라는 자장의 배면에 자리한 고사 및 이를 이용한 용사들이 이 만평을 더욱 이해하기 곤란한 알레고리로 존재하게 한다. 역사의 타자이자 현재적 언어 질서의 타자로서, 또 당대 상황 속에 숨겨진 기호라는 의미에서 이 만평은 과연 알레고리적이다.

요컨대 만평은 문제 그대로 '파편화된 비평漫評'의 조각으로서 존재한다. 우선 한 가지 사례만 보도록 하자.

〔만평2〕白而書之曰 任爾頑傭 自斧傷皮

1) 나무를 깍아 만든 흰 바탕에 써 말하기를 '너 같은 우둔한 품팔이에게 맡겼더니 제 도끼로 제 살을 다치게 하는구나.'

2) 나무를 깍아 만든 흰 바탕에 써 말하기를 '니미럴 이완용아, 이 자부〔子婦, 며느리〕를 붙을 놈아.'

3) 나무를 깍아 만든 흰 바탕에 써 말하기를, '이완용은 도끼자루로 일을 함부로 하다가는 스스로를 베게 될 것이니 조심하라.

4) "나무를 깍아 만든 흰 바탕에 써 말하기를 '니미럴 이완용아, 이 자부〔子婦, 며느리〕를 붙을 놈아(곧 죽으리로다)."

〔만평〕 1909년 7월 25일자

이 만평에서 소위 말풍선은 하얗게 깎인 나무 안에 새겨져 있다. 거기에 새겨진 "白而書之曰 任爾頑傭 自斧傷皮"라는 구절은 일단 〈1〉 "나무를 깎아 만든 흰 바탕에 써 말하기를 '너 같은 우둔한 품팔이에게 맡겼더니 제 도끼로 제 살을 다치게 하는구나.'"라고 해석된다. 그림을 설명하는 화제畫題로서 손색이 없어 보인다. 과연 어리석음을 경계하는 보편적 우언寓言으로 읽기에 부족함이 없지만, 실로 당대의 상황과의 연결은 모호하기 짝이 없다.

그러나 위 구절을 마치 김립(金笠, 김삿갓)의 희작을 읽듯이 읽어 보면 어떨까. "임이완용, 자부상피"라는 '한국어발음'은 한문의 문리文理 관계나 그에 조응해 그려진 그림과는 사뭇 다른 울림을 전해준다. 그러니까 이 구절은 〈2〉 "나무를 깎아 만든 흰 바탕에 써 말하기를 '니미럴 이완용아, 이 자부〔子婦, 며느리〕를 붙을 놈아.'"로도 해석가 능하다. 과연 이완용식의 콧수염이 선명한 한편 그 자체로 실로 극한의 풍자로 읽혀진다. 당시 유통되던 세간의 소문을 비웃기 위한 장치로 도끼질하는 그림을 맞추어 그린 것인데, 음만 가차해 표기함으로써 일종의 문자 희작文字 戲作을 한 셈이다. 그림은 문자 희작을 위해 극화된 희화戲畵인 것이다. 그렇다고 해서 이 만평이 〈2〉의 해석을 위해서만 그려졌다고 보기는 어렵다. 왜냐하면 이 만평은 망국 전야의 내각 총리대신 이완용의 위태로운 정치적 곡예라는 컨텍스트를 지시하는 제3의 의미로서 〈3〉 "나무를 깎아 만든 흰 바탕에 써 말하기를, 이완용은 도끼자루로 일을 함부로 하다가는 스스로를 베게 될 것이다."라는 일종의 경계警戒로서도 해석될 수 있다. 〈2〉의 해석에 이르렀다고 해서 최초 〈1〉의 문면 상의 표상 자체가 사라지는 것이 아니며 〈1〉에서 〈2〉에 이르렀다고 해서 의미가 다 해소되는 것도 아니다. 제3의 해석, 즉 한문과 고유어 사이의 전이로 인해 발생하는 〈3〉의 독해 역시 고려하지 않으면 안 된다. 우언으로서의 문리적 의미, 음가를 이용한 희작, 정치적 알레고리가 중층적으로 결합된 이 만평의 의미는 여기서 그치지 않는다.

"백이서지왈白而書之曰" 운운하는 표현의 이면에는 일종의 고사가 존재한다. 이 고사에 근거한 용사를 통해 제4의 의미 또한 유추 가능하다. "나무를 깎아 만든 흰 면에 써서 하는 말(白而書之曰)"이라는 구절은 본래 『사기史記』 권65의 「손자오기열전제오孫子吳起列傳第五」의 내용을 축약한 『통감절요通鑑節要』에 나오는 말로, 참언讖謠 혹은 주술과 같은 말을 새겨 적어 일의 형세를 그렇게 되도록 한다는 뜻을 내포하고 있다. 옛날 제나라의 마릉이 위나라의 방연과 싸우며 거짓 도망을 하여, 좁고 험준한 길에 들어서 복명을 숨기고는, "큰 나무를 찍어서 흰 바탕에 쓰기를 방연이 이 나무 아래에서 죽을 것이로다."라 하였다. 과연 방연이 밤에 이 길에 당도해 그 나무 위의 글씨를 읽고는 크게 당황하지 않을 수 없었다. 마릉이 이때를 이용해 일시에 공격해 오니 방연의 무리는 얼마 못가 괴멸되었고, 방연은 그 자리에서 자살하게 된다.[53] 그러니까 백이서지白而書之한 말은 이미 있었던 일을 고발한다기보다는, 장차 있게 될 일을 '예언'할 때 쓰는 서두書頭로서 일종의 참언讖言에 가깝다. 이 말에는 어떤 일을 그리 되게 하는 주술성이 내포되어 있는 것이다. 이렇게 읽을 때 이 구절은, 〈4〉 "나무를 깍아 만든

53 해당 구절만 인용하면 다음과 같다. "馬陵 道狹而旁多阻隘 可伏兵 乃斫大樹 白而書之曰 龐涓死此樹下" (마릉은 길이 좁고 옆에 장애물이 많아 험하니 복병을 숨길만하다 하고, 큰 나무를 찍어서 흰 바탕에 쓰기를, "방연이 이 나무 아래서 죽을 것이라.") 하였다.

흰 바탕에 써 말하기를 '니미럴 이완용아, 이 자부〔子婦, 며느리〕를 붙을 놈아, 곧 죽으리로다."라는 의미를 내포한 참언처럼 읽힌다. '白而書之'라는 문맥 유도 발화가 그러한 읽기를 가능케 한다 하겠다.

이완용이 죽은 장남의 처 임건구任乾九와 사통私通하고 있다는 소문은 황현의 『매천야록』[54] 에도 실려 있을 만큼 지속적으로 반복 재생산되었는데[55] 그만큼 만연해 있었다는 뜻도 된다. 을사조약 체결과 고종의 양위를 주도한 것으로 낙인찍힌 이완용에 대한 세간의 악평이 "며느리와 상피하고도 남을" 위인으로 낙인찍게 한 듯하다. 정치적, 윤리적 타락을 성적 타락과 유비하는 일은 흔히 있는 일이다. 당시 언론에서도 이 문제에 대해 지대한 관심을 보였다. 이완용이 이재명 의사의 칼에 맞고 대한의원에 입원하자 『대한매일신보』는 "총리대신 며느리 임 부인은 병든 시아버지를 간호하고자 의원까지 들어가서 약시중侍湯에 힘쓴다지. 평시에는 '색양色養'하여 그 즐거움을 다하더니 병에 걸리자 저렇게 걱정하다니 그 효성은 천만고의 특색일세."[56]라는 식으로 비꼬았다.

---

54 황현. 2005. 『역주 매천야록』. 임형택 역. 문학과지성사. "이완용의 아들 이명구李明九의 아내 임씨는 임선준의 형 대준의 딸이다. 명구가 왜국에 들어가 몇 년 동안 유학하는 사이에 완용이 간통하였다. 그가 돌아와 어느 날 안방에 들어가다가 완용이 임씨를 끌어안고 누운 것을 보고 나오면서 탄식하였다. "집과 나라가 모두 망했으니 죽지 않고 어찌하라?" 그 때문에 자살하자, 완용이 드디어 독차지하였다." 그 외에도 당시의 대신들의 비도덕성을 성적 방종에 의탁해 소문, 언어화하는 일은 적지 않았다. 몇 구절만 들어보자. "민형식은 바로 민긍식인데, 자기 첩이 낳은 딸과 더불어 함께 살면서 아이를 낳았다. 형식은 이미 세 아들이 있었는데 이 아이가 생기자 품에 안고 자랑하였다. 점쟁이가 내 운명을 보고 '아들 넷을 보겠다.' 더니 이놈을 얻어 그 수를 채웠다오. 점쟁이가 정말 신기하지요?", "죽은 판서 홍종헌의 조카 아무개는 과부로 사는 사촌누이와 간통하여 첩으로 삼고 아이를 낳았다."

55 심지어 이완용이 사망하자 『개벽』(1926년 3월호)은 다음과 같은 소식을 전하기까지 했다. "죽는다 죽는다 하던 이완용은 2월 12일에 아주 죽고 말었다. 지상에 있는 이재명은 「아─ 이놈이 인제야 죽었구나」하고 웃겠지만은 팔자 궂은 과부 며느리는 남유달리 더 슬퍼할 것이다." 「京城雜語」. 『開闢』 1926년 3월호, 89면.

56 『대한매일신보』. 1910년 1월 5일자.

여기서 문제는 이 소문이나 이완용에 대한 평가, 혹은 만평의 놀라울 정도의 상상력과 비판력이 아니다. 만평 자체의 분석이나 당대 조선인의 심리 상태와 관련해 의미심장한 대목은 사리사욕에 붙들린 관료들을 비판하기 위해 성적인 소문들을 끌어오고 이를 우화와 용사 속에 숨겨 내장시키는 알레고리적 장치들이 겹겹의 은폐를 통해 사용되고 있다는 사실이다. 문자 이면의 것을 읽도록 유도하는 알레고리적 장치들로 인해 모든 만평은 당대의 역사를 소환하는 일종의 정치적 풍자로서 기능하게 된다.

흥미로운 것은 이런 식의 만평이 통감부와 내각의 검열 및 단속 속에서 어떻게 지속될 수 있었던가 하는 점일 것이다. 아이러니하게도 '민으로부터 관인'에 대한 '풍자', 그 자체가 이유였을지 모른다. 『시경詩經』에 시의 뜻을 설명한 대목에 이런 대목이 있다. "시에는 육의六義가 있는데 그 하나를 풍風이라 한다. 상上으로써 하下를 풍화風化하고 하로써 상을 풍자風刺한다.…이를 말하는 자 죄 없으며 이를 듣는 자 족히 경계로 삼을지니, 일컬어 풍風이라."[57] 한마디로 풍자諷刺를 대할진대, 경계로 삼되 죄로는 엮지 말라는 것이다. 당대의 어지러운 정치 상황이나 상당부분 일본에 넘어가버린 검열 기능을 차치하고라도, 한문의 질서 안에 상당한 수준의 풍자를 허용하는 '전통적 문맥'이 존재했음도 사실이라 하겠다. 신문의 다른 모자이크들과는 달리, 알레고리화라는 은폐 장치와 함께 한문맥이라는 전통적 문맥(context)이 작용함으로써 만평이라는 비판 공간이 얼마간 확보될 수 있었던 셈이다. 더구나 알레고리에서는 표현에서 풍자적 의도까

57 『詩經』. 「序」. 故詩有六義焉 : 一曰風, (中略) 上以風化下, 下以風刺上, 主文而譎諫, 言之者無罪, 聞之者足以戒, 故曰風

지의 연결이 일의적이거나 확정적인 것일 수 없다. 즉 알레고리의 내포에 대한 의미상의 결정이란 일회적이고 불확정적인 것이어서, 그 내포란 언제나 얼마간의 모호성을 지닐 수밖에 없다. 이 모호성이야말로 풍자의 운신 공간이었을 터이다.

위 만평에서는 이미 한문은 기표와 기의의 사이의 필연적 관련이라는 한자 세계의 일반적 언어 인식틀이 깨어져 있다. 흔히 한자는 문자가 표상의 기능을 수행하는 기호가 아니라 대상(을 모방한 문자)이 공간 속에서 자리를 차지하고 있는 상태, 즉 "음성의 여로를 수평선상에서 재생하지 못하는"[58] 문자로 간주되어 왔다. 즉 한자가 갖는 구상성具象性을 근거로 한문을 기표 우위의 문자로 보았던 것인데, 이는 기의와는 자의적 결합만을 갖는 기표들의 연쇄 속에서 이루어지는 표음문자와 여기서부터 진전된 소위 '표상'의 세계와는 상반되는 것으로 이해되어 왔다.[59] 마찬가지로, 한자 문화권 안에 있는 사람들 역시 오랫동안 글자와 마음의 관계를 심화心畵란 말로 표현하며, 문자와 의미 사이의 필연적 결합을 의심하지 않았던 듯하다. 예컨대 "말은 마음의 소리요, 서예는 마음의 그림이다."이라고 할 때, "마음속에 생각이 있으면 소리가 발하여 말이 되는데, 말이란 서로 대면해서야만 전할 수 있고 후세에까지 남기지 못하는 까닭에 그 마음을 그려서 전한다는 것을 (심화라고) 이르는 것이다. 말하자면 마음속에서 하늘을 생각한다면 천자天字를 그려내고, 마음속에서 땅을 생각했다면 지자地字의를 그려내는 것과 같이, 이 천지天地의 글자는

58 Michel, Foucault. 1970. *The Order of Things*. Random House. ixi.

59 서양철학에 있어서의 한자 인식론의 확인하는 데에는 다음의 책이 유용하다. 하영삼. 2011. 『한자와 에크리튀르』. 아카넷.

곧 마음의 회화로서 육서[서예]가 바로 그것이다."[60] 기의와 기표의 관계를 일종의 필연적 관계, 적어도 유비적 관계로 본 것이다. 이 기의와 기표의 필연적 관련 혹은 유비적 관계는 한문의 우수성에 대한 증거로도, 또 한문의 퇴행성에 대한 증거로도 사용되었다. 물론 한문의 구상성과 표음문자의 표상성을 대립시키는 견해라는 게 일면적인 이해에 불과할지 모르지만, 그렇다고 전혀 근거 없는 것은 아니었다. 양자의 구분과 상호배척이 첨예한 정치문화적 논제였던 당시로서는 더욱 그랬을 것이다.

그러나 앞으로 볼 만평들은 이러한 문자-의미-마음 사이의 필연적 결합과는 다른 방식, 즉 한자의 표의적 기능을 교란시키면서, 한자의 표음적 기능을 한국어 음성질서 안에서 적극적으로 사용하는 양상을 보여준다. '이완용爾頑傭'이나 '자부상피自斧傷皮'라는 문자가 마음에 새기는 것과 그 음성이 마음에 불러일으키는 효과는 상반된 한편, 서로가 서로를 지시한다. 즉 여기서의 한자는 한문 혹은 한문의 질서로부터 약간 이탈하며, 그럼으로써 육례[서예] 혹은 동양화의 자장 안에 있으면서도 그와는 상반되는 고유한(vernacular) 음성질서 내에서의 독특한 비판성을 확보하게 된다. 이 다르게 말해진 것들은 다르게 읽혀야 한다.

주지하다시피 알레고리(allegory)는 그리스어 allēgoriā에서 유래하는데, 이는 「다른 이미지에 가탁假託되어 있는 사물 묘사」를 뜻한다. 그 동사형인 allēgoreîn은 「언어 바깥의 무언가를 암시하도록

---

60 李瀷. 1999. 『星湖僿說』. 「心畵」. 최석기역. 한길사. 文藝六一曰書 書者文藝也 釋者謂書以見心畵 …… 心畵字出法言曰 言心聲也 書心畵也 謂心內有思聲發爲言 言可以面傳而不可以面傳 而不可以垂後則畵其心以傳也 如心內念天 書成天字 心內念地 書成地字 天地字便是心之繪畫 六書是也.

말한다.」는 의미를 지니는 것으로, állos(다른 것)와 agoreúein(공공연하게 말하다.)의 합성어다. agoreúein은 agorā(고대 그리스의 광장)와 통한다. 그러니까 알레고리는, 직접적인 단어로 대상과 사건을 가리키는 대신 우회적으로 다른 단어나 이미지로 변환하는 것을 통해 공공연히/공적으로 다른 사람을 설득하는 효과를 갖는 표현법 및 전략이다. 여기에는 글자 그대로의 표면상의 발화와 그것에서 분리된 이면적 의미를 겸한다고 할 수 있는 이중구조가 있다. 하지만 이 이중구조에서 의미는 이면에 감추어져 있기 때문에, 진의를 둘러싼 해석은 일의적으로 결정될 수 없다. 알레고리는 그 자신의 기원=진의와 그 해석 사이의 간극을 운명적으로 내장하고 있다. 하나의 해석은 다른 해석을 불러내고, 끝이 없는 다양한 해석의 연쇄를 만들게 된다. 또한 그 때문에 알레고리에 의한 언술은 끊임없는 해석의 단편, 깨진 부분 속에 남게 된다.[61]

알레고리는 언제나 '특이한 종류'의 월경, 이를테면 조형예술을 벗어나서 '담화' 예술의 표현 영역으로 넘어가는 순간의 일시적 정전停電과 관계되어 있다.[62] 여기에 조명을 가하는 일, 이 난해한 목판화의 비의秘意를 읽음으로써 이 정전의 순간에 빛을 가할 수 있지 않을까. 좀체 해석되지 않는 만평은 이 신문 뿐 아니라 시대의 정황과 분위기, 감정, 세계사적 변전, 표상문화의 변동을 함께 보지 않는 한 전혀 해석되지 않는다. 망국 직전의 멜랑콜리한 분위기와 문명진보에 대한 신뢰는 하나의 그림에 일출과 일몰이 동시에 표현되는 파국/구원의 알레고리로서 존재하는 듯하다.

---

61 石塚正英·柴田隆行 監修. 2003. 『哲学·思想翻訳語事典』. 論倉社. 79면.
62 발터 벤야민. 2008. 『독일 비애극의 원천』. 조만영 역. 새물결. 231~232면.

뒤죽박죽이 된 궁정, 끊임없는 쇠락, 불가사의한 그로테스크, 파산한 도덕율 속에서 전개되는 이 만평의 분위기는 바로크 비애극의 알레고리에 대한 발터 벤야민의 다음과 같은 언급을 연상시킨다.

> 알레고리에서는 역사의 '죽은 표정'이 응고된 원풍경으로서 관조자의 눈앞에 펼쳐진다. 때를 놓친 것, 고통에 겨워하는 것, 실패한 것 등 역사가 애초부터 품고 있는 이 모든 표정에는, 아니 그 죽은 해골에는 역사가 새겨져 있다. 표현의 '상징적'인 자유, 형태의 고전적인 조화, 인간적인 것, 이 모든 것이 거기에는 결여되어 있다. 자연으로 극도로 쇠락한 형체 속에는 인간 현존재의 자연(육체)만이 아니라 개개인의 전기적인 역사성까지도 수수께끼 의문으로서 의미심장하게 발화된다.[63]

알레고리라는 방법은 '특수한' 몰락 속에서도 '보편적' 구원을 찾아내는 상징이나 아름다움과는 다르다. 알레고리는 일단 퇴락하여 머무는 곳으로서의 '죽은 얼굴'을 추출함으로써, 이를 관통하는 수난사를 요청한다. 그러기 위해서는 우선, 먼저 메랑콜리한 시선으로 대상을 보고, 그것을 '죽은 것' 혹은 적어도 '시들어가는 것/부패한 것'으로 간주해야 한다. 역사적 타자의 언어이기에, 몰락하는 역사의 죽은 표정에 대한 묘사이기에, 그리고 무엇보다 역사의 원풍경으로서

---

63 발터 벤야민. 2008. 같은 책. 217면. 본래 '죽은 얼굴' 옆에는 '피치에스 히포크리타카(facies hippocratica)' 라는 표현이 부가되어 있다. '히포크라테스의 얼굴' 이라는 뜻인데, 히포크라테스가 환자의 안색에 나타난 특징의 변화를 통해 죽어가는 환자의 모습을 묘사했던 것에서 비롯된다.

의 모자이크들 전체가 가탁된 도상이기에 일종의 알레고리적 그림〔우의도寓意圖〕으로 존재하는 것이 이 만평이다(예컨대 〔만평5〕와 〔만평6〕의 경우가 이러한 사례가 아닐까).

3. 알레고리적 읽기, 모자이크를 잇는 방법

알레고리가 의미를 가지기 위해서는 특정한 질서 속에서 관계가 확정되어야 하며, 그 자체만으로는 아무런 의미도 지닐 수 없는 파편에 지나지 않는다. 알레고리는 다른 어떤 것, 즉 자신이 아닌 것과의 미리 결정되지 않는 관계성 속에서 스스로를 전달하는 잠재성의 형식인 것이다. 알레고리의 잠재적 의미를 확정하여 드러내기 위해서는 어떤 질서의 재구성에 아울러 이와 관계된 (신, 역사, 정의, 당위와 같은) 초월적 심급이 필요하다.[64]

우선 당대질서의 재구성이라는 차원에서 만평과 여타의 모자이크는 일종의 알레고리적 관계에 있다. 만평의 표면적 의미는 다른 기사들을 '다르게 말한' 알레고리에 해당하며, 또한 신문의 다른 기사들은 만평의 이면적 의미 혹은 '다른 지시'로서의 알레고리를 유추하는 단서가 된다. 즉 하나는 다른 하나가 어떤 '다르게 말해진' 것이기에

64 알레고리의 개념과 문제성에 관해서는 김수림. 2011.「식민지 시학의 알레고리」. 고려대 박사학위논문. 8~20면.

양자의 관계는 '알레고리적'이다. 다음의 두 사례를 보자.

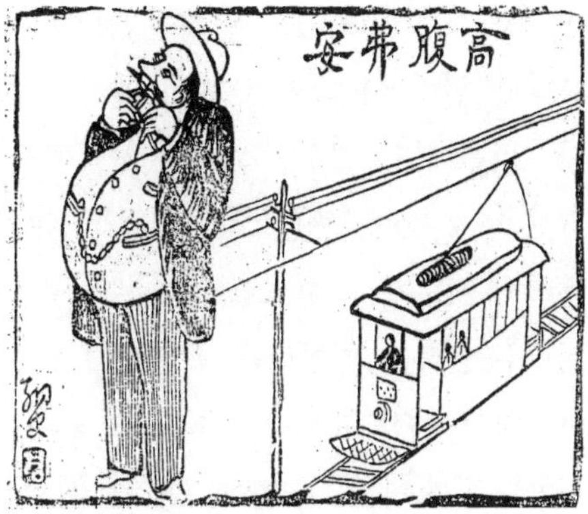

▲ [만평4] 『대한민보』 1909년 7월 18일자
◄ [만평3] 『대한민보』 1909년 6월 2일자

『대한민보』 창간호 '삽화'란에 게재된 만평에서 피력된 『대한민보』의 발간 취지는 다음의 네 가지이다.

> 대국大局의 우형盱衡 정세를 저울질하여 잘 살핀다.
> 한혼韓魂의 단취團聚 대한의 혼을 하나로 모은다.
> 민성民性의 기관機關 백성의 소리를 듣는 기관이 된다.
> 보도報道의 이채異彩 보도에 있어서는 남다름을 기한다.

아울러 제2호의 만평을 통해 보관報館의 자세로서는 "寸心持正 一毫無私", 즉 "마음이 바름을 갖고 있으니 추호도 사심이 없다."라는 화제가 제시되고 있다. 그런데 주의해야 할 것은 이러한 만평의 형식과 내용은 동일 신문의 다른 모자이크들과 함께 살펴봤을 때에야 비로소 그 진의가 드러난다는 점이다. 그러니까 이 만평에 등장하는 모든 표현이 이 만평 주변에 배치된 다른 기사들에 '이미' 나오고 있다. 이를테면 "대국大局의 우형盱衡"에서 '우형'은 축사를 쓴 김가진의 글에 나오며,[65] "한혼韓魂의 단취團聚"는 역시 "일성제창대한혼一聲提唱大韓魂"이라는 유사 표현으로 김가진의 축시에 등장한다. 아울러 "민성民聲의 기관機關"을 지칭하는 표현에서 '민民'에 대한 강조는 김윤식의 축사[66]에서 가장 강조된 말이기도 하다. "民聲이 시대를 造ᄒᆞ고 時代가 民聲을 造ᄒᆞ니 是日 呱呱一聲이 卽我大韓民報-라."로 시작하는 사설과의 겹침은 더 말할 것도 없다. 특히 김윤식의 '민보'에 대한 해석 즉, "비일인지사언非一人之私言"이라는 말은 제2호 삽화의 "촌심지정寸心持正 일호무사一毫無私"(마음이 바름을 갖고 있으니 추호도 사심이 없다)라는 화제와 쌍을 이루고 있다. 또한 "보도報道의 이채異彩" 역시 한문으로 작성된 장지연의 축사에서 '광채'라는 약간 상이한 표현으로 등장한다. 무엇보다 신문 제호에 '민'을 썼던 까닭인지, 이에 관한 언급이

---

65 祝詞 大韓協會長 金嘉鎭 太極旗高報館門 一聲提唱大韓魂 盱衡世界風潮勢 開達人民智識源 辯海飜時光日月 筆鋒落處肅乾坤 空前偉業文明社 永頌千秋帝國尊. 이 시를 번역하면 대략 다음과 같겠다. "태극기 높이 걸린 신문사 문이여,/ 한소리로 가지런히 대한혼을 노래하네/ 세계 풍조세(風潮勢)를 저울질해 살피고[盱衡],/ 인민지식의 근원을 열어 통달케 하네./해외의 변설이 번역될 때 해와 달이 빛나고,/ 필봉이 떨어지는 곳마다 하늘땅도 엄숙하네./ 전에 없던 큰 일이여, 문명을 밝힐 신문사여,/ 천추에 길이 송축될 제국의 존귀한 일이로다."

66 畿湖興學會長 金允植의 축사를 해당 언급만 부분 인용하면 다음과 같다. "今大韓協會月報改以民報 夫報以民稱明非一人之私言也 ……天視天聽實自我民發之於口是爲公言"이 축사의 일부를 번역하면 대략 다음과 같겠다. "이에 대한협회월보가 '민보'로 개정되었다. 무릇 이 신문을 '민보'라 일컬은 것은 한 사람[一人]의 사사로운 말[私言]이 아님이 명백히 하는 것이다. ……하늘이 보고 하늘이 듣는 것은 실상 나로 말미암음이니, 백성[民]이 입으로 내뱉는 것이 공언公言이로다."

다대하고 삽화 역시 여기에 적극적으로 대응하고 있다(그 이전에도 일진회 기관지 『국민신보國民新報』가 '민'을 제호에 사용한 적이 있다). 민성民聲이라는 표현은 윤효정의 축사와 사설에 동시에 등장한다. 제1호의 장지연의 축사에 등장하는 보관의 임무에 대한 주장이나 제2호의 박은식의 축사에 등장하는 민 혹은 민지民智에 대한 강조를 살펴보면[67] 이 신문에 거는 기대와 그 표현, 사설 등이 이 삽화의 지

---

67 韋庵張志淵 *孟子曰工欲善其事, 必先利器, 器不利, 而能善其事者, 未必有也. 報舘者, 文明之利器也. 苟欲橐籥風氣, 鼓吹文明, 以陶鑄一世, 舍是無以焉. 報舘之興, 其文化之進步乎. 雖然我國自十餘年來內外報舘之設, 槩未免衰退不振何哉. 計全國閱報者約不過五千分之一, 然則豈非以閱報甚稀, 狭於銷售絀於資本歟. 此我國程度之, 所以不進, 而利器亦無所於施也. 然操其器者, 果皆利其利, 而亦無待於加利歟, 是又不可專責於不閱者, 亦反求諸器者也. 大韓會之有報巳週乎一紀矣. 其正義確論, 宜乎作社會之標幟, 迷途之指針. 但刊之以月而不以日, 故凡於事爲機關, 頗多碍滯之. 歉. 於是以隆熙三年六月二日, 發日刊之第一紙. 是可見諸員之團合熱衷, 又從此新報之界, 放出一大光彩矣, 可不爲斯報賀哉. 雖然余又不能無戒懼者, 卽前所稱稀閱者之歎, 而此又諸君之所反求諸器者也. 於是乎爲祝(위암 장지연; 맹자께서 말씀하시길 장인이 그 일을 잘하고자 한다면, 반드시 먼저 그 도구를 벼려야 한다 하였다. 도구를 벼리지 않고, 능히 그 일을 잘할 수 있는 사람은 아직 있는 적이 없다. 보관報舘(신문사, 신문발행)이라 하는 것은 문명의 벼려진 도구임이라. 풍기風氣를 탁약(풀무질을 함)[1]하고 문명을 고취함으로써, 한 세상을 빚으려 한다면 보관을 버리고는 할 수 없음이라. 보관의 흥성하면 그 문화가 진보한다. 비록 그러함에도 우리나라는 십여 년 전부터 안팎으로 보관이 설치되었으나, 대개 쇠퇴하고 진작하지 못함을 면치 못함은 어인 일인가. 전국에 신문을 보는 사람을 헤아려 보면 대략 5000명 중 하나[1]에 불과한즉, 아마도 신문 보는 이가 매우 드물어서 구매처[銷售]가 협소하고 자본도 얽매여 있는 것이 아니겠는가. 이는 우리나라의 형편이 부진한 까닭으로, 벼려진 도구 또한 베풀어진 바가 없음이라. 그러나 그 도구를 다루는 사람은 과연 모두 그 이로움/날카로움을 족히 버려서 또한 더욱 벼리는 일에 대비하지 않는 것인가. 이는 신문보지 않는 사람에게 모든 잘못을 돌릴 수는 없고, 신문 만든 자 자신에게서 그 원인을 찾을 바[反求諸器[1]]이다. 대한협회가 신문을 낸지 이미 1주기가 돌아왔다. 그 의를 바로 세우고 논의를 분명히 한 것이 이 사회의 기치와 어지러운 길에 지침을 세우는데 마땅하였다. 다만 달마다 간행하고 날마다 하지 않은 까닭에 무릇 일에 있어서는 그 기관이 막히고 뜻에 차지 않는 바가 있었다. 이에 융희3년(1909) 6월 2일 일간신문의 제1호 지면을 발간함이라. 여러 회원들의 단합된 열의를 볼 수 있고, 또한 이로 말미암아 신문 업계에 있어 일대 광채를 발하는 것이니, 이 신문을 위하여 축하하지 않을 수 있겠는가. 그러나 내가 또한 경계하고 두려하지 않을 수 없는 것은 앞서 말한 바 신문보는 사람[閱覽者]이 적음에 대한 탄식이니, 이는 또한 제군들이 신문을 만드는 일 자체에서 찾아야 할 바라.[1] 이에 축하하는 바이다.) 역자주: 실제로는 『논어』 위령공衛靈公 편에 나오는 구절임. "工欲善其事, 必先利器.") 皇城新聞記者朴殷植 天下之事有積累之功 斯有永遠之效 若功未至而求效之遽臻則妄矣 未施敬於民而欲民之敬 我未施信於民而欲民之信我 鹵莽而耕 滅裂而耘欲收豊穰十倍之利此 必不得之數也 觀夫世界各國文明之輝如彼其爛然 斯豈以少數之能力致速達之功效者哉 學校增至千萬 報種亦增至

향이나 언어에 결정적인 영향을 미치고 있음을 알 수 있다.

『대한민보』 1909년 7월 18일자의 만평〔만평4〕도 마찬가지다. 이 만평은 철도가 지나가는 옆에서 배가 터질 듯이 불러 있고 이를 쑤시는 돈 많은 신사가 과장되게 그려져 있다. 그림 위에는 '고복불안高腹弗安'이라는 한문구가 적혀 있다. "배가 불러도 불안하다." 혹은 "불뚝 배가 편치 않을 걸." 정도로 해석될 수 있을 것이다. 불(弗, $)이라 함은 외국인, 특히 미국인에 의해 경영되던 전차업의 사정이 개입된 문자라 하겠다. 물론 '不安'으로 읽을 것을 요구하는 동음이의 어임은 말할 것도 없다. 콜브렌高弗安 혹은 골불안骨佛安이라 불린 콜브란이 대한제국 정부의 전폭적 지원에도 불구하고, 일본에 모든 이권과 전차 운영권을 팔아 치우고 도망한 일은 오늘날에도 유명한 사건이다. 일종의 풍자화인데, 문리文理대로는 절대 해석되지 않는 역사와 알레고리 체계들이 문자, 도상의 차원에서 작용하고 있다. 콜브란에 대한 악평은 당시에도 두루 퍼져 있어, 이를테면 창강 김택영의 역

百千 然後事也 以我韓現在之學校及報種不及彼百千之一二 嗚呼其遠哉 況報舘者發民智扶公論尤屬最要機關 而若是其零星孤弱有志之缺 恨孰大於是 乃於隆熙三年六月二日得一愛友 曰大韓民報 將吾儕之發呼邪 而擧大木其相須之殷 尤當何如哉 所以頌祝之者 期積累之功 而奏永遠之效也(축사 황성신문기자 박은식; 천하의 일은 공이 쌓이면 그 영원한 효험이 있는 것인데, 공이 쌓이지 않았거늘 효험이 갑작스레 모이는 것을 바라는 일은 망령된 것이다. 민民에게 공정함을 베풀지 아니하면서, 민이 나를 공경하기를 바라고, 민에게 믿음을 배풀지 아니하면서 민이 나를 믿기를 바라면, 거친 풀이 자라는 곳에 경작하려 하고 지리멸렬하게 김매면서 그 거둬들이는 것은 열배를 얻으려 한다면 이는 반드시 이룰 수 없는 운수라. 세계 각국의 문명의 저러한 눈부시게 찬란함을 보면, 이것이 어찌 적은 수의 능력을 가지고 빨리 다다른 공효功效라 하겠는가. 학교가 천만에 이르고, 신문의 종류 또한 늘어나 백 천에 이른 다음의 일이다. 우리 대한의 학교와 신문의 종류는 저들의 백천분의 1, 2에도 미치지 못한다. 아 아직 멀었도다. 하물며 보관자는 민지民智를 발전시키고 공론을 떠받쳐 더욱 가장 중요한 기관에 속하면서도, 만약 이렇게 보잘 것 없고 외롭고 힘이 약하고 품은 뜻도 없다면, 한스러움이 이보다 큰 것이 어디 있겠는가. 융희 3년 6월 2일 사랑하는 친구를 얻었으니 이름하여 대한민보이니, 장차 우리가 짝으로 발전하고 이름을 낼지라. 큰 나무를 들 때, 모름지기 그 서로 함께 의지함[相須]은 더욱이 마땅히 어떠해야 하는가. 그런 까닭에 송축하는 자는 공이 쌓이는 것을 기약하고 영원한 효험을 축원[奏]하는 바이라.)

사서에는 다음과 같은 대목까지 등장하고 있다.

> 처음에 미국인 골불안骨佛安이 서울에 전차회사를 설치하니 이완용이 태상황[고종:인용자]에게 일금 백만 원을 빌려 주어 그를 도우라고 권하고 그 가운데서 사사로이 40만원을 챙겼다. 골불안이 전차선로를 수선하자 태상황이 또 70만원을 빌려 주었다. 지난해 골불안이 일본인에게 회사를 팔면서 두 번 빌린 금액을 이완용에게 맡겨 태상황에게 돌려보냈는데 이완용이 또 이를 챙겼다.[68]

『대한민보』는 창간 초기부터 철도사업에 관한 관심을 꾸준히 가져왔다. 1909년 6월 15일자 신문에는 철도관제개정으로 조선의 철도가 일본철도원의 소관이 되었음이 보도되었고, 6월 24일자에는 철도차관의 상환문제로 영국, 프랑스, 독일, 미국이 경쟁하자, 일본의 자본가들이 '신지게도(syndicate)'를 조직한다는 기사가 실렸다. 그러니까 7월 18일의 삽화는 조선의 철도개발권이 다른 나라에 넘어간 상황, 대한제국의 의지와는 관계없이 그 이권의 주체가 시세에 따라 바뀔 수 있다는 현실인식을 함축적으로 전달하고 있는 것이다. 또한 '고복불안'은 '고복격양鼓腹擊壤', 즉 "배를 두드리고 발을 구르며 흥겨워한다."는 말의 희작으로 이 구절 자체는 『십팔사략十八史略』에 등장하는 것이다. 다시 말해 "백성들이 태평세월을 누린다."는 말을

68 김택영. 2001. 『김택영의 조선시대사 한사경』. 조남권·안외순·강소영 역. 태학사. 579면.

연상시킴으로써 이 상황을 일종의 아이러니로 만들고 있는 셈이다. 이처럼 당대 상황을 반영하는 신문의 모자이크와 한문맥 안에서의 중층결정되는 만평의 의미가 매우 복잡한 한편 의미심장하다. 〔만평4〕 역시 앞서의 이완용 관련 〔만평2〕의 사례와 같이, 한국한자음 상의 동음이의어를 교묘히 이용한 희작으로 되어 있기에, 기표와 기의 사이의 관계 역시 일의적이지 않다.

이처럼 한자와 의미 사이의 필연적 결합이라는 통념을 깨는 음성적 실천을 통해 그 자의성을 폭로하는 방식은 매번 최소한 두 가지 이상의 해석이 가능할지 모른다는 불안을 야기한다. 표면에 대한 이면의 관계나 만평에 대한 기사 전체의 관계가 반드시 서로를 한정적이라 보기도 어렵다. 개별적 독해가 이루어진다고 해서, 그것이 확정적인 것도 아니다. 알레고리의 특성이 그렇기도 하고, 매번 그 알레고리가 요청하는 역사적 모먼트를 역사 전체 속에서 소환할 수도 없기 때문이다.

따라서 앞으로 이야기할 해석 역시 고유한 위험과 분명한 한계를 지닐 수밖에 없을 터이다. 과연 어떤 때 하나의 역사적 모먼트는 알레고리로 가득차게 되는지, 또 어떤 상황에서 하나의 시대가 풀리지 않은 수수께끼로 남게 되는지, 역사와 기사의 파편들이 모인 모자이크의 전체상을 어떻게 확인할 수 있을지에 대해 지금부터 살펴보기로 하자.

Ⅲ. 허사虛事와 실명實名 사이의 네 개의 장치들

『대한민보』 소재 만평은 흔히 동양화가 관재貫齋 이도영李道榮 (1884~1933)이 그렸다고 알려져 있다. 그러나 단독 창작설, 오세창 원안原案에 이도영 공동창작설, 이들 외 여러 사람이 그렸다는 설, 이도영은 그림만 그렸고 대개의 구상은 오세창이 했다는 설까지 다양하다. 특히 만평의 '글' 내용이 쟁점인데, 여기에 대해서는 『대한민보』의 사장인 위창葦滄 오세창吳世昌이 썼다는 견해부터 그저 도왔을 뿐이라는 견해까지 다양한 이야기가 전한다.

▲ [만평5] 『대한민보』 1909년 10월 10일자[69]

69 [만평5]의 글은 이렇게 새길 수 있겠다. "百智日新 백가지 지혜가 날로 새롭고 / 百慧月將 백가지 깨우침이 달로 나아/ 百福年至 백가지 복이 해마다 오고/ 百祿世享 백가지 재물을 대대로 누리기를/ 玄虛字 百物百祝 현허자가 온갖 만물을 백번 축하하나니." 여기서 박쥐를

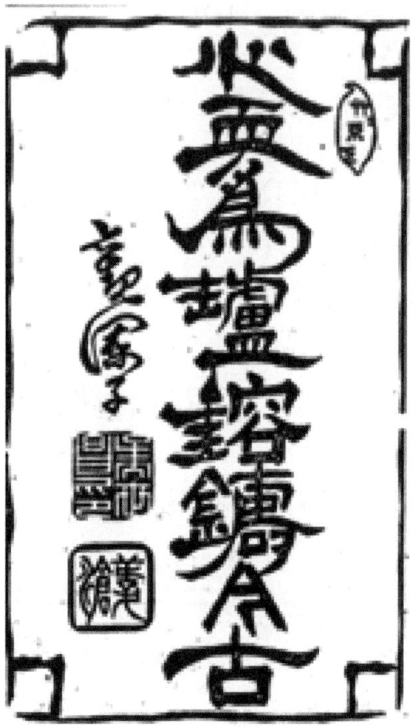

▲ [글1] 『대한민보』 1909년 10월 10일자[70]

특히 오세창이 은어와 반어로 가득찬 화제를 만들어 제공했다는 설은 거개가 동료 화가 고희동의 증언에 기반해 있는 바, 차후 여러

그려 넣은 이유는 암컷 박쥐[蝠]의 독음이 복福과 동일하게 [Fu]로 읽히기 때문이다. 중국의 상점에 가면 흔히 입구 등에 福자를 거꾸로 달아놓는 경우가 있는데, 박쥐의 형상과 유사하기도 하고 福到(복이 이르다)라는 뜻도 되기 때문이다. 이르다[到]는 또한 뒤집어 놓다[倒]와도 발음이 같다. 발음이 같은 다른 한자를 써서 이중의 뜻, 혹은 암시를 하는 것으로 일반적인 한편 격조 있는 표현이라 하겠다.

70 이 휘호는 다음과 같이 새길 수 있다. 艸原亞 心血爲爐鎔鑄今古 觀 槿域子 吳世昌印 葦滄 "심혈을 용광로로 삼아서 고금을 녹여서 주조한다."

논자들에 의해서도 수용되고 있는 형편이다.[71] 하지만 당대 자료에서는 이도영의 인장만 뚜렷할 뿐, 그 외에 분분한 이면적 진실에 관한 이야기들을 뒷받침하는 증거는 찾아보기 어렵다.

예컨대 위의 만평과 글은 모두 1909년 10월 10일자 제1면에 실렸는데, 각각 다른 낙관(玄虛子, 槿域子?)이 그려져 있고 휘호의 경우에는 오세창, 위창이라는 낙관이 분명하다. 다만 만평의 경우 낙관에 새겨진 호가 경사絅史, 현허자玄虛子, 명견자明見子, 만파卍波, 달관자達觀者 등으로 실로 다양하고, 필치도 초기와 후기가 사뭇 다른 것들이 있어 이도영 외의 창작자가 있을 가능성도 배제하기 어렵다. 이 점에 대해서는 차후 고증이 필요하다 하겠다.

하지만 현재로서는 오세창이 원안과 문자(의 일부)를 제안하고, 이도영이 쓰고 그리고, 이우승李愚升이 목판에 판각하여 신문 활자를 먼저 찍은 뒤 목판을 찍었다는 연구사적 정리를 뒤집을만한 사료들을 확인하지는 못하였다.[72] 다만 만평의 성격에 관해서는 기본적으로 "시사만평은 신문 전체의 논조와 달리 적극적인 반일태도가 나타난다."[73]는 점에서는 대략 판단이 일치하고 있다. 이를테면 허울뿐인

---

71 고희동에 의해 '잊혀지지 않는 사람'으로 떠올려진 오세창에 대한 소개를 담은 『신천지』의 헤드라인은 "한국 최초의 시사만화에 풍자 조소적 타이틀과"라고 되어 있다. "日本으로부터 歸國하시며 『萬歲報』라 이름하고 물론 國·漢文으로 記事를 하였는데 漢字 옆에 한글을 달아서 印刷를 하였었으나 이러한 것이 『만세보』로서 처음이었고 또 그 후에 『大韓民報』라는 新聞을 主幹하시었었다. 이 新聞에는 一面에 諷刺的이고 嘲弄的인 漫畵를 連日 揭載하여 一般의 興味를 끌었었다. 이것이 또한 新聞에 漫畵로서 처음이었다." 高春谷, 「葦滄吳世昌」(연속 특집 잊혀지지 않는 사람들), 『新天地』, 1954년 7월호, 187면. 오세창 화제畵題 혹은 조력설은 최열, 이구열, 정희정의 연구에서 수용되었는데, 주요 근거는 이러한 회고와 화제의 깊이와 격조, 차후 이도영의 화풍이 이 만평과 큰 상관을 갖지 않는 점 등이었다. 최열. 1998. 『한국근대미술의 역사』. 열화당; 이구열. 2004. 「신문에 항일·구국 시사만화를 그린 이도영」. 『미술세계』 2004년 2월호. 미술세계; 정희정. 2002. 「한국 근대 초기 시사만화 연구 1909~1920년」. 『한국근현대미술사학』 10. 한국근대미술사학회.

72 정희정. 앞의 논문. 131~132면.

허명虛名 개화에 대한 비판, 민중의 각성과 교육에 대한 촉구, 산업 및 금융의 상황과 과제에 대한 만평, 친일인사들과 일진회를 비롯한 국내 정치인들의 행각이 노정하는 매판성과 도덕적 타락에 대한 비판, 법률사무소 및 법원 등과 같은 사법제도에 대한 비판, 중추원이나 통감부에 대한 풍자, 각종 기념일 관련 휘호 및 휘장, 철도나 전차업 등에 개입한 외국자본의 편법들에 대한 비판, 빈민이나 고아들과 같은 빈한한 처지의 계층들에 대한 묘사, 각 계절의 풍광이나 그에 가탁된 상황 인식, 변화하는 당대 풍속에 대한 묘사, 학생들과 언론의 힘에 대한 신뢰 등 등 실로 다루어지는 소재는 다양하다.

이 장에서는 이 만평의 대체적 경향을 대별하고, 몇 몇 작품들을 분석해 봄으로써 파국 직전에 이른 조선 혹은 대한제국의 당시 상황을 재구성 해보려 한다. 그러니까 이 만평과 여타의 기사, 이 만평과 역사, 그림과 화제들을 일종의 알레고리적 관계로 봄으로써 다르게 말해진 것의 진의를 다각도로 확인해 보려한다. 『대한민보』 만평이 그림과 화제가 함께 등장하는 동양화의 전통 속에서 만화 양식을 절합시키고 있어, 방법적으로 도상(icon)과 말(logos)을 '잇는' 작업이 선행되어야 할 것이다.

만평의 소재나 주제는 다양한 한편 확정하기 곤란한 수수께끼를 내장하고 있을 때가 대부분이다. 만평의 대체적 흐름을 등장하는 사물이나 행해진 수법을 중심으로 대략 네다섯 가지 정도로 분류해봄 직 하다. 1) 〔상황〕 당시 상황에 대한 포괄적 우의도. 우선 우의도로서의 성격답게, 우화寓話(fabel)적인 이야기를 담기 위해 동물들이

73 최석태. 1996. 「애국계몽운동과 한국 근대미술-이도영론」. 『창작과비평』 가을호. 창비. 261면.

자주 등장한다. 주로 풍전등화의 당시 상황을 우의적으로 그린 그림들이다. 2) 〔사건〕 인간사의 알레고리. 구체적 사건을 대상으로 한 만평들로 국권 상실 직전에 있었던 정치적 사건, 주요 부패 사건이나 민심을 반영하고 있다. 여기서는 궁정의 음모와 권모술수, 양식화된 가식적 인간 관계, 정치가나 자본가들의 탐욕과 권력욕, 몽매한 자들의 태만 등이 주 대상이 된다. 3) 〔인물〕 인물 풍자. 당대 정객 및 주요 인물들에 대한 촌철살인의 비판들인데, 한자의 음가를 이용한 희작들이 많다. 4) 〔풍경〕 자연(사)의 알레고리. 얼핏 세시歲時나 계절을 알리는 듯 보이는 화훼화花卉畵, 산수화, 기명절지화器皿折枝畵 등이 자주 등장한다. 동물들과 함께 어우러져 일종의 영모화翎毛畵, 화조도花鳥圖와 유사한 형태로 되어 있는 것도 있다. 풍자화로서의 성격을 갖는 만평이기에 당대의 정치문화적 상황을 반영하는 희작일 가능성이 많으나 모든 작품에 대한 완전한 주해는 극히 어려워 보인다. 5) 〔기념〕 각종 국경일에 즈음한 휘호, 휘장 등. 주요 기념일에 즈음해 그린 독립기원의 휘장들이 중심이다. 여기서는 비교적 그 내포가 명확하고 단순하다할 수 있는 5)의 경우를 제외한 네 가지 경향에 대해 해명해보기로 한다.

1. 상황, 우의도—실력양성론과 일본 숙주론

알레고리의 의미는 다른 방식으로 풀이될 수는 있지만 확정할 수 있는 성격의 것은 아니다. 개별 상황에 따라 상이한 수수께끼를 내장하고 있는 것이다. 즉 상황에 대한 인식에 따라 이 그림의 읽기는 달라질 수 있고, 정보와 상상력이 읽기를 좌우한다. "예술작품이란 알아맞히기 그림과 유사하다."라는 말이 있는데, 이 우의도는 그런 의미에서 예술작품 이해의 어려움을 보여주는 전형적 사례일지 모른다. 잘 해석된 작품 역시 그 본질구성적인 모호성을 사라지게 만들 새로운 해결의 말을 기다리기라도 하듯, 여전히 다시 이해되어야 할 것으로 남게 마련인 것이다. 수수께끼를 푼다는 것은 수수께끼가 해결될 수 없다는 근거를 제시하는 것을 의미하는 셈이다.[74]

특히 우의도는 본질적으로 교훈적인 우화로서의 성격을 갖지만, 그 교훈의 의미가 상황과 연관되어 있기 때문에 매번 교훈의 내포는 상당히 다를 수 있다. 선종禪宗의 우의적 이야기들, 가전체假傳體 서사를 비롯해 의인화된 동물 및 사물들에 대한 이야기들의 전통은 유구하며 당대만 해도 『금수회의록』, 『경세종』과 같은 우의적 작품들이 큰 인기를 끌고 있었다. 『대한민보』의 상당수 만평들이 바로 이러한 우화적 그림, 즉 우의도로 당대의 상황을 유비하고 있다. 몇 가지 사례만 보도록 하겠다.

---

74 예술작품과 알아맞히기 그림의 유사성을 통해 예술작품의 수수께끼적 성격을 설명한 사례로 다음 책을 참조. 테오도르 아도르노. 1984. 『미학이론』. 홍승용 역. 문학과지성사. 194~197면.

[만평6]1909년 6월 16일자

[만평7]1909년 8월 년11일자

호랑이에게 물려가 호랑이 젖을 빠는 아이. 뱀에게 잡혀 먹었으나 뱀 안에 알을 쳐 도리어 뱀을 잡아 먹도록 한 두꺼비. 위 두 만평은 당대의 상황에 대한 인식을 집약적으로 보여주는 일종의 우화의 양식이라고 할 수 있다. "호랑이에게 물려가도 정신만 차리면 산다."는 속담을 "호랑이에게 물려가 호랑이 젖을 빠는 아이"로 탁의託意한 〔만평6〕는 을사보호조약 후의 통감정치라는 제국주의 패권 하에서 문명화된 개인과 산업진흥을 통한 국부를 국권 달성의 방법으로 주창했던 대한협회의 '실력양성론'적 입장과 깊이 관련되어 있다. 반면 〔만평7〕은 앞서의 '정신'을 차린다는 점에 중점이 가 있던 '현재'를 사는 태도에 대한 알레고리가 더욱 급진화한 사례로 실제로는 현재의 시간과 미래의 시간이 줄 하나를 사이에 둔 컷의 교체를 통해 표현되고 있다. 상단과 하단의 화제는 대략 다음과 같이 해석가능하다.

> 蟾兮蛇兮 惡因緣是 두꺼비여 뱀이여 나쁜 인연일 터인데?
> 先決果 좋은 결과를 낳았구나.

이 만평에서 흥미로운 부분은 첫 번째의 위기와 파국이 두 번째의 구원의 계기가 되고 있다는 점이다. 형식 역시 서술부인 '시是'를 윗 컷에 붙여, 일종의 수수께끼와 같은 문답 관계로 위아래의 컷을 분할하고 있다. 두꺼비는 뱀에게 먹힐 운명에 이미 처해 있으나, 이 두꺼비는 회임을 하고 있기에 뱀의 뱃속에서 깨어난 두꺼비의 새끼들은 뱀의 살을 자양분 삼아 자라난다. 여기서 뱀은 위기의 근원이면서 일종의 숙주이다. 당시 뱀은 흔히 일본의 야욕을 가리켰으며, 원숭이는 일본이나 일본을 추종하는 허명 개화꾼들을 뜻했음을 생각할 때, 여기서 뱀은 일본을 회임한 두꺼비는 교육 및 산업 진흥을 통해 미래를 준비하는 조선 혹은 조선 인민을 뜻한다고 해석할 수 있다. 반면, 이와 대조되는 상황 역시 존재했다.

[만평8] 1909년 7월 6일자.

[만평9] 1909년 8월 17일자.

정치적 체제를 그 자체로 인정한 위에서, 할 수 있는 일을 한다는 것이 협회의 입장이었다. 그리고 〔만평8〕이 실린 1909년 7월 6일 바로 그 날 일본에서는 내각 결의로 한국병합 실행에 관한 안건이 의결되었다. 따라서 이 고양이를 무는 쥐는 대한협회를 비롯한 소위 실력양성론자들의 알레고리일 수 없다. 대한협회의 의병에 대한 언급과 이 만평을 함께 읽으면 군대해산(1907) 후 1908년에서 1909년 상반기까지 비등점에 이르렀던 항일의병을 상기하지 않을 수 없다. 병합 과정의 마무리 단계에서 다시금 비등했던 의병운동은 1909년 6월 9일 13도창의군 대장 이인영의 체포가 말해주는 바, 거의 막바지에 와 있었고 의병수의 감소 속에서도 경기 등지에서는 오히려 전투횟수가 늘어나기까지 했다.[75]

〔만평9〕와 같은 맥락을 알기 어려운 알레고리 역시 이런 견지에서 이해될 수 있다. 대한협회가 회장 김가진 명의로 통감부의 정책에 대한 의견서를 내각과 통감부에 제출한 것은 1909년 7월 1일이었다. 『대한민보』는 바로 7월 2일자의 2면 전체와 3면을 통해 이 시국, 경제, 교육에 관한 의견서를 전재하였다. 이 협회의 당시 입장과 상황은 "통감정치의 대한 정책이 성실과 관대함을 희망"한다는 언급과 "아한정책은 인민의 여론을 존중 실천하여 국운을 개발할 일"이라는 의견에서도 엿보이는데, 이 의견서에는 "지방 소란의 진정이 목하의 제일 급무"라는 입장도 피력되어 있다.[76] 말할 것도 없이 지방 소란이란 의병 항쟁을 말한다. 따라서 의병들이 경기일대에서까지 저항을 계속하고 있는 상황이란 대한협회로서는 지극히 위험스러운

75 강재언. 1982. 『신편 한국근대사연구』. 한울. 324면.
76 『대한민보』. 1909년 7월 2일자.

사태로 인식될 수 있었다. 대한협회의 입장은 외국병에 의한 진압보다는 한인경찰이나 지방진위대의 재흥에 있었지만, 부통감 소네 아라스케의 통감 부임(1909년 6월 14일)을 즈음하여 피력된 이 입장이 잘 보여주는 바, 의병을 생활난이나 비분강개에 의해 생겨난 무리로 규정하는 『대한민보』의 논조는 이 신문이나 대한협회에 대한 논란의 핵심이었다.[77] 이 파국 전야의 상황은 일이 추이에 따라서는 "까딱하면 풍도酆都(지옥 중 하나)처럼 선과 악이 바뀔 수 있는 상황이었던 것이다." 신문의 논조와는 상당한 거리를 두고, 만평은 당시의 정치적 신념이나 상황인식이 지닌 불확실성까지를 표현하고 있었다.

다시 말해 이 하나의 알레고리는 당시 상황이 허락한 말의 정치(logos/polis)와는 다른 차원에서 공공연히 '다르게 말하고 있었다.' 이 쥐는 그렇다면 무엇인가. 확정키 어려운대로 이 각 방면으로 퇴각하며 전투를 지속하고 있던 의병이거나 그들까지를 포함하는 조선(인민)이어야 할 것이다. 흥미로운 것은 각 동물의 특징들로부터 도출된 동물 상징과 그들 간의 관계나 상황에 의해 표현되는 알레고리가 일종의 횡단도상적인 연쇄를 보여주고 있다는 사실이다.

---

77 당시의 대한민보의 입장은 창간호와 그 다음호 사설에 잘 나타나 있다. 지금은 "구국시대[救國]". 분함, 슬픔에 잠기는 것은 도움이 되지 않고, "平心正氣" 로 구제방침을 찾아야 한다. 하지만 지금의 방침이라 내세우는 것은 "사회풍조와 시대의 감정에 부화뇌동" 하는 것들뿐이다. 독립, 자유를 말하나 공통적 관념이 없고, 교육, 실업을 목적으로 당을 만들어도 곤란이 생기면 곧 흩어져 버린다. 이것은 국시國是가 확립되지 못했기 때문이다. 국시는 본本이고 방침은 말末이다. 천하의 대세와 아한我韓의 현상에 적합한 국시로 국가사상의 통합을 이뤄야 한다. 이러한 견지에서 일진회나 서북학회와의 연대 논의도 있었던 셈이다. 『대한민보』 제2호, 1909년 6월 13일자 사설 참조. 공교롭게도 의병에 대한 소위 '남한대토벌작전' (1909.9.1.~1909.10.30.)이 시작되던 1909년 9월 1일은 일진회·대한협회·서북학회 대표들의 연합을 위한 회담이 개최된 날이기도 했다. 일진회와 대한협회의 연합간친회聯合懇親會가 1909년 9월 23일 개최되었다. 그리고 이 느슨한 통일은 일진회의 한입병합 청원서 제출과 함께 파기된다.

[그림1]로쿠메이칸(鹿鳴館) 시대(1888년)전후의
이노우에 가오루를 풍자한 장 비고

[그림2]「老猴閱文」,『點石齋畫報』
1893년 8월16일자.

[만평10] 『대한민보』1909년 6월
17일자

『대한민보』 1909년 6월 17일자 만평에는 양장洋裝을 한 세 마리 원숭이가 그려져 있고 국문체로 '남의 숭내'라는 글귀가 그림과 함께 실려 있다. 개화, 즉 문명화가 단순히 남의 것을 흉내 내는 것이 아니라는, 문명화를 대하는 태도를 문제 삼고 있는 것이다. 그렇다면 문명화를 대하는 태도는 어떤 것이어야 하는가? 그것은 삽화 속에 제시되어 있지 않다. 삽화는 '다르게' 유추하고 상상하도록 중재할 뿐이다. 그렇다고 해서 그것의 설득력이 떨어지는 것은 아니다. 오히려 이를 접하는 개개인의 사고의 총량이 이 알레고리에 대한 해석을 각기 다르게 결정한다.

또한 이 도상들은 주변국으로부터 유입된 표상들과 관계 맺으며 생겨난 혼종의 산물일 가능성 역시 제기된다. 수묵으로 산수화를 그렸던 고풍화단의 상속자 이도영이 어떤 경로로 근대 시사만의 풍자성과 인쇄 이미지의 간결성을 선취할 수 있었는지에 대한 횡단문화적 접근이 요청되는데, 이는 당대 일본과 중국을 포괄하는 동아시아 세계 표상권의 변동과 그 궤를 같이 했을 것으로 생각된다. 만평에 관여한 오세창이 유학 경험 속에서 접촉했을 일본의 삽화신문 『마루마루진團團珍聞』이나 『도쿄퍽東京パック』의 화풍과 기법, 중국어 역관의 자제로서 중국문인들과 나눈 교류, 이도영의 스승 심전心田 안중식이 두 차례에 걸쳐 중국 상해 유학(1881, 1891)을 경험했던 점 등이 폭넓게 고려되어야 할 것이다. 당시의 한국화단에서 유통되고 있던 『점석재화보點石齋畫報』의 영향력도 무시할 수 없다.[78] 두 차례에

78 『점석재화보』에 대해서는 민정기. 2004. 「『점석재화보』가 그려낸 1884년의 상해 조계」. 『중국학보』 150. 한국중국학회; 김성남. 2007. 「상해의『점석재화보』가 그려낸 19세기 조선」. 『사림』 27. 수선사학회; 홍석표. 2006. 「『점석재화보』의 조선 재현 양상과 중화주의적 욕망」. 『중국어문학지』. 중국어문학회. 등의 논문이 제출되어 있다. 『점석재화보』에 대한 전체 해제로는 민

걸친 중국 유학과 2년에 걸친 일본 유학遊學에서 돌아온 스승 안중식으로부터, 또 주제별로 모아져 한국 내에서 유통되고 있던 상해발행의 『점석재총보點石齋叢報』[79]로부터, 보다 직접적으로는 중국 및 일본의 화단과 신문에 해박했던 오세창의 조력을 통해 이 만평은 농익어갔을 터이다.

그간 어느 정도 규명된 한국회화사 내의 계보나 위상, 즉 장승업, 안중식, 조석진에서 이도영, 고희동 등으로 이어지는 근대한국화의 상속 및 창조의 관계 뿐 아니라, 일본의 삽화신문 『마루마루진문』, 『도쿄퍽』, 중국 상해에서 발행된 『점석재화보』, 메이지 일본을 소재로 하여 동아시아 격동기를 풍자한 대표적인 두 삽화가인 조르쥬 비고(Georges Ferdinad Bigot, 1860~1927)와 찰스 와그만(Chales Wirgman, 1832~1891)의 사례를 참조해가며, "갑작스럽고 놀라운 출현"으로 이야기되는 『대한민보』의 계보와 탈계보를 횡단문화적으로 파악해 볼 필요가 있다. 보다 구체적으로는 이도영을 둘러싼 한국화단의 횡단성과 아울러 다시금 위창 오세창의 역할도 주목되어야 할 것이다. 아래의 위창의 간독첩에서 볼 수 있듯이, 이미 다양한 형태의 문화교류가 한중일의 문인들 사이에서 행해지고 있었고, 여러 경로로 이미지들이 유통되고 있었다.

정기 편. 2008. 『『點石齋畫報』 DB 자료집』. 한모임을 참조. 이 화보집을 이용한 한 종합적 연구서로는 민정기 외. 2008. 『중국 근대의 풍경』. 그린비를 참조.

79 고희동. 1996. 「나의 화필생활」. 『서울신문』. 1953년 3월 11일자. 최석태의 앞의 논문(1996)으로부터 재인용.

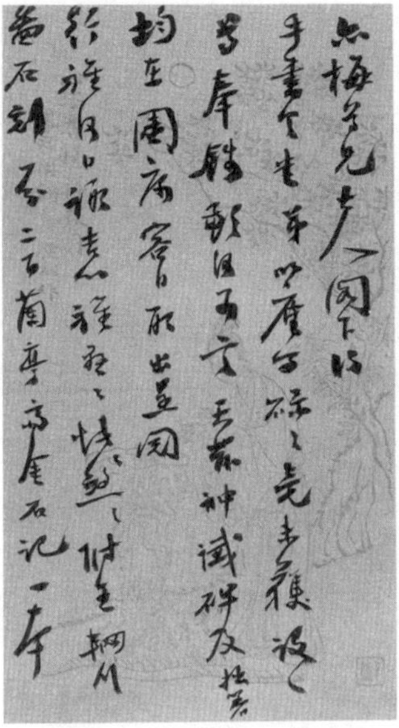

[글2] 淸 潘祖蔭 書簡
『中士簡牘帖』

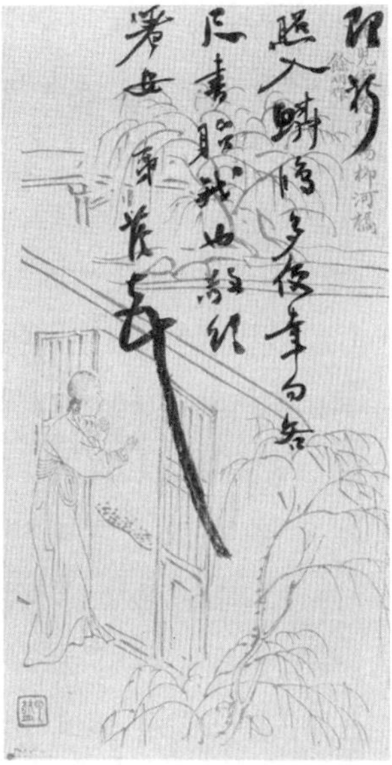

[글3] 淸 潘祖蔭 書簡
『中士簡牘帖』1

물론 역사의 파국에서 점화되는 알레고리의 의미는 이 횡단된 도상들로 소급되거나 그로부터 유추될 수 없다. 이를테면 〔그림1〕은 급진적 서구화 혹은 의擬서구화의 시간인 로쿠메이칸 시대(1888년 전후)의 상황과 의지들이 표상되어 있는 도상으로, 여기서 서구인들과의 사교장인 로쿠메이칸을 만든 외무대신 이노우에 가오루井上馨는 거울을 앞에 둔 분열 상태에 있다. 불평등조약 타파를 위해 서양인=주체를 자처하는 인물, 그러나 역설적으로 (서구인과 일본인 양쪽에서 발화되는) 민족 표상에의 요구에 의해 '원숭이'로 되돌려 보내지는 인물. 주의 깊게도 거울에서는 '양장'이 지워져 있으며 원숭이의 얼굴만이 비춰져 있다. 거울을 사이에 둔 양장한 근대인과 야만의 원숭이는 각각 문명과 국수 사이에서 교착·갈등하는 당시의 일본 상황, 이를 보는 서구 열강들의 시선, 급진적인 서구화정책의 폐해들[80]이 일종의 풀어야할 알레고리로 잠재해 있다.

반면 『대한민보』에서는 양장을 한 세 원숭이들이 아무렇지도 않게 대화를 나눈다. 그리고 '남의 숭내'라고 적었다. 이 흉내는 세 번, 혹은 적어도 두 번 일어난다. 만약 가장 키가 크고 하얀 옷을 입은 원숭이를 서양(인)으로 본다면, 또 이 키 큰 원숭이를 배경으로 훈수를 두는 키 작은 쥐를 일본(인)으로 이해한다면, 그 훈계를 듣는 중키의 원숭이는 한국(인)으로 볼 수 있다. 이러한 풍자가 보여주는 급진성은 서양, 서양을 대리하는 일본, 일본에게 훈수를 듣는 한국까지를 일종의 '금수禽獸'로 강등시키고 있다는 점에 있다. 〔그림1〕과 달리 〔만평10〕의 원숭이들은 거울이나 전범을 갖지 않을뿐더러, 실로 완전히 같다. 똑같은 모자, 똑같은 지팡이를 갖고 서로가 서로를 쳐다보는 얼개화꾼들. 이 풍자화는 따라서 서양문명까지를 포함하는 급진적인 근대 비판으로까지 읽힐 수 있다.

진리의 찰라적 이미지가 현현되고 특정한 역사적 과정 전체가 하나의 이미지 속에서 도상화되는 만평은 당대의 정치문화를 감싸고 있는 베일을 한꺼번에 드러내는 알레고리이자 일종의 계시적 깨달음의 순간일 수 있다.

---

80 여기에 대한 설명으로는 황호덕. 2003. 「로쿠메이칸(鹿鳴館)의 유학자-박대양(朴戴陽)의 『東槎漫錄』과 메이지 일본의 표상 내셔날리즘」. 『상허학보』 11. 상허학회를 참조.

2. 인간사의 알레고리-대표행위로서의 표상

『대한민보』 만평은 당대의 사건들과 긴밀하게 연동되어 있다. 일종의 궁정정치극부터 당대의 대중운동 및 정치적 세력들의 움직임, 여러 계층의 인간들의 욕망과 세태 등이 다양한 수법을 통해 묘사된다. 이 인간사들은 진지한 비판의 형식으로도 나타나지만 대략 하찮은 것, 우스꽝스러운 것, 일종의 꼭두각시 인형극의 움직임처럼 표현되기도 한다. 오히려 상황 자체를 그대로 그리고 쓰기 보다는 의미작용의 근저에 있는 권위 그 자체를 부정하는 형태로, 작가는 자신에게 주어진 유일한 수단이자 재료인 언어와 도상들을 사용한다. 요컨대, 직접적인 지시 기능이나 실용적인 표현과는 단절된 일종의 의미론적 암전暗轉을 통해 하나의 세계 또는 사물의 핵심을 상상하게 하는 알레고리적 방법이야말로 이 만평을 당대 인간에 대한 것이면서 또한 보편적인 언어/도상으로서의 성격을 잃지 않게 하는 이유일 것이다. 그러한 인간사에 대한 알레고리적 표상을 몇 가지 사례를 들어가며 살펴보겠다. 여기서는 특히 인간사에 대한 하나의 장면이 정치적 풍자, 특히 정치적 대리행위 혹은 대표자들에 대한 풍자로 연결되는 지점에 주목해보고자 한다.

「대한민보」 만평의 힘은 이 의미가 계속 중층적인 것, 다면적인 것으로 변주된다는 점이다. 얼마 후 발표된 〔만평11〕 1909년 8월 7일자에서 나무 위에 매달린 꼭두각시를 이완용이나 송병준을 비롯한 당시 관료들에 겹쳐 보면, 그 아래의 얼굴들은 바로 조선의 지식인 혹은 인민들 자신이 된다.

百般體態　온갖 모양의 몸짓體態들이
那由尒一線　어째서 실선 하나로 움직이는가.
機面已在地　그 얼굴들이 이미 땅에 있어서라네.

땅 밑에 있는 사람들의 각각의 마음보, 의지에 따라서 꼭두각시의 얼굴이나 위치도 바뀌고 몸짓도 바뀐다. 꼭두각시가 제 맘대로 자의적으로 움직이는 것 같지만, 땅 밑의 사람들이 당기는 몸짓들이

[만평11] 1909년 8월 7일자

[만평12] 1909년 7월 23일자

반영된 것이 결국 나무 위의 꼭두각시의 위치, 입장, 행동인 셈이다.

그리고 배경은 황혼도 지난 달밤이다. 어떤 의미에서 정치적 대표로서의 정객들이란 일종의 꼭두각시일 수 있고, 오히려 문제는 이를 움직이는 입장과 욕망들임을 잘 보여주고 있는 셈이다. 그렇다는 것이 이 알레고리의 성격을 잘 알려준다. 즉 이 궁정정치극을 주로 한 알레고리에서 고관대작들은 흔히 인형극을 연상시키는 패러디의 이념에 의해 표현되어 있으며, 음모가들은 대략 희극적인 형태로 표현된다. 모든 것이 무너져가면서도 그 형식만이 강고하게 버티고 있는 때, 즉 파국과 조락의 순간에는 "골계극이 축소되어 흡사 비애극 속으로 삽입되는 듯한" 일이 흔히 벌어지는 것이다.[81] 앞서 언급한 이완용에 대한 풍자나 뒤에서 언급하게 될 당대 정객들에 대한 허다한 인물 풍자들이 결코 단순하고 손쉬운 정치 희화로 그칠 수 없는 이유가 여기에 있다.

따라서 가장 긴박한 상황조차 만평에서는 인간사의 범속한 예 혹은 일종의 '골계[滑稽]'로서 표현되기도 한다. 1909년 7월 23일자 만평은 일견 치정[癡情]에 얽힌 세태를 풍자하고 있는 듯 보인다. 이 만평의 의미는 간략하다.

> 唐歸 晉避 雙和蕩 당나라 여자가 돌아오니 진나라 여자를 피하네, 쌍화탕이로세.

하지만 이 때가 간도 문제를 비롯해 일본이 중국과의 선린 관계가 요긴했던 시절이었고, 상대적으로 한국은 이미 병합을 위한 준비가 완료된 시점이었음을 생각해 보면 어떨까. 일본은 을사조약 후

81 궁정정치를 그린 예술이 흔히 고관대작을 비롯한 정객들을 '희극적 인물로서의 음모가' '패러디에 의해 농락당하는 인형극의 극중인물'로서 그리게 된다는 사실에 대한 지적으로는 발터 벤야민. 2008. 『독일 비애극의 원천』. 조만영 역. 새물결. 153~160면.

대한제국의 외교권을 박탈한 뒤 청나라와 간도문제에 관한 교섭을 벌여 오고 있었는데, 한편 일진회는 이 땅의 개척권을 요구하며 일본과 협상하고 있는 상황이었다. 남만주철도 부설권과 푸순撫順탄광 채굴권을 얻는 대가로 간도를 청나라에 넘겨주는 협상이 우여곡절 끝에 타결된것은 한 달 남짓 후였다.[82]

▲ [만평13] 1910년 2월 3일자

► [만평14] 1909년 10월 17일자

◄ [만평15] 1909년 11월 16일자

이 '쌍화탕'이 결과하게 될 비극적 상황들은 진나라 여인(한복을 입은 것으로 보아 한국인일 터이다)의 흘기는 눈길만으로는 결코 충분히 표현될 수 없는 것이지만, 가장 잔혹한 순간의 웃음이야말로 상황에 대한 가장 적나라한 반응이자 경제적 치유법인지 모른다. 만평에서 이러한 희비의 교차는 흔히 일어난다. 분노와 웃음이 나날의 만평 속에서 교대하는 것이다.

물론 만평의 기본 정조는 〔만평13〕와 같이 기득권 세력에 대한

82 「日淸新協約締結」. 『대한민보』. 1909년 8월 29일자.

직접적인 공격성을 포함한다. 또한 〔만평14〕과 같이 상류층의 타락에 맞서 '동포애'나 '국민적 단결, 공존'을 대치시키기도 한다. 1909년 10월 17일자 만평에서 작자는 이렇게 적었다.

"促織兮 促織兮 聊與 同胞兮 同煖"

1) 철커덕 철커덕 베를 짜네. 바라건대 애오라지 동포와 함께 따뜻하기를
2) 찌르르, 찌르르 베를 짜게, 바라건대 애오라지 동포와 함께 따뜻하기를
3) 베 짜라 재촉하네, 베 짜라 재촉하네, 바라건대 애오라지 동포와 함께 따뜻하기를

여기서 '촉직促織'은 귀뚜라미 울음이다. 또한 '촉직혜 촉직혜'하는 소리는 그 자체로 베틀 소리처럼도 들린다. '촉직혜促織兮'는 의미상으로는 '베짜라 재촉하네.'라는 뜻이지만, 귀뚜라미 소리나 베틀 소리의 의성어처럼 관용적으로 쓰이기도 한다. 날이 추워지니 빨리 베를 짜라고 재촉하는 듯 들리는 게 귀뚜라미 울음이기 때문이다. 주지하다시피 중국의 두보杜甫의 시나 한국의 이옥李鈺의 시에도 두루 '촉직시'가 있고, '요여聊與'와 같은 표현은 멀리 『시경詩經』에서 유래한 것이다. 이 시는 '백성'들의 고단한 삶과 생명력을 상징하는데, 작자는 이를 동포와 함께 따뜻해지는 일로 적었다. "오늘이 무엇이 추워."라고 말하는 '부귀인'들을 향해 "이 딱한 부귀인富貴人아 제 등만 더우면 제일인가."라며 일갈하는 1910년 2월 3일자 만평과 대치시켜 읽을 수밖에 없는 대목이다.

그러나 이러한 직접적 표현보다 좀 더 광범위하게 등장하는 수법은 〔만평15〕 1909년 11월 16일자의 경우나 그 다음의 만평들과 같이 상황 자체를 알레고리화, 희화화하여 표현하는 경우이다. 창경궁 내 전각들에 전시실을 꾸며 유물 수집을 하고 제실박물관帝室博物館이라는 명칭으로 제한적으로 공개하기 시작한 것은 1908년부터였다. 그러던 것이 1909년 11월 1일부터 창경궁에 동물원과 식물원이 설치되어 개원하게 되면서 이 유물들이 일반에 개방되게 된다. 그런데 "博物館은/ 무엇시야/ 다나러갓/ 는디"라는 〔만평15〕의 비판에서 알 수 있듯, 때는 이미 상당수의 유물이 외부로 반출된 다음이었다. 황실까지 나서서 통감 이토 히로부미에게 대량의 고서화와 고서적을 선물하는 판[83]이었던 것이다. 본디 창경궁 안에 동물원과 식물원을 만들고 전각들을 박물관으로 사용하기 위한 철거 및 개축이 시작된 것은 1906년 궁내부에 의해서다. 궁내부 차관 고미야 미호小宮三保松의 기획이었다. 한 사료는 "이토 공작이 궁중 숙청 작업을 단행함과 동시에 국왕의 은혜를 백성에게 보여주어야 한다는 생각에서 궁전의 조영과 동식물원을 신설할 것을 진언했다."고 기록하고 있다.[84] 하지만 박물관의 개원은 대한제국이 주도한 일이 아니었으며, 궁궐 안의 동물원처럼 자랑할 만한 일로 생각된 것도 아니었던 것 같다. 만평에서도 이 일은 기뻐할 일이라기보다는 때 늦은 일로 표현되어 있다. 만평은 박물관에 소장되어 있어야 할 문화재들이 어디론가 반출되어 버린 상황을 풍자하고 있다.

---

83 「皇城新聞」. 1909년 7월 7일.

84 곤도 시로스케(權藤四郎介). 2011. 『大韓帝國皇室秘史』. 정진석·권영민·이헌창·김기승·박기주·전봉관·지해범. 『제국의 황혼』. 21세기북스. 102면에서 재인용.

이런 유형의 알레고리, 즉 감각적 교란에 의한 표현과 인간사의 장면으로 전치된 복잡한 정치 상황은 다음의 사례들에서도 확인된다.

[만평16] 1909년 9월 11일자

[만평17] 1909년 9월1일자

위 두 만평의 간단한 해석은 이렇다.

〔만평16〕 楚越比時寧復讐視

초나라와 월나라가 어깨를 함께 해 나란히 갈 때, 어찌 다시 서로를 원수로 보겠는가.

〔만평17〕 遊說가 留聲인가, 留聲이 遊說인가. 聽者는 何故 掩鼻而退오.

유세가 유성기인가 유성기가 유세인가.

듣는 이는 어떤 까닭에 코를 막고 물러나는가.

1909년 9월 11일자 신문에 실린 〔만평16〕는 일단 1) 서로 뜻을 달리하지만, 한배를 타고 나란히 행동할 때는 서로 흘기거나 원수라 여겨서는 안 된다는 뜻, 즉 단결을 도모해야한다는 함의를 담고 있다. 남녀노소가 다 한 배에 타고 있는 것으로 봐서, 동포들 전체를 뜻하고, 공동운명체를 강조하는 듯하다. 한편 이 그림은 2)서로 이해를 달리하던 적들이 한배를 타게 된 일을 말하는 듯도 하다. 왜냐하면 배에 탄 사람들은 제각기 다른 방향을 가리키며 저마다 그 방향으로 가자하고 있기 때문이다. 배의 후위는 거의 가라앉기 직전이다. 이 만평은 대한협회가 서우학회 및 일진회와 연대하기로 한 시점(1909년 9월 1일부터 1909년 12월 4일 일진회의 합방청원발표 직전까지)에서 그려진 것으로 단결의 필요와 그에 대한 우려를 함께 표시하는 이중적 메시지를 내포하고 있다. 이른바 오월동주吳越同舟의 상황에 대한 풍자인 셈이다.

1909년 9월 1일자 신문에 실린 〔만평17〕은 일진회에 대항하기 위해 이완용의 후원했던 국시유세단國是遊說團과 관계된 만평이다. 1909년 7월 27일 연홍사에서 발기회를 열었다. 국시유세단은 주도자 중 한 사람인 고희준은 "이토의 '동양평화론'에 바탕하여 한국은 동양평화와 세계 안녕을 위해 일본에 의지해야 하고 양국의 이해가 같다."고 주장했다. 『대한매일신보』 등 주요 언론은 "국시유세단도 일진회와 마찬가지로 일본에 아첨하고 매국하려는 것"이라 규정했다. 내각과 통감부로부터 상당한 자금을 확보하여 일당을 받은 이들이 유성기를 들고 다니며 유세를 했던 것으로 보인다. 시끄럽거나 듣기 싫어 귀를 막아야 할 상황이지만, 구린내가 난다는 듯 행인들은 코를 막고 지나가고 있다. '구린내가 난다.'라는 언어적 표현을 그대로 그림으로 나타낸 셈이다. 이런 식의 감각적 교란에 의한 표상은 다음의 경우에서도 마찬가지다. '썩은 정신'을 그야말로 냄새나는 머리로 표현하고 있는데, 여기서의 '역량'이란 곧 힘을 뜻하고 힘이야말로

'학문의 뛰어남'인 셈이니 은근히 뇌물을 요구하는 장면이라 하겠다.

[만평18] 1909년 8월 8일자

〔만평18〕
臭髮相鬪 냄새나는 머리들이 서로 싸우고 있네 度德量力 덕을 닦고 힘을 기르셨으니學優登仕 학문이 뛰어나시면 벼슬길에 오르겠지요.

3. 인물풍자—복자伏字로서의 문자

정치만화로서의 만평의 전형적 기법 중 하나가 캐리커쳐를 이용한 풍자이다. 음모와 권모술수의 달인인 고관들은 민중적 극화에 흔히 나타나는 인물군들이다. 특히 비극적 순간에 등하는 희극성, 정확히는 순수한 해학은 파국의 정치를 다루는 비(애)극의 속살에 해당한다.[85] 계몽되어야할 선량한 민중을 구성하기 위해서는 악마와 진배없는 악한이 필수적이고, 그것은 그 자체로 정치가에게 책임을 묻는 방식이기도 하다. 고관대작이 악마와도 같은 자리를 차지하게 될

---

85 발터 벤야민. 2008. 『독일 비애극의 원천』. 조만영 역. 새물결. 157면.

때, 즉 악역으로 등장할 때 비로소 (이 국가의 죽음이라는 비애)는 '수난의 세속화'로서 완성될 수 있게 된다. 독자와 함께 웃기 위해서는 독자를 면죄하고 누군가에게서 악 혹은 무능을 발견해야 하는 것이다. 역설적인 말이지만, 잔혹한 해학이야말로 비극의 시간에 어울리는 양식일 수 있는 셈이다. 다음의 사례를 보자.

[만평19] 1909년 6월 18일자

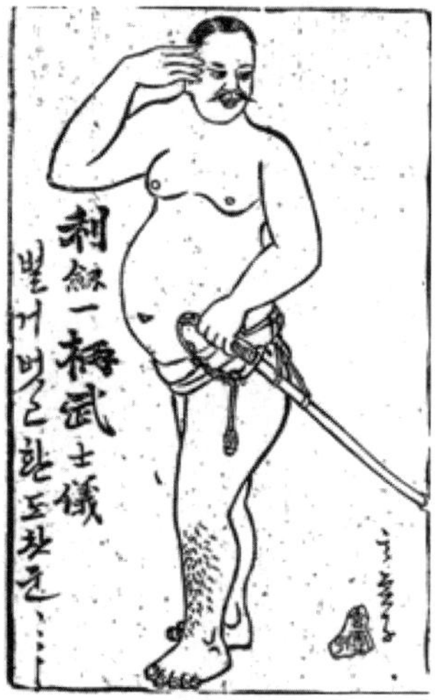

[만평20] 1909년 9월 2일자

두 그림은 묘한 대조를 이룬다. 첫 번째 〔만평19〕은 "번쩍번쩍은 무슨 공公"은 온갖 훈장과 칼을 차고 있는 권위적 관리복을 입은 위의威儀에 가득 찬 한 대신을 보여준다. 두 번째 〔만평20〕의 해석은 좀 더 복잡하다. "利劍一柄武士儀 벌거벗고 환도찻군."이라는 글을 적혀진 한문과 한글 그대로 읽으면 "날카로운 검 한 자루에 무사의 위의, 벌거벗고 환도찼군."이라고 해석될 수 있다. 그러나 여기에는 앞서의 이완용 비판의 경우와 같은 '복자伏字'가 숨어 있다. 즉 소리로 읽어야 의미가 돋아 오르는 글자들이 한자 표상 속에 엎드려 있다는 것이다. 위의 1909년 9월 2일자 만평은 짐짓 서법에서 첫 자에 기세를 두는 서예 세법勢法인 듯하지만, 큰 글자만 읽으면 "이병무利柄武"가 되고, 이는 당시의 군부대신 이병무로 읽힐 수 있다. 이 사이에 어떤 일, 어떤 인식이 개입되어 있는 것일까.

> "융희 3년(1909년) 가을 7월에 통감이 한국 정부에 군부를 없애고 기병과 보병 735명으로 수위부만 만들게 하였으며, 법부를 없애고 법률을 일본정부에 위임하여 관리하게 하였는데도 여러 대신들은 '네, 네'하며 명령을 들을 뿐이었다."[86]

말하자면 『대한민보』의 직전 기사에 헌병대해산에 관한 것[87]도 있음을 살펴볼 때, 이 만평은 이미 해산된 군대에서 '군부대신'이라는 허울 좋은 직에 앉아 있는 관리의 처지를 풍자한 것이라 할 것이다. 숨겨져 있거나 드러나 있는 이런 형태의 실명 비판을 포함한 인물풍자는 이 만평의 가장 지배적인 수법이다. 1909년 연재분 중에서 그 대상과 의미를 유추할 수 있었던 대한제국 말기의 친일관료군 및 군상에 대한 풍자만화의 목록을 작성해 보면 다음과 같다(물론 이 이외에는 아직 풀어내지 못한 인물풍자 만평은 더 있을 수 있다).

---

86 김택영. 2001. 『김택영의 조선시대사 한사경』. 조남권·안외순·강소영 역. 태학사. 572면.
87 『대한민보』. 1909년 8월 29일자.

대한제국의 친일 관료군 및 군상에 대한 풍자만평목록(1909.6.2.~1909.12.31.)

날짜	풍자대상인물	내용	해석	의도
1909.9.2.	李秉武	利劍一柄武士儀 벌거 벗고 환도 찻군	날카로운 검 한 자루에 무사의 위의威儀, 벌거벗고 환도찼군.	군대해산 후의 군부대신이라는 아이러니한 상황
1909.9.3.	趙重應	爪牙之重 莫如鷹犬	발톱과 이의 중함은 매와 개만한 것이 없다.	일본의 주구가 되어 남의 개처럼 하고, 매사냥 하는 매처럼 군다.
1909.9.4.	高永喜	苦樂榮辱喜憂 爾沒法兒覺得	괴로움이 있으면 즐거움이 있고, 영광이 있으면 치욕이 있고, 즐거움이 있으면 근심도 있나니. 너 어찌해도 고쳐 볼 방법이 없는 사람아〔沒法兒〕 깨달아라.	고영희 너 이 대책없는 놈아, 좀 깨달아라.
1909.9.5.	林善準	霖雨收 秋風起 蟬兮喑 蟬兮喑 蠢動含灵 尒也解候麼咄	장마비 그치고 가을 바람 일어나니,매미 가 맴맴, 매미가 맴맴. 생명이 꿈틀거 리는구나. 너도 이제 나래를 펴려 하느냐. 쯧쯧.	탁지부 대신度支部大臣 임선준은 1860년생으로 당시 대신들 중 가장 어린 편으로, 그가 추풍에 '생령준동'한다는 것은 온갖 악행이 창궐하는 것을 일컬어 말함.
1909.9.6.	李載崑	鬍思兮 胡思 思不離壑 大充慾 爾何在乾坤急 急如律令	수염 생각만 하고 있으니 어찌 생각이 있겠는가.(수염 생각은 오랑캐같은 생각일뿐) 골짜기와 구렁을 벗어나지 못하니, 크게 욕심만 채우는구나. (이재곤) 너 어찌 이 천지 간에 있느뇨. 빨리빨리 율령이 이뤄지듯 사라지기를.(속히 죽어 사라 지거라.)	온갖 여성단체고문을 도맡으며 오랑캐 같은 생각뿐 생각이 구렁에서 벗어나지 않는 사리사욕 에 가득찬 이재곤은 속히 죽어야 한다.

날짜	풍자대 상인물	내용	해석	의도
1909. 9.10.	閔丙奭	悶病席非醉 君 原	가련한 그대 병석은, 본래 취해 서 가 아니라네.	민병석군이 병석에 누웠는데, 본디 취한 것은 아니라네.
1909. 9.12.	李址鎔	이런졔, 지화는, 다 나가고 손속은 요모양이야 용산강물에나 풍덩.	이런 제길, 지폐는 다 가나고 노름운은 요 모양이니, 용산 강물에나 풍덩할까.	각종 이권과 친일로 벌어들인 돈을 노름으로 탕진하던 이지용의 행태에 대한 비판
1909. 9.15.	韓昌洙	할 슈 업다. 한 번챵원슈 낫지만 漲冤萬歲 견딜소냐.	원수가 번창하는 인간이 하나 났지만 원수들이 이렇게 만세토록 불어나는 데야 견딜 수 있겠는가.	한창수는 거침 없이 친일적 언행에 더하여, 이왕직 장관을 지내면서 고종의 외동딸 덕혜옹주를 어린 나이에 일본에 유학 보내고 일본인과 강제로 결혼하게 하여 결국 정신병을 앓게 한 일로 분노의 표적이 되었다.
1909. 9.16.	閔泳綺	민원은 일반이지 否字 영긔 있나	백성이 원하는 것은 〔백성들의 怨望〕 모두 한 가지로 같아서 아니다, 라는 글자에는 영기(민영기)가 있다.	1908년 동양척식주식회사 부총재와 이왕직장관李王職長官을 지내면서 악명을 떨친 민영기가 백성들의 한결같은 원망의 대상이 되고 있음을 보여 줌. "민영기 어떠한가. 아닐 부否자일세."
1909. 9.17.	權重顯	油鼠油鼠 無噬我困 君不見 老猫伺 後口 流涎 權和場 中莫再 現	기름기 도는 쥐여, 기름기 도는 쥐여. 우리 창고의 곡식을 씹어 삼키지 말지어다. 그대는 보지 못했는가. 노련한 고양이가 뒤를 살피면서 입에서 침을 흘리는 것을 권력에 영합하는 곳에 다시 나타나지 말아라.	1905년 농상공부대신으로서 을사조약에 찬성한 을사오적중 하나로 1907년 나철의 을사오적 암살단과 강원상의 암살 기도에 노출된 바 있다의 병탄 압에 앞장섰고 부정한 인물로 지탄받았다. 권중현의 부정부패를 비판.

날짜	풍자대 상인물	내용	해석	의도
1909. 9.18.	李根澤 李夏榮	瞽們이여 瞽們이여 爾近澤은 爾何營가 臨沴履落 知耶否	눈 먼 자들이여 눈 먼 자들이여 그대가 연못 가까이 가는 것은 그대, 어 쩌자는 것인가. 물가 〔물 고인데〕에 이르 면 발이 빠질지니 아는가 모르는가.	을사조약 당시 대신을 지내고 다 늙어 중추원 고문으로 월임해 있던 이근택, 이하영에 대한 비판
1909. 10.6.	成岐運	聲勢當世書院 들은 其時代가已過 어니 運動한들復設 될가.	이름나고 세력있던 당대의 서원들은 그 시대가 이미 지나갔 으니 운동한들 복설 될 것인가.	1906년 11월 박제순朴齊純 친일내각의 농상공 부대신, 1907년 6월 중 추원부의장, 1908년 장례 원경掌禮院卿을 역임한 성기운 등의 시대착오적 서원복설 운동 비판
1909. 10.16.	朴重陽	滿城風雨 正重陽	성안 가득 비바람은 정히 중양절이로세.	(인물풍자여부 불확실하 나 전후해 관련 기사가 있음)본디 가을날의 정취 를 뜻하나, 소문이 금방 퍼지거나 의견이 분분할 때를 비유하기도 함. 중양절에 즈음하여 경북 관찰사 박중양을 풍자함. 1909년 전후에 대구성을 임금의 허락도 없이 허물 었다함.
1909. 10.26.	李容稙			1909년 학부대신에 있던 이용직의 교육 관련 정책의 일관성과 지속성에 대한 의구심.
1909년 10월 26일, 안중근 의사의 이토 히로부미 저격 사건 발생.				

날짜	풍자대 상인물	내용	해석	의도
1909. 10.27.	朴義秉	搏殺홀요 좀놈義理도半点업다病든百姓地段價를다안주고쪠먹어	박살내야 할 이 좀놈 의리도반토막도 없구나 병든 백성의 지단가를 다안주고 떼어먹어!	일본에 의해 강요된 턱없는 비용의 차관으로 경의 선 부지를 매입해야 했던 당시 내각은 박의병을 내세워 보상비로 평당 10원이 넘는 땅을 7전씩에 강제로 매입하려 하다 주민들의 거센 저항에 부딪쳤다. 이때 박의병이 평양 관찰사 박중양을 앞세워 군수, 작업장 대표 등과 함께 사업비 수만원을 가로채기까지 했다 한다. 이 사실을 알게 된 평양 주민 5,000여 명이 폭발해 관찰사 박중양과 담판을 벌였고 그 와중의 일본의 진압으로 많은 사람이 죽거나 다쳤다.
1909. 10.30.	李容元	已老具朽 用之何處 寃讐白髮徒費 三十	이미 늙어서 죄다 쪼그라들었는데, 이 인간을 어디다쓰겠는가 원수는 백발인데 부질없이 30엔을 허비하는구나	이미 여든 가까이 된 친일 노정객에게 지급되는 관비를 안타까워 하는 말이나, 이용원은 차후에도 한일병합을 관철하기 위해 조직된 국민협성회國民協成會의 산하 단체인 한국평화협회韓國平和協會에 발기인으로 참여하는 등 여러 친일 활동을 했다.

날짜	풍자대 상인물	내용	해석	의도
1909. 10.31.	尹德榮	蔑倫 悖德 蠅營狗苟	윤리를 업신여기고 덕을 어그러지게 하는 자가 파리가 분주하게 날아다니며 구하고 개가 구차하게 구하듯 작은 이익에 악착스럽게 덤비는구나.	순종비 윤씨의 백부 윤덕영은 시종원경으로 있었는데 특이한 두상으로 '대갈대감'이란 호칭을 얻었다. 윤덕영은 세가지로 유명했다. 특별주문 제작한 모자가 아니면 맞지 않을 만큼 머리가 커서 '윤대갈'이라는 별명을 얻은것은 그 하나, 기생이나 여학생 첩을 옆에 끼고 '궁둥이를 두드리며 노는' '고상한' 취미가 둘이며, 옥인동의 '아방궁' 같은 저택이 셋이다. 그림에서도 여자는 소매에 돈을 좋아한다 적혀 있고〔金好〕, 남자의 큰머리 주위에 파리떼가 돌고 있다.
1909. 11.2.	趙民熙	朝四暮三 憫予小子 希○一顆牛上 落下	아침에는 네 개 저녁에는 세 개 불쌍한 그대, 어린 철부지여 (밤송이에 찔릴지 모르고) 위에서 떨어지는 한 낟알조각을 얻으려 하는구나	평안남도관찰사 재임 중에는 불법적인 수탈로 상당한 재산을 모아 비난을 받기도 하였다. 국왕관련 물품을 담당하는 승녕부총관의 직위에 있었다. 근대식 교육기관 개편과 관련된 일을 많이 했으나 이루어낸 일이 별로 없었다.
1909. 11.3.	朴重陽	인제ᄂᆞᆫ ᄭᅳᆫᄯᅥ러진 두융박이 되엿시니 숭늬꼴 개백정도 즁에ᄂᆞᆫ드러 양으로개ᄂᆞᆫ잡아팔지……	이제는 끈떨어진 뒤웅박이 되었으니 숭례골 개백정도중 에나 들어 양으로개나 잡아팔지……	대구성을 허물어 일본인의 상권을 넓히는 등 상당한 치부를 한 박중양은 관찰사 시절부터 성내의 떠돌이 개를 모두 처분하며 개백정으로 불렸다. 그의 후견인이자 양아버지라 불렸던 이토 히로부미의 사망으로 의지할 데가 없어졌음을 삐꼼.

날짜	풍자대상인물	내용	해석	의도
1909. 11.4.	申應熙	올나와보은즉 밋을곳도업셔지고가련ᄒᆞᆫ이 신셰를하날님은응당아실터이니아모조록 이인ᄭᅳᆫ은ᄭᅳ너진안는게희망이올시다	올라와 본 즉 믿을 곳도 없어지고 가련한이 신세를 하나님은 응당 아실터이니 아모조록 이 인끈은 끊어지지 않는 게 희망이올시다	박영효의 심복 무관으로 대한제국 때 정미7조약 이후 통감부의 비호를 받아 전라남도 관찰사역임했다. '전남'이라고 쓰인 인끈(무관의 發兵符 주머니를 매는 끈)을 매고 있음.
1909. 11.12.	宋秉畯 李容九	말은/ 올은말/ᄒᆞ얏는데/졀엇케들/노ᄒᆞ야/나무라니인져는우리는/ᄭᅳᆫᄯᅥ러진/망셕즁이가/되얏네/웃지ᄒᆞ면죠흔가……현허ᄌᆞ	말은 옳은 말을 하였는데 저렇게들 노하여 나무라니 이제 우리는 끈 떨어진 망테기가 되었네 어찌하면 좋은가.	이토 히로부미의 통감 사임 후 주춤하던 일진회의 두 영수는 이완용 내각에 앞서 선수를 쳐 합방청원서를 일본 본국, 내각, 통감부에 제출한다. 그러나 이토 히로부미의 암살과 일본 정부의 청원 기각, 국내 성토 여론의 비등으로 그 처지가 매우 난처해 진다.
1909. 12.4.	李容九	어— ○○○○ᄒᆞᆯ놈 져상파ᄃᆡᆨ이보아라 容恕ᄒᆞᆯ슈업셔 究厥罪狀ᄒᆞ면…	어— 능지처참할 놈 저 상판대기보아라 용서할 수 없어 그 죄상을 따지자 하면	일진회는 이토의 암살을 기화로 소위 '정합방'론을 주장하며 내각과 통감부, 일본정부에 합방청원서를 제출하는데, 이에 따라 대한협회와의 연대도 중단된다. 이에 앞장 선 이용구에 대한 분노를 극화했다.
1909. 12.19.	李容九	飼犬規則에 依ᄒᆞ야 저 狂吠ᄒᆞ는 病蹲庸狗 撲殺ᄒᆞ네	개 기르는 규칙에 의해 저 미친 듯이 짖어대는 병들어 웅크리고 있는 쓸모 없는 개를 때려 죽이네	박중양이 사견규칙에 의해 병들고 쓸모 없는 개를 때려 죽였듯이, 이용구도 박살내자. ※ 庸狗: 보잘것없는 개. 남을 욕할 때 쓰는 말
1909. 12.26.	宋秉畯	野田接內田 稂莠何爲哉 氷消而屋解 痛哭無益消自裁 馬關港	송병준(노다)과 우치다 료헤이가 만났으니, 잡초는 어디에 쓰겠는가? 얼음이 녹으면 집이 무너진다네 통곡해도 소용 없으니 모름지기 스스로 이엉 매시게시모노세키 항구	손종에 대한 불경으로 시모노세키로 쫓겨와 있던 일진회의 송병준과 일진회의 후견인 우치다 료헤이의 대화를 가상으로 그린 것. 일진회의 합방청원 논란의 와중에 권세를 잃고 일본에 와있던 송병준의 처지를 풍자.

4. 자연(사)의 알레고리-풍경, 풍속, 정치

산수화적 세계 안에서 돌출한 『대한민보』 만평에는 마치 전대의 유산처럼 보이는 자연물들이 수다하게 등장한다. 절기와 시후에 맞추어진 이러한 표현들은 그 자체로 하나의 간략화된 동양화의 세계를 우리 앞에 펼쳐 보인다. 그러나 그 의미는 앞서의 경우들처럼 결코 산수화 안에서 해소되지 않는다.

이를테면 〔만평21〕와 〔만평22〕는 표면상 별 관련이 없어 보이는 도상들이다. 그리는 대상도 다르고 문체도 다르며 필치도 상이하다. 물론 실제로도 아무 관련이 없을 수도 있다. 그러나 "명색(명분과 이유)없이 왜 깍어?"라는 질문에 담긴 함의를 염두에 두고, 느닷없이 한 달 뒤에 출현한 한 폭의 동양화적 구도를 곱씹어 보게 되면 어떨까. 곧바로 하나의 의문이 일어난다. 암유暗喩로 점철된 만평에서 과연 어떤 그림인들 단순한 자연적 사실일 수 있을까.

물론 때는 1909년 7월 14일, 여름의 한가운데이다. "斷髮嶺 望金剛全景"(단발령에서 바로 본 금강산 전경)을 그려낸 이유야 간단하다면 간단하고 투명하다면 투명하달 수도 있다. 실제로 금강산에는 단발령이라는 봉우리가 있기까지 하다. 게다가 한 여름의 더위를 산수의 정취로 식히는 일이야 동양화의 세계에서 흔히 있을 법한 일이다. 그러나 왜 하필 '단발령'인가, 라고 물으면 답이 그리 간단한 것이 아니다. 혹 단발령을 우의寓意한 것일 수도 있다고 전제해 보면, 이 그림의 내포는 상당히 복잡해지고 만다. 단순히 산수를 그린 그림처럼 보이는 만평들에도 그 의미론적 관련을 묻게 되는 이유이다. 요컨대 이면에 잠재해 있을지도 모를 의도로 인해 이 자연사自然史적 사건들은 그 자체로 하나의 미궁, 그러니까 알레고리로서 존재하게 된다.

◂ [만평21] 1909년 6월 19일자
▴ [만평22] 1909년 7월 14일자
▸ [만평23] 1909년 10월 16일자

마찬가지로 〔만평23〕 역시 가을 기운 가득한 중양절에 한 성에 비바람이 일고 있는 장면을 담담하게 그린 것처럼 보인다. "滿城風雨正重陽"이라는 말, 즉 "성 한가득 비바람이여, 정히 중양이로세."라는 말에 별달리 이면의 의미 같은 것이 있을 성 싶지 않다. 단지 당시의 풍파 많은 정치사회 정도를 떠올리면 족할 것으로도 느껴진다.

그러나 달리 읽을 수도 있다. '만성풍우' 자체는 본디 가을날의 정취를 뜻하지만, 소문이 금방 퍼지거나 의견이 분분할 때 비유적인 의미로도 사용된다. 성 안 한가득 풍문이 가득찼다는 의미로도 읽힌다는 것이다. 과연, 1909년 당대에 '중양'이란 단순히 중양절만을 환기시키지는 말이 아니었던 것 같다. 다음의 두 신문기사를 보면, 이성 안에는 분명 또 다른 '중양'에 대한 풍문이 만성했었다.

> "重陽佳節 말 말아라. 痛哭일세 痛哭일세. 累百年을 尊崇하던 大邱客舍 어데 갔노. 哀邱 大邱 홍……重陽佳節 말 말아라. 前無後無 肥己手段 大邱城郭 舊公廨를 壹時間에 팔아먹네. 哀邱 大邱 홍……"[88]

> "도비보조. 대구관찰도에셔 該道 성내도로를 동문으로 서문 남분으로 북문까지 십자형으로 일신 확장훈다는 데 其 경비는 해도에셔 辯備ᄒᆞ되 내부에셔 상당히 보조ᄒᆞ기로 결저ᄋᆞ얏다더라."[89]

이렇게 다른 모자이크들과 연동해 읽고 보게 되면 이 만평은 그야말로 특정한 역사적 순간 그 자체를 소환하는 언어이자 도상임을 실감하게 된다. 중양절에 즈음하여 '야마모토 군수'라고도 불린 박중양을 풍자한 이 만평은 1909년 대구성을 임금의 허락도 없이 허물고 그럼으로써 대구 성내의 상권商權을 주로 성 밖에 거주하던 일본인들의 수중에 넘긴 박정양의 행위에 대한 풍자로 밝혀진다. 물론 그렇다고 해서 이 만평의 고유한 격조나 분위기가 사라지거나 뒤로 물러나는 것은 결코 아니다. 오히려 유구한 만성풍우에 대조된 한 정치가의 욕망이 비천하고 일회적인 삶의 흔적으로 오롯해지는 느낌을 지울 수 없다.

---

88 「重陽打令」. 『대한매일신보』. 1909년 1월 16일자.
89 「地方短信」. 『대한민보』. 1909년 10월 15일자.

이러한 알레고리의 성격을 '자연사의 알레고리'라는 말로 표현할 수도 있을 것이다. 자연사의 거대한 흐름 속에서 보자면 인간사란 무無 혹은 폐허에 가깝다. 오히려 유구한 자연에 빗대어 봄으로써 인간군상의 욕망, 정치적 술수 등이 갖는 성격이 훨씬 또렷해지는 것이다. 어떤 경우에는

[만평24]1909년 6월 22일자

[만평25]1909년 9월 8일자

[만평26]1910년 3월24일자

가장 평범한 자연의 운행 속에서 일하는 사람들을 그린 풍속화로, 어떤 경우에는 전통적 형태의 산수로 나타나는 자연사적 알레고리 속에는, 따라서 이상적 자연에 얽힌 소망의 이미지와 함께 '역사적 자연'에 내재된 인간이 만들어낸 폐허가 함께 드러난다. 이 역사적 자연과 거기에 내포된 알레고리는 한편으로는 망국과 죽음을, 다른 한편으로는 신생(순환과 회복)의 가능성과 변화의 필연성을 함께 제시한다. 그 자체가 폐허의 기록 혹은 재생에의 희망이면서, 진리 혹은 사실의 한시성의 표현인 셈이다.90

---

90 자연사의 개념에 대해서는 수잔 벅 모스. 2004.『발터 벤야민과 아케이드 프로젝트』. 김정

만평은 인간사와 자연사를 알레고리적으로 연동시켜 놓고 있으며, 그럼으로써 자연의 영역에서 역사의 영역으로, 또 그 반대로의 운동을 촉진시킨다. 정객들의 색욕에 가탁된 정치적 욕망들 사이에 놓인 1909년 9월 8일자 만평은 그것이 하나의 정물화(기명절지화)임에도 불구하고, "瑤池萬歲" 즉 "만세토록 그 짓이나 해라."[91]라고 읽힌다. 따라서 그 대상이 풍속이든 산수든 어떠한 그림도 정치적 활성화를 피할 수 없다. 1910년 3월 24일자 만평처럼 글이 상황을 어느 정도 암시해두는 경우라면 쉽지만 단오절의 풍속을 묘사한 듯 보이는 〔만평24〕와 같은 경우는 여전히 수수께끼일 수밖에 없다(비록 거기에 수수께끼가 내장되어 있지 않더라도, 이 알레고리적 지평은 역사를 소환할 것을 계속 요구한다). 그러니까 자연사의 차고 기울어짐마다 인간의 역사가 가탁되어 있는 셈이다. 1910년 3월 24일자 〔만평26〕의 경우가 그 전형적 사례라 할 것이다.

> 歸鴻何處 天空濶
> 臥柳生心水搖動는
> 時候爲熙ᄒ고 人事又如斯
> 細嚼韓有味로다.

아 역. 문학동네. 제2부를 참조.

91 瑤池: 곤륜산 요지瑤池라는 곳에서 주나라 목왕이 서왕모를 만난 곳. 서왕모의 정원에는 1000개의 복숭아가 있었다 함. 복숭아는 여자 정령들을 상징한다고도 봄. 복숭아는 젊고 아름다운 여성을 뜻하는 도상이다. 집중적으로 행해진 실명 비판 사이에 끼어 있기에, 지금껏 해온 실명 비판의 맥락 속에서 읽게 되며 "만세토록 그 짓이나 하라."는 조롱으로 들려온다. 기명절지화=정물화에 능했던 이도영의 초기 작품 경향을 보여주는 한편, 구 양식 자체가 하나의 정치적 알레고리로 사용되고 있음을 알 수 있다.

기러기 어디로 돌아가는고 하늘은 드넓은데
늘어진 버드나무 움트려 하니 물결 또한 일렁이는 것은
계절이 빛나고, 사람일 또한 이와 같기 때문이라네.
이때를 당한 우리 대한을 곱씹어 보니 또한 그 의미
새롭구나.

대한제국〔韓〕의 상황과 앞날이 자연의 질서와 유비되고 또 이것이 인간의 질서에 견주어짐으로써 '대한제국'이라는 이름은 그 자체로 자연사의 알레고리이자 정치적 알레고리로 화한다. 돌아가는 기러기와 망망한 하늘, 늘어진 버드나무 위로 움트려는 새싹, 일렁이는 물결과 같은 계절의 흔적들은 쇠망의 현실과 재생에의 믿음이 얼클어져 있던 당시의 정치상황에 의해 그 의미가 새롭게 활성화되고 있다. 여기서 자연사〔時候〕와 인간사〔人事〕는 대한〔韓〕의 의미를 곱씹어 보는 만평자 세작한유미細嚼韓有味의 우환의식에 의해 겹쳐진다. 비록 이러한 우환의식의 직접적 개입이 없는 경우라 하더라도, 우리는 어쨌든 이 자연사를 결코 자연사로만 읽을 수는 없다. 풍경과 풍속이 겹쳐지는 가운데 활성화되는 당대의 정치성으로 인해 모든 만평 텍스트는 일종의 복자화되고 암유화된 형식으로 독자 앞에 현현하게 된다.

동물과 인간, 자연과 역사, 폭력과 법, 예외상태와 보통상태가 분할될 수 없는 것으로 제시되는 순간, 모든 언어와 도상은 그 자체로 그 시간의 '표상'(representation/재현, 대표, 대리, 극화, 연출)이 된다.

Ⅳ. 결론-한문맥의 근대 혹은 고유한 근대

나는 이 글에서 망국 전야, 파국 전야의 미디어인 『대한민보』(1909.6.~1910.10: 총 375호)에 실린 현전하는 한국 최초의 신문 만평 총 362회 중 1909년 연재분을 대상으로 하여, 이 만평의 기본적 구성과 성격을 해제하고 분류한 후 이를 다섯 가지 주요 경향으로 대별해 분석하였다. 연구방법으로는 우선 일차적으로 이 신문의 언어적 실천과 도상학적 실천을 교차시킴으로써 개별 만평을 전체 신문의 기사들과의 관계 속에서 재문맥화하는 '모자이크 잇기' 법을 활용했다. 또한 이러한 모자이크 잇기로도 충분히 확정할 수 없는 의미들을 재구하기 위해 만평의 그림과 문자들을 당대의 담론 질서나 정치사회적 사건들에 대한 숨겨진 비유暗喩들로 전제하는 알레고리 읽기를 시도했다. 만평들을 여타의 기사들과의 격절하여 해독할 수 있는 자율적 텍스트로 보기보다는, 외부의 사건들과 그에 대한 비판을 함축하되 이를 우회적으로 재현하고 말하는 알레고리화〔畵〕로 파악하고자 했으며, 그림과 글의 관계 역시 '설명적/직설적'인 것이 아니라 '비판적/아이러니적'인 관계에 있다고 보았다. 개별 만평의 해제와 독해를 위해, 모든 만평에는 반드시 모호할지라도 모종의 정치적 의도와 역사적 문맥이 게재되어 있을 것이라 가정했다. 그 결과 표현과 의도 사이를 잇는 의미론적 연결이 과연 알레고리적 관계에 있다는 것을 확인할 수 있었으며, '공공연히, 그러나 다르게 말해진 것, 다른 이미지에 가탁되어진 사물 묘사'를 파악하기 위해서는 앞서의 '모자이크 잇기'와 '알레고리 읽기'가 매우 유효할 수 있음을 분명히 드러났다.

만평의 알레고리는 다음의 다섯 가지로 분류하여 설명할 수 있겠다. 첫째, 실력양성론적인 매체/단체의 지향성으로 인해 당대의 상황을 포괄적인 위기와 구원의 시간으로 이미지화한 우의도들이 다수 그려졌다. 특히 사물/동물 의인화시켜 당시의 상황과 국제 관계를 표현한 작품들이 다수 있었다. 둘째, 인간 삶의 희노애락이나 사건들에 빗대어 당대의 정치상황을 풍자한 '인간사의 알레고리'들이 다수 그려졌다. 특히 정치가나 단체들의 행위, 국가 및 계급 간의 관계를 장면화한 만평이 다수 나타났는데, 이를 '대표행위로서의 표상'에 대한 인식의 결과라 파악해 보았다. 셋째, 당대의 고관대작들과 주요 인물들에 대한 풍자화들이 다수 그려졌다. 이 인물 풍자는 주로 문자의 음가를 이용한 희작戱作이 많은데, 이들 만평의 '문자' 부분을 일종의 복자伏字로 간주하고 해석해 보았다. 넷째, 절기나 시후와 관련된 만평들이 많이 그려졌다. 풍경이나 정물과 관련되어 있기에 산수, 영모翎毛, 화조花鳥, 기명절지器皿折枝, 화훼花卉 등을 약호화해 표현화한 것처럼 보이는 만평들에는 거개가 당대의 풍속 및 정치에 관한 비판이 잠재해 있었다. 다섯째, 주요 국경일에 즈음한 휘호나 휘장류가 적지 않았지만, 이는 앞서의 모자이크 잇기나 알레고리적 읽기 없이도 해독될 수 있는 것이 대부분이어서 구체적 분석은 생략했다.

이 만평이 그간 그 선취와 기원적 의의로 인해 수다하게 논의되었지만 매우 단편적으로만 해독되고 몇 개의 작품들을 통해 규정되어 온 데에는 무엇보다 해석상의 어려움이 크게 작용했던 것으로 보인다. 그렇다고 할 때 이에 대한 검토는 다음과 같은 근본적 물음들을 제기한다고 할 수 있겠다.

첫째, 이 만평의 존재는 한문이 결코 문자 운용과 관련된 서기체계로서 뿐 아니라 표상체계 전반에 걸친 '사유의 방식' '상상력의 구동원리'와 관계되어 있음을 증명한다. 이른바, 한문맥은 한문의 문맥만을 뜻하지 않는다. '시서화' 일체의 사유 속에서 산출된 이 만평의 존재에 비추어 볼 때, 한문의 영향력과 기능은 서기 체계 및 문자로서의 측면을 넘어서 상상력과 실천, 비판정신을 포함하는 표상 체계의 전체상 속에서 파악되어야 한다. 근대 미디어 중에서도 가장 대중적인 형태 중 하나인 신문 만화 속에 존재하는 한문이란 일종의 과도기적 표상 체계처럼 여겨지기 쉽다. 그러나 오히려 이 만평은 새로운 근대 미디어의 수용과 그 과정에서의 과도기적 양식이라는 단순한 관점이 아니라, 한문맥 안에 내재한 시서화 일체의 사유나 고사古事・전고前古・용사用事에 의거한 글쓰기가 촉발하는 비판정신, 새롭게 출현한 국민을 대표하고 대리한다는 언론 의식='민성기관民聲機關'론과 같은 요소들 사이의 절합이라는 관점에서 이해될 필요가 있다. 분명한 것은 한문, 나아가 한문맥이 펼쳐낸 세계를 단순히 전통적 서기체계의 '흔적'으로 파악할 수는 없다는 사실이다. 왜냐하면 표상의 역사란 문자의 역사만이 아닐뿐더러, 결코 한문=코스모폴리스에서 한글=고유어(the vernacular)로의 이행으로 간단히 설명될 수 있는 것도 아니기 때문이다.[92] 여기서 한문이나 한문적 표현은

92 공동문어와 지역어의 관계를 코스모폴리스와 고유어의 관계로 파악하고 코스모폴리스 내에 존재하는 지역화의 매커니즘을 강조하는 관점은 다음의 두 글에 빚졌다. Mair, Victor.

전통적 문맥이나 고사나 용사의 구조 뿐 아니라 그림으로 대변되는 세계를 '보는' 방식 그 자체와 연동되어 있다. 놀라운 것은 이와 같은 장기지속된 한문맥이 새로운 삶의 질서를 비판적으로 파악할 수 있는 안정적 표현을 공급하기도 한다는 사실이다. 더구나 이 만평 속의 한문/한자는 고유어의 질서 속에서 점화된 비판들을 적극적으로 반영하는 한편 그 의도를 감추는 기능을 수행한다. 고유어와 한문의 결합은 여기서 풍자를 첨예화하는 동시에 검열을 비롯한 억압의 제도들을 돌파하는 방법으로서 적극적으로 사용되고 있다. 여기서의 한문과 한자란 과거의 흔적이 아니라 어디까지나 새롭게 부각되고 있던 고유어(the venacular)의 음성적 질서의 개입 속에서 표현되고 실천되는 그런 언어였기 때문이다. 요컨대 이 만평은 다음과 같은 문제를 제기한다. 에크리튀르의 문제는 담론의 질서 뿐 아니라 표상의 질서, 삶과 역사/자연을 보는 태도 전체를 소환하는 가운데 논구되어 한다.

둘째, 이 만평은 한국만화사 전체에서도 돌출적이라 할 만큼 강한 비판성을 내장하고 있을 뿐 니라 당시의 공론장 안에서도 매우 특이하달 정도로 노골화된 부정성을 내포한 텍스트이다. 이는 필시 자연사・인간사・역사를 보는 몇 개의 상이한 관점이 교차하고 있기 때문이라 생각된다. 만평은 때로는 미래를 낙관하는 듯한 발전적 시간관에서 구태의연한 악폐들을 비판하기도 하며, 또 때로는 근대성과 함께 밀려들어오는 자본주의적 질서나 국제적 힘의 질서, 개인주

1994 "Buddhism and the rise of the written vernacular in East Asia:The making of national languages", *The Journal of Asian Studies* Vol. 53(3); Pollock, Sheldon. 1998. "The cosmopolitan vernacular", *Journal of Asian Studies* Vol. 57(1).

의적 삶의 향유 행태 등을 과거의 경전 및 역사의 문맥에서 촉발된 우환의식을 통해 비판하기도 한다. 이를 '혼란'이라고 파악할 수도 있겠으나, 이러한 '복안複眼'이 필연적으로 두 개 이상의 의미를 내포하는 알레고리적 표현을 낳았다고도 할 수 있을 것이다. 즉 현재의 관점에서 과거를 부정하고, 과거의 관점에서 현재를 부정하는 이 만평의 성립 방식, 거의 매번 파국의 순간만을 화제로 삼는 이 만평의 시점은 역사에서 '죽은 표정' '응고된 원풍경'을 보는 태도와 매우 유사하다. 이를 통해 이 만평은 극도로 쇠락한 형체들 속에서 개인의 삶을 포함한 인간사 전체와 역사를 일종의 수수께끼로서 의미심장하게 표현할 수 있게 된다. 막 개시된 비판적 이미지의 세계는 완성된 채 퇴락해가는 형식과 표현 속에서 놀라운 부정성과 안정성을 확보한다. 마찬가지로 한문과 한글의 교차는 그 자체로 당대를 지배한 여러 요소들을 각각의 대항 주제 속에서 교차적으로 부정하는 기능을 수행한다 하겠다. 속俗의 관점에서 아雅를 비판하고, 아의 관점에서 속을 비판하는 부정의 방법과 문자 선택 사이에는 상당한 연관성이 있다(이에 대한 논증은 한글 사용이 더욱 빈번해지는 1910년분을 분석하며 재론하고자 한다). 요컨대 이런 견지에서 볼 때, 신구 양식이 교차하는 가운데 두 지향 모두가 어떤 파국에 도달하는 이 시기의 텍스트들은 어떤 의미에서 그 이전의 시간과 그 이후의 시간을 상대화해 볼 수 있는 의미심장한 단서들을 제공하는 임계점으로서 다시금 복기될 필요가 있다. 하나의 시기를 결과론적 시각에 서서 '과도기'로 규정하는 순간이야말로 한 시기가 봉인되어 버리는 바로 그 때인 것이다.

끝으로 '한자'라는 고유어에 대해 언급하며 마치고자 한다. 이 만평 속의 허다한 한자 희작들이 증명하는 사실이 하나 있다. 개별 지역의 음성적 질서에 결합된 한자음이야말로 한문 질서의 장기지속을 보장했다는 사실이 그것이다. 한문 안에 있는 문어로서가 아니라 읽혀야할 고유어 음성 내의 '음성부호'로서의 한자의 생존이 만평의 수많은 표현을 산출했던 것이다. 한문맥 안에서만이 고유한 근대의 출현이 사고될 수 있듯이, 한문맥 역시 '고유한' 맥락에 의해 다시 파악될 필요가 있다(구결, 이두, 언해, 훈점, 훈독과 같은 한자문화의 지역화만을 염두에 두고 하는 말은 아니다). 한자나 한문을 동아시아 전체를 관류하는 소통의 언어로 간단히 전제해서는 곤란하다. 만평의 비판성이 한문맥의 지역성에 기초한 희작에 힘입었음을 상기할 필요가 있다. 이미 공유cosmopolis 안에 고유성이 있었다. 고유성 안에 이미 공유했던 것의 몫이 있듯이. 한문맥의 문제, 한문맥이라는 표상 체계 속에서 공유의 몫과 고유성의 몫이 가진 다이나미즘을 읽는 일이 더 많이 필요할지 모른다.

참고문헌

『詩經』.

『論語』.

『老子』.

『孟子』.

『史記』.

『通鑑節要』.

『大韓民報』(影印本). 1985. 大韓民報社. 亞細亞文化社.

『大韓民報』(마이크로필름). 연세대학교 중앙도서관 소장.

『大韓協會月報』(影印本). 1978. 亞細亞文化社.

『大韓每日申報』(影印本). 1984. 寬勳클럽信永硏究基金.

『皇城新聞』(影印本). 1984. 景仁文化社.

李 瀷. 1999. 『星湖僿說』. 최석기 역. 한길사.

黃 玹. 2005. 『역주 매천야록』. 임형택 외 역. 문학과지성사.

金澤榮. 2001. 『김택영의 조선시대사 韓史綮』. 조남권 · 안외순 · 강소영 역. 태학사.

강재언. 1982. 『신편 한국근대사연구』. 한울.

고희동. 1953. 「나의 화필생활」. 『서울신문』. 1953년 3월 11일자.

金項句. 1993. 「大韓協會(1907~1910) 硏究」. 단국대학교 박사학위논문.

記 者. 1926. 「京城雜語」. 『開闢』 1926년 3월호. 89면.

김복순. 1987. 「신소설「소금강」과 항일의병운동」. 『연세어문학』 20. 연세대학교 국어국문학과.

김성남. 2007. 「상해의『점석재화보』가 그려낸 19세기 조선」. 『사림』 27. 수선사학회.
김수림. 2011. 「식민지 시학의 알레고리」. 고려대 박사학위논문.
김재영. 2006. 「근대 계몽기 '소설' 인식의 한 양상-『대한민보』의 경우」. 『국어국문학』 143. 국어국문학회.
김종준. 2010. 『일진회의 문명화론과 친일활동』. 신구문화사.
민정기. 2004. 「『점석재화보』가 그려낸 1884년의 상해 조계」. 『중국학보』 150. 한국중국학회.
_____외. 2008. 『중국 근대의 풍경』. 그린비.
_____편. 2008. 『『點石齋畵報』DB 자료집』. 한모임.
방영심. 2008. 「『대한민보』의 언어 관련 기사에 관한 연구」. 『국어사연구』 8. 국어사학회.
신지영. 2003. 「『대한민보』연재소설의 담론적 특성과 수사학적 배치」. 연세대 석사학위논문.
이구열. 2004. 「신문에 항일·구국 시사만화를 그린 이도영」. 『미술세계』. 2004년 2월호.
이태호. 2003. 「20세기 초 전통 회화의 변모와 근대화-채용신·안중식·이도영을 중심으로-」. 『동양학』 34. 단국대 동양학연구소.
이태훈. 2000. 「韓末 大韓協會 主導層의 國家認識과 資本主義 近代化論」. 『학림』 21.
李鉉淙. 1993. 「大韓協會의 組織과 活動에 관한 性格」. 『1900年代의 愛國啓蒙運動硏究』. 趙恒來 編. 아세아문화사.
전재관. 1997. 「한말 애국계몽단체 지회의 분포와 구성-대한자강회·대한협회·오학회를 중심으로-」. 『숭실사학』 10. 숭실대학교사학회.
정진석·권영민·이헌창·김기승·박기주·전봉관·지해범. 2011. 『제국의 황혼』. 21세기북스.
정희정. 2002. 「한국 근대 초기 시사만화 연구-1909~1920」. 『한국근현대미술사학』 10. 한국근현대미술사학회.

차미라. 2001. 「신소설「오경월」의 현실인식 양상연구」. 『새얼어문논집』 14. 새얼어문학회.

최석태. 1996. 「애국계몽운동과 한국 근대미술-이도영론」. 『창작과비평』.

______. 1994. 「이도영 연보」. 『한국근대미술사학』 1. 한국근대미술사학회.

하영삼. 2011. 『한자와 에크리튀르』. 아카넷.

홍석표. 2006. 「『점석재화보』의 조선 재현 양상과 중화주의적 욕망」. 『중국어문학지』 21. 중국어문학회.

황호덕. 2003. 「로쿠메이칸(鹿鳴館)의 유학자－박대양(朴戴陽)의 『東槎漫錄』과 메이지 일본의 표상 내셔날리즘」. 『상허학보』 11. 상허학회..

______. 2007. 「漢文脈의 근대와 순수언어의 꿈—한국 근대 개념어 연구의 과제」. 『한국근대문학연구』 16. 한국근대문학회.

사이토 마레시. 2010. 『근대어의 탄생과 한문-한문맥과 근대일본』. 황호덕・임상석・류충희 역. 현실문화연구.

石塚正英・柴田隆行 監修. 2003. 『哲學・思想翻譯語事典』. 論倉社.

발터 벤야민. 2008. 『독일 비애극의 원천』. 조만영 역. 새물결.

수잔 벅 모스. 2004. 『발터 벤야민과 아케이드 프로젝트』. 김정아 역. 문학동네.

테오도르 아도르노. 1984. 『미학이론』. 홍승용 역. 문학과지성사.

Foucault, Michel. 1970. *The Order of Things.* Random House.

Mair, Victor. 1994. "Buddhism and the rise of the written vernacular in East Asia:The making of national languages". *The Journal of Asian Studies* Vol. 53. No. 3.

Pollock, Sheldon, 1998. "The cosmopolitan vernacular", *Journal of Asian Studies* Vol. 57. No. 1.

사학

조선후기 역사학과 신채호, 그리고 21세기 | 배우성

근대 민족사학의 전통 역사학 평가 재검토 -신채호와 백남운을 중심으로- | 이윤갑

History

조선후기 역사학과 신채호, 그리고 21세기

배 우 성

1. 머리말

한국근대사에서 사상가·독립운동가·역사학자로서 신채호(1880~1936) 만큼 뚜렷한 족적을 남긴 인물을 찾기는 쉽지 않다. 그가 지은 『독사신론』(1908년)은 한국 근대역사학의 문호를 연 저작으로 평가받고 있다. 널리 알려진 것처럼 신채호는 량치차오(梁啓超, 1873~1929)의 저작에서 영향을 받았다. 량치차오의 사상이 조선에 집중적으로 소개되었던 것은 1906~1909년경이었다.[93] 신채호는 량치차오의 저작을 통해 사회진화론과 민족주의 정치사상을 이해했으며, 량치차오가 주장하는 신사학新史學의 이념과 방법에 눈을 뜨게 되었다.

신채호의 역사학을 근대와의 연속선상에서 분석한 연구들이 압도적으로 많을 수밖에 없었던 것은 신채호 자신이 중세사학을 맹렬히

93 최형욱. 2009. 「조선의 양계초 수용과 양계초의 조선에 대한 인식」. 『한국학논집』 45. 333~337쪽.

비판했기 때문이기도 하다. 그러나 량치차오가 신사학의 지표 가운데 하나로 '금무今務'를 제시하고 그 이론적 기초를 서양 근대정치사상 뿐만 아니라 동양의 경세치용론에서도 찾으려 했던 것을 감안한다면,[94] 신채호를 조선후기와의 연관성 속에서 조망해 보아야 할 필요성도 있다.

물론 이런 문제의식들이 전혀 없었던 것은 아니다. 선행연구에 의하면 신채호가 단군의 치적과 북방사의 전통을 강조하려 했던 것은 소론계 이종휘(1731~1797)의 영향을 받았기 때문이라 한다.[95] 이 연구들은 고대사에 관한 어떤 사실들이 신채호와 이종휘 사이에서 공유되었는지를 드러내 주었다. 그러나 필자는 단순히 사실이 공유되었다는 점만으로는 그 연속성의 밀도를 짐작하기 어렵다고 생각한다. 과연 신채호와 이종휘는 역사와 현실의 관계, 단군과 기자의 관계, 중화에 관한 사유 등에서 같은 인식을 가지고 있었다고 말할 수 있을까? 필자는 신채호와 이종휘의 계승관계를 논하기 위해서는 이 맥락들에 대해 우선적으로 해명해야 한다고 생각한다.

필자는 이 연구에서 신채호와 조선후기 역사학의 관계에 대해 방법론과 이념, 나아가 공유된 역사상과 그 이면의 맥락을 검토하려 한다. 가능하다면 이런 질문을 던져보고 싶다. 조선과 그 문화에 대한 신채호의 시선은 이른바 구사학에 대한 평가와 어떻게 연결되는

94 허증. 2005.「양계초의 사학과 근대국가론」.『역사와경계』54. 74~75쪽. 량치차오는 사회진화론과 영웅사관을 중심으로 신사학의 건설을 주장했지만, 1920년대에 이르러 청대 건가고증학을 재발견했다. 서양역사학의 장점을 인정하면서도 중국 역사전통을 재인식하려 한 것이다. 이윤화. 1992.「양계초와 신채호사학의 비교시론」.『역사교육논집』17. 112~113쪽.

95 김철준. 1974.「수산 이종휘의 사학」.『동방학지』15; 한영우. 1978.「18세기 중엽 소론학인 이종휘의 역사인식」.『동양학』17.

가? 그는 동양주의를 옹호한 유학자들의 행태에 대해 어떻게 생각했는가? 그가 조선후기 역사학의 방법론과 성과에 대해 그 맥락을 비틀지 않으면서 계승하려고 했던 것은 있는가? 그가 자신의 의도와 무관하게 조선후기 역사학과 공유하고 있던 정서는 무엇인가? 신채호를 통과하기 이전의 조선후기 역사학은 21세기 한국 역사학에 어떤 방식으로 계승될 수 있는가?

2. 유교문화의 전통과 동양주의의 현실

> "몽고의 난을 지나매 더욱 儒家의 事大主義가 득세하게 되고, 李朝는 창업이 곧 이 주의로 성취되매 낭가는 아주 멸망하여 버리었다. 정치가 이렇게 되매 종교나 학술이나 기타가 모두 사대주의의 노예가 되어"[96]

「조선역사상 일천년래 일대사건」 결론 부분에 나오는 이 구절은 신채호가 조선시대를 어떤 시선으로 보고 있었는지를 나타내준다. 물론 그는 유학과 김부식을 사대주의의 아이콘으로 읽었다. 하지만

96 신채호. 1995. 「조선역사상 일천년래 일대사건」 결론. 『신채호역사논설집』. 정해렴 편역. 현대실학사. 224~225쪽 : 이하 별도의 표시가 없을 경우 신채호의 저작은 모두 위 정해렴의 편역본이다.

세심하게 들여다보면 그의 사대주의론이 좀 더 깊은 지적 배경과 연관되어 있음을 발견할 수 있다. 그는 수입 언어인 한자와 독자 언어인 한글의 역사적 위상 차이에서 문제의 근원을 찾았다.

신채호는 한자와 한글 혹은 한문과 국문의 관계를 외국문과 내국문, 노예근성과 애국자주의식, 소국의식과 대조선의식, 중화풍속과 국수를 상징하는 키워드로 대비시켰다.[97] 그의 통찰력은 언어가 단순히 도구가 아니라 문화적이고 정치적인 요소라는 사실을 자각한 점에서도 빛을 발한다. 한문과 국문의 관계를 이렇게 보는 그에게 세종이 한글을 창제했다는 사실은 설명하기 어려운 문제였다. 그는 눈에 비친 세종은 다만 삼강오륜 이데올로기의 확산에 힘쓰던 유교 군주였다.[98] 훈민정음에서 애국자주의식·대조선의식·국수를 읽어내려 했던 그로서는 그런 세종이 그런 훈민정음을 창제했다는 사실을 받아들이기 어려웠던 것이다.

「국문의 기원」(1909년)이라는 글에서 신채호는 훈민정음이 고대에 창안되었을지도 모른다고 주장했다. 한글과 한문을 마주보는 두 끝자락에 놓고 언어의 문화적 의미를 읽으려한 그로서는 불가피한 선택이었을 것이다. 그에게는 두 가지의 근거가 있었다. 첫째, 진언집眞言集이라는 책자이다. 그는 우연히 읽게 된 이 책에서 '국문을 창조한 사람은 고승 료의高僧 了義'라는 내용을 발견했다 한다. 둘째, 일본 이즈모 족〔出雲族〕의 고대문자가 한글과 유사하다는 것이다. 그는 이 형태상의 유사성은 조선의 한글이 고대에 일본으로 흘러들어갔기 때문에 생긴 것이 아닐까 추측했다. 그는 이 두 가지를 근거로

---

97 신채호, 「國漢文의 輕重」, (『대한매일신보』, 1908년 : 같은 책, 277~281쪽).
98 신채호, 「조선상고사총론」 5. 사의 개조에 대한 우견, (같은 책, 83쪽).

더 대담한 추론을 덧붙였다. "그런 즉 우리 국문은 이미 단군 시대부터 있었던 것인가."[99] 그는 뒷날 쓴 〈조선역사상 일천년래 일대사건〉(1925년)에서 세종이 훈민정음을 창제했다는 사실을 인정했지만 한자를 선호하는 조선사회의 '사대적' 분위기가 결국 자주문화의 상징인 한글을 압도했다고 보았다.[100]

신채호에게 외래문자 한자는 외래사상 유학을 싣고 들어왔다는 점에서 특별한 의미가 있었다. 선진유학인지, 한당유학인지, 주자학인지가 중요한 문제는 아니었다. 그에게 유학은 다만 사대주의와 동의어일 뿐이었다. 그가 "조선왕조가 사대주의에 의해 개창되었다."고 말한 것은 요동정벌에 나섰던 최영을 자주파로, 위화도 회군을 주도했던 이성계를 사대파로 보았기 때문이다. 결국 이성계가 회군에 성공하고 조선왕조를 세움으로서 그 여파가 조선 역사문화의 방향을 결정했다는 의미가 된다.

그는 조선전기의 세종, 조선후기의 이황 두 사람에 의해서 조선사회가 '미정未定한 국면'이 아니라 '기정既定한 국면'으로 진입했다고 본다. 기정한 국면이란 유교적으로 안정화된 사회가 되었다는 의미일 것이다. 세종은 삼강오륜을 부식한 군주이며, 이황은 '존군모성尊君慕聖의 주의主義'를 확산시킨 학자이다. 그가 이황을 '주자朱子 규구規矩만 근수謹守하는 퇴계', '충실용절忠實庸拙한 퇴계'라 부르는 데서도 그런 인식이 엿보인다. 그에게 유교적으로 안정화된 사회란 정여립, 이징옥, 홍경래 등 혁신적인 학자나 혁명가를 용납할 수 없는 사회를 의미한다.[101]

---

99 신채호, 「談叢(抄)」 : 「國文의 起原」, (『대한매일신보』, 1909년 : 같은 책, 394~395쪽).
100 신채호, 「조선역사상 일천년래 일대사건」 결론, (같은 책, 224~225쪽).

이런 사회문화적 환경 속에서 정치는 더욱 어지럽고 무원칙하게 보일 수밖에 없다. 그는 이렇게 말했다. "우리는 다만 냉정한 두뇌로써 회재, 화담, 퇴계, 율곡의 학술상 공헌의 다과를 알지니, 주자의 정통되는 여부는 희담戱談이 될 뿐이다. 노론 소론 남인 북인의 분쟁이 정치상 미친 영향의 좋고 나쁨을 물을지니, 이조의 충노忠奴 되는 여부는 몽예夢囈가 될 뿐이다."[102] 당쟁은 이조의 충신인지 역적인지, 정통 주자학인지 이단인지를 따지는 논의이므로 그 잘잘못을 논할 가치조차 없다는 것이다. 그는 무가치한 당쟁사에 지면을 할애하는 대신 지리와의 관계, 사상계의 변동, 국민생활과의 관계, 민족의 소장성쇠에 관해 논의하는 것이 옳다고 주장했다. 당쟁의 순기능을 강조한 『조선문명사』(안확, 1923년)는 신채호가 『조선상고사』 총론을 쓰기 전에 간행되었지만, 유학을 사대주의와 동일시하는 신채호에게 안확의 문제의식이 받아들여질 여지는 없었다.

신채호가 유학이 끼친 역사적 해악을 좀 더 분명한 형태로 강조한 것은 역사서술 분야에서였다. 물론 그 전형은 김부식의 『삼국사기』이다. 그러나 이런 관점에 서게 되면 유학과 존명사대를 정치사상적 기반으로 하고 있던 조선에서 사대주의적, 비자주적 역사서술은 더욱 심화될 수밖에 없다. 그는 우선 『고려사』와 『고려사절요』가 가진 문제를 지적했다.[103] 그의 논점은 사료 문제에 집중되어 있었다. "이 책들은 고려시대가 이룬 자주적인 역사상은 축소·은폐하고 사대적인 역

101 신채호. 「조선상고사총론」 5. 사의 개조에 대한 우견. (같은 책. 83쪽).
102 신채호. 「조선상고사총론」. 구사의 종류와 그 득실의 약평. (같은 책. 70~71쪽).
103 조선상고사는 1931년 『조선일보』에 연재되기 시작했지만, 그가 실제 『조선상고사』의 총론을 집필한 것은 1924년으로 추정되고 있다.(이만열. 2007. 「해설」. 『단재신채호전집』 제1권. 역사. 5쪽).

사상은 과장했다. 이미 일차사료부터 문제였다. 고려 말 몽고의 눈치를 보던 사대파들이 사료를 왜곡하여 민간에 유포했고, 그 왜곡된 기록들이 고려사 편찬의 자료들로 활용되었기 때문이다. 세종은 고려역사의 실상을 전해주는 사료를 바탕으로 하지 않고 고려 말에 왜곡된 사료를 조합하여 역사를 편찬했다. 세종은 왜곡되기 이전의 사실이 담겨 있는 전대의 실록을 민간에 유포되지 않게 하고 규장각에 비장해 두었다. 이 기록은 결국 임진왜란 때 불타고 말았다."

『고려사』와 『고려사절요』이후 각종 관·사찬 역사서도 도마에 올랐다. 그는 이 책들에서 네 가지 문제점을 발견했다. 첫째, 정치사가 대부분이며 문화사가 없다. 둘째, 『동국통감』과 『동사강목』을 제외하고는 대부분 한 시대의 역사이며 통사가 드물다. 셋째, 춘추필법을 역사서술의 철칙으로 삼아 중화를 부르짖다가 민족과 국가를 잊었다. 넷째, 국민에게 봉사하기보다 외국에 아첨하려 하다가 건국시대의 수도까지 모르게 만들었다.[104] 춘추필법이 국민·국가·민족을 잊게 만들고 외국의 눈치를 보게 만들며 자주적인 고대사를 외면하게 했다는 것이 핵심이다.

한자가 유학을 싣고 왔고 유학이 춘추필법을 중시하게 했으며 춘추필법이 사대주의적 역사서술을 낳았다면, 결국 사대주의적 역사서술은 다시 한자의 문제로 환원된다. 그는 조선시대에 국민·국가·민족을 중시하는 역사학자가 나올 수 없었던 원인을 거론하면서 이 문제를 지적했다. 그의 주장에 따르면 한시와 한문은 중국의 역사문화를 서술하는데 적합할 뿐 자국사에 쓰게 되면 "그 전아典雅함을 상

---

104 신채호, 「조선상고사총론」, 구사의 종류와 그 득실의 약평, (『신채호역사논설집』, 70~ 71쪽).

하는 글"이기 때문에, 한시 한문을 중시할수록 자국의 역사문화에 대해서는 무심하게 된다.[105] 결국 조선시대에 유교가 일세를 풍미함으로써 "중국화되지 않은 조선의 역사는 이적夷狄의 고사故事로 보아" 입에 올리기 싫어하게 된 것은 한시와 한문 때문이라는 것이다. 신채호에게 한자·한시·한문·유학·춘추필법은 다만 사대주의 하나의 의미였다.

춘추필법에 대한 신채호의 비판은 량치차오에게 영향을 받은 측면이 크지만,[106] 그것을 한자의 문제로 환원한 점에서 신채호의 독자성이 있다. 이 지점에서 신채호의 역사학이 어디로 갈 것인지가 분명해진다. 그 길은 국민·국가·민족을 한자·한시·한문·유학·춘추필법·사대주의로부터 해방시키는 것이었으며, 구체적으로는 역사지리고증을 통해 자주적인 상고사를 복원하는 것이었다.[107]

신채호가 유학을 비판하면서도 유학자의 행태를 전면적으로 부정하지는 않았다는 사실은 주의할 필요가 있다. 권당捲堂 행위처럼 권력 앞에서 굽히지 않는 자세를 보여준 것, 평시에는 도덕과 학문으로 임금을 도우며 난세에는 백의종군하여 의병에 참여함으로써 국가주의적 사상을 견지한 것에 대해서는 높이 평가해 마지않았던 것이다.[108] 그는 또 유교가 민중들에게 준 감화력이 크다는 사실도 인정

105 신채호.「조선사 정리에 대한 사의」. (같은 책. 232~235쪽).

106 박찬승. 1988.「한말 신채호의 역사관과 역사학」.『한국문화』9. 311~314쪽.

107 신채호와 량치차오는 공히 지리결정론적인 시각을 보여주었다. (박찬승. 1988. 같은 논문. 307~311쪽.) 그러나 신채호에게 지리는 자주적 상고사의 복원을 위한 토대로서 훨씬 중요한 의미가 있었다. 신채호는 지리 문제가 가진 맥락과 비중을 량치차오와는 다른 방식으로 설정하고 있었던 것이다. 뒤에서 보는 것처럼 신채호가 안정복이나 이종휘에게 주목한 반면 정약용에게 무심했던 것도 이런 문제의식 때문이었다.

108 신채호.「警告 儒林同胞」. (『대한매일신보』. 1908년 :『신채호역사논설집』. 273쪽).

했다. 그는 유교의 폐기를 주장하는 대신 개신改新을 통한 국민종교화를 구상했다. 소국주의와 노예적 의식을 벗어버린다면, 국가주의에 공헌하는 형태로 국민종교화할 수 있다는 것이다.[109] 그러나 유학자의 처신은 그의 기대를 크게 빗나갔다. 그는 청년시절 자신을 후원해 주었던 신기선(1851~1909)에 대해 가장 분노했다.

신기선은 원래 동도서기론자였지만, 일본이 주장하는 아시아주의 혹은 동양주의에 동의한 인물이기도 했다. 신기선이 동양주의에 눈뜨게 된 것은 일본 주한공사관 서기로 부임한 야마요시山吉盛義를 통해서였다. 야마요시는 아시아주의를 주장하는 흥아회興亞會의 회원이자 시인이었다. 1898년(광무 2) 일본 전 총리대신 이토 히로부미伊藤博文가 서울에 오자, 야마요시가 남산에서 이토를 위해 시사詩社를 열었다. 신기선은 조선의 고관들 및 일본공사관 직원들과 함께 이 자리에 참석했다.[110] 이후 신기선과 야먀요시의 시모임은 야마요시가 일본으로 돌아갈 때까지 계속되었다.

신기선이 일본 유학자 도요시마(豊島毅, 1821-1903)가 지은 『한성문아韓城文雅』라는 책을 구해 읽게 되었던 것도 야마요시를 통해서였다. 이 책에는 "한국은 유교를 채택해서 부진하다."고 한 서양인들의 주장에 대해 도요시마가 논평한 부분이 포함되어 있었다. 동도서기론에서 출발해 유교의 근대적 의미를 천착하던 신기선으로서는 관심을 가질만한 대목이었다.

---

109 신채호. 「20세기 신국민」. 국민과 종교. (『대한매일신보』. 1910년 : 같은 책. 323쪽).

110 신기선. 『陽園遺集』. 권 1. 詩. 五律. 「邀飮春畝侯」 : 日本前總理大臣侯爵伊藤博文號春畝遊覽入我京 日本詩人山吉盛義號米溪 爲南山吟社長 邀伊藤設酌賦詩于社中 我府部大臣及日公使以下皆會焉 戊戌.

도요시마의 주장은 대략 이런 것이었다. "서양인들의 비판은 유교에 무지하기 때문이다. 조선이 부진한 것은 유교의 문제가 아니라 조선이 유교를 잘못 배웠기 때문이다. 유교는 군신관계 부자관계와 같은 인륜뿐만 아니라 개물성무開物成務 이용후생利用厚生과 같은 실용적인 가르침을 담고 있는 학문이다. 그러나 조선은 문장이나 자구에 관한 것들만을 중시할 뿐, 개물성무하여 사해四海에 펼치고자 하는 마음이 없다. 오호라 중국과 한국이 심술心術을 잘 다스리고 기예技藝를 강구한다면 안팎으로 견고해지리니, 우리 일본과 서로 제휴하고 연합하여 동방에 우뚝 선다면 비록 러시아, 영국, 독일, 프랑스같은 흉악한 무리라 해도 무엇을 두려워할 것이 있겠는가."[111] 신기선은 도요시마의 주장이 평소 자신의 소신과 정확하게 일치한다며 찬탄해 마지않았다. 그는 이미 러일전쟁 이전부터 일본이 주장하는 맥락의 동양주의에 동의했던 것이다.

신기선은 동양주의 안에 감추어진 침략성을 보지 못했거나, 보았다 해도 심각하게 생각하지 않았다. 그는 유학자인 도요시마가 때를 만나 품은 뜻을 세상에 펼친다면 '동아東亞'에 다행한 일이라고 말했다.[112] 그가 이토의 자금을 빌어 유학의 진흥을 표방한 대동학회를

111 신기선. 같은 책. 권 7. 序.「贈山米溪東歸序」: 曩余因子得所謂韓城文雅而讀之 乃日本豐島洞齋先生所著也 讀至批西人言韓國用儒敎致國不振說 不覺擊節而歎 以爲獲我心而搔我癢也 其說曰 (중략) 夫儒敎者 君仁臣忠父慈子孝養老尊賢開物成務利用厚生治天下之大道也 (중략) 朝鮮之奉儒而奄奄無氣息者 非儒敎之罪 而由奉儒敎不得其道而已矣 (중략) 雖韓人學儒敎 不過乎文字章句熟語摛辭之間而已 莫有復養心性鍊志氣 殺身爲仁 忠信以爲甲冑 禮義以爲干櫓之意 又莫有開物成務彰善癉惡 樹之風聲 肇域四海之心 無乃非捨儒敎之骨髓而取其皮膚乎 (중략) 嗚呼 使支那與韓 善治心術而講技藝 則內堅外健 與我日本 相提攜聯 鑣於東方 則雖露英普佛之凶雄 何足懼焉乎.

112 신기선. 같은 책. 권 7. 序.「贈山米溪東歸序」: 未知先生年未癃老而尙可以駕風破浪 西遊三韓乎 又可以際遇明時 快展素蘊以幸東亞乎.

창립한 것은 결코 갑작스러운 일이 아니었다. 중요한 점은 신기선이 동도서기를 거쳐 동양주의자가 되기까지 유학이 일관되게 매개체 역할을 했다는 사실이다. 그것은 인륜과 도덕으로 상징되는 유학의 보편주의적·세계주의적 속성 때문이다.[113]

신기선의 문제의식은 고스란히 대동학회에 계승되었다. 신기선과 함께 대동학회를 주도하던 조중응은 『대동학회월보』에서 이렇게 주장했다.

> 지금 학문을 개량하여 그 원래의 성질을 잃지 않게 하고, 또한 동양 전체에서 유교를 믿는 사람들과 더불어 學團을 만들 책임은 오로지 儒林에게 있다. (중략) 우리 동양은 또한 신구의 학문을 강명하여 그 동양 사람과 서양 사람 모두가 하늘로부터 부여받은 양지와 양능을 채우고, 서양 사람과 대치하고 필적하여 동양의 대 사업을 이루지 않으면 안 될 것이다. 그런고로 우리 한국에서 과거 공맹의 도에 종사하던 유림과 紳衿 및 貴族으로 하여금 그 앞에서 길을 열게 하고 전국의 동포인민에게 보급하며 점차 우리 동양에서 본래 유교를 믿어 왔던 여러 나라의 인사들에게 두루 미치게 하여, 그 문명의 학업을 크게 이루고 서구의 여러 사람들과 더불어 함께 문명의 민족이 되어 함께 천혜의 행복을

113 이항로, 최익현, 류인석 등 다른 유학자들은 신기선과 정 반대의 선택을 했다. 그들에게 가장 중요한 것은 중화문명의 수호였으며, 그 중화문명은 그들의 기준으로는 한족의 이데올로기가 아니라 인류 보편의 문명이었다.

> 받기를 기약하는 것이 실로 우리들의 천직이 된다. 그런 고로 특별히 본회를 대동학회라고 大書한 것이다. (밑줄은 필자)[114]

조중응의 논리 속에서 유림은 공맹의 학문과 서양의 새 학문을 연마함으로써 동양 전체에서 유교를 믿는 사람들에게 새로운 비전을 제시해야 할 책임이 부여된 존재이다. 그 비전이란 서양 사람과 대치하고 필적할 수 있는 동양문명의 건설이다. 그에게 조선의 유림은 동양문명 건설 사업을 선도하는 지식인이며, 대동학회는 그 목적을 위해 설립된 단체이다. 그의 주장 속에는 조선 자신에 대한 자주적인 인식이나 일본의 침략주의에 대한 경계심은 전혀 보이지 않는다.

유학을 소국주의와 노예근성으로 비판했던 신채호에게 동양주의라고 해서 크게 다를 것은 없었다. 신채호의 입장에서 본다면 그것은 그 자체로 민족주의에 반하는 사상이었을 뿐만 아니라, 유학자의 예속적 체질을 그대로 반영한 구호였기 때문이다.[115] 신채호는 송병준(1858~1925), 조중응(1860~1919), 신기선을 일본에 대해 노예 노릇하는 세 사람으로 규정했다. 송병준은 일진회, 조중응은 동아

---

114 1908. 『大東學會月報』. 제 1호. 趙重應. 會說 : 今欲改良學問 而不失其原性質 亦與東洋全局崇信儒教之人 集成學團 則惟在於儒林也 (중략) 我東洋 亦不可不講明新舊學問 以充其東西人一般天賦本有之良知良能 以與西人對峙方駕 以成束[東]洋之大事業 故將以我韓舊日從事於孔孟之道之儒林與紳衿及貴族 爲其前驅 普及於全國之同胞人民 漸爲博及於我東洋素信儒教之諸國人士 大成其文明之學業 期與西歐諸人 同爲文明之民族 共受天惠之幸福者 寔爲吾人之天職 故特大書於本會曰大東學會者也 此實爲會說之宗旨云爾.

115 신채호는 역사에서 보이는 유교가 근본적으로 독자성을 구현할 수 없었다고 생각한 것 같다. 북벌론은 자주적인 움직임으로 평가될 수 있는 소지도 있지만, 신채호는 이 문제에 대해 끝내 침묵했다. 신채호의 입장에서 본다면 아무리 자주적으로 보인다 해도 중화주의적 세계관과 유교적 가치관에 기초한 것인 한 그 한계가 너무도 분명하기 때문이다.

개진교육회, 신기선은 대동학회를 각각 조직하여 일본에 협력했다는 것이다. 신기선에 대한 평가는 더욱 냉정했다. 유교를 부지한다는 명목으로 국내 유림들을 협박하여 일본 권력에 복종하게 하려 했다는 것이다. 신채호는 신기선이 임헌회의 문인이라는 사실을 덧붙임으로써 대동학회의 예속적 행태가 유학에서 말미암는다는 인식을 드러내기도 했다.[116] 대동학회와 유학에 대한 부정적 시선은 동양주의에 대한 날선 비판으로 이어진다. 「친구에게 절교하는 편지」라는 기사는 대동학회의 동양주의에 관한 직접적인 비판을 담고 있다.

> 저희들이 또 말하되 지금 시대는 인종끼리 서로 전쟁하는 시대라 황인종이 성한즉 백인종이 쇠하고, 백인종이 흥한 즉 황인종이 망하나니, 우리들이 일본과 한국은 같은 황인종이라 불가불 사소한 혐의를 잊어버리고 동양 제국이 서로 단결이 되어 저 가장 강한 일본을 맹주로 추천하고 한 청 양국이 차례로 진보하여야 가히 서로 보전하리라 하나니, 오호라 저희들이 취중에 취담을 하는가, 몽중에 섬어를 하는가. 가령 어느 사람이 자기의 의복을 남에게 맡겨 다 열파하며, 남전북답은 남에게 다 빼기고 기한이 막심하여 사생이 당두하였거늘, 산통을 흔들어 점을 쳐 가로되 몇 해 후에는 우리 집에 장차 큰 환난이 있으리니 불가불 예방하여야 하겠다하여, 목전의 사생은 묻지도 않고 후일의 환난만 생각하면 어찌 우매

116 신채호, 「일본의 큰 충노 세 사람」, (『대한매일신보』, 1908년 : 『신채호역사논설집』, 282~283쪽).

한 사람이 아니리요. 지금 저희들의 황인 백인의 전쟁을 걱정함이 또한 이와 다를 것이 없으니[117]

신채호는 "일본맹주론에 입각해 동양이 단결하여 서양과 대결함으로서 장차 조선의 독립을 추구한다."는 주장은 당장 독립이 위태로운 조선의 상황을 전제하지 않고 있다는 점에서 일고의 가치가 없다고 보았다. 조선의 독립이 위태로운 이유는 현재의 국제정세가 "국가 경쟁이 더욱 더 왕성하여 잠시라도 퇴보하면 호랑이에게 물려 씹히며 조금이라도 미약하면 매발톱에 긁혀 죽게" 되는 열국 경쟁의 시대이기 때문이다.[118] 신채호의 시선으로 본다면, 이런 시대에 국가주의와 민족주의를 제창하지 않고 동양주의를 꿈꾸는 것은 정신병자이거나 몽상가일 뿐이다.

3. 언어와 지리고증의 연구방법론

유교·유교사학·동양주의에 대한 신채호의 비판은 거의 전면적인 것이었다고 해도 과언은 아니다. 그러나 역사서에 관한 한 신채

117 신채호, 「친구에게 절교하는 편지 (본 기자 가로되 대저 일진회에 든 자는 자세히 볼지어다)」, (『대한매일신보』, 1908년 : 같은 책, 285~289쪽).
118 신채호, 「동양주의에 대한 비평」, (『대한매일신보』, 1909년 : 같은 책, 302~305쪽).

호가 그 나름대로 의미를 부여한 것이 없지는 않았다.[119] 그는 『조선상고사』 총론에서 기억할만한 조선시대 역사서를 열거했다. 그의 논평은 『동국통감』이 이룬 성취에서 시작되어 조선후기 역사학의 한계를 확인하는 것으로 이어진다.

신채호에 따르면, 세조가 전쟁사인 『동국병감』과 풍토사인 『동국여지승람』을 편찬한 것은 미약하나마 조선 역사학의 발전에 기여한 점이 있지만, 계승할 가치가 있는 본격적인 성과는 17세기 이후부터 나오기 시작했다 한다. 그는 허목의 『동사』는 단군에 관한 내용을 다루었다는 점에서, 유형원의 『반계수록』은 역사학에 도움이 된다는 점에서 높게 평가했다.

그는 조선시대 학계를 "역사에 대한 기록만이 있고 역사 연구가 없었다."고 보았다. 그런 점에서는 허목이나 유형원의 성취 역시 예외는 아니었다. 그가 한백겸을 특별하게 본 것은 한백겸이 비로소 역사학 연구의 단서를 열게 되었다고 보았기 때문이다. 한진서의 『해동역사』 지리고나 안정복의 『동사강목』에 실려 있는 고대 강역에 관한 주장은 모두 한백겸의 동국지리설에 기초하고 있다고 해도 좋을 정도였기 때문이다. 한백겸의 성취는 삼한 위치에 관한 논의에서도 확인된다.

신채호가 18·19세기 조선학계에서 기억할만한 역사학자로 거론한 사람은 안정복, 유득공, 이종휘, 한치윤, 한진서 등이다. 그는 안정복이 『동사강목』에서 각종 사료에 보이는 오류와 사실관계의 모순을 바로잡아 논증하는 탁월한 성취를 이루었다고 평가했다. 유득공

119 신채호의 역대역사서에 대한 평가는 다른 표시가 없는 한 「조선상고사총론」, 구사의 종류와 그 득실의 약평. (『신채호역사논설집』, 70~71쪽)을 근거로 한 것이다.

과 이종휘는 북방사를 자세하게 다루었다는 사실 때문에 기억되었다. 유득공은 『발해고』를 통해 발해의 역사와 문화를 기록으로 남겼으며, 이종휘는 단군 이래로 이어져온 조선 고유의 독립적 문화를 노래하여 김부식 이후 역사가들의 노예사상을 비판했다는 것이다. 한치윤의 『해동역사』는 외국서적에 들어있는 조선 역사 관련 기사를 충실하게 조사·정리했으며, 『삼국사기』에 없는 부여, 발해, 가락, 숙신 등을 다루었다는 점에서 특별하다 한다. 그의 조카 한진서는 지리고에서 지리고증을 한 단계 진전시켰다.

물론 신채호가 이 역사서들에 한계가 없다고 본 것은 아니다. 한백겸은 삼한과 조선의 연속적 관계와 지명의 유래를 이해하지 못한 채 남자남북자북설을 주장했으며, 안정복 역시 참고문헌을 폭넓게 구사할 수 없었기 때문에 오류를 범했다 한다. 그가 안정복에게 문제삼은 것은 고증상의 오류만은 아니다. 그는 안정복이 춘추필법을 맹신하였기 때문에 기자본기 아래에 단군과 부여를 부용附庸으로 처리하였으며, 왕가王家 중심으로 역사를 서술하다가 민족의 활동을 주목하지 못했다고 비판했다.[120] 같은 맥락에서 한치윤이나 한진서 역시 비판을 피해가지 못했다. 유교적 역사서술원칙을 지키다가 민족의 성쇠 자체를 주목하지 못했다는 것이다.

만일 신채호가 전통시대 역사학에서 무엇인가를 계승하려 했다면 그것은 어떤 것이었을까. 조선시대 역사서에 대한 그의 언설을 따라가다 보면 그 윤곽이 자연스럽게 드러난다. 그것은 아마도 한백겸이 제시한 고대의 강역, 안정복과 한진서가 고증 과정에서 구사한 정밀

120 신채호의 관점에서 보면 개국 시조 단군의 적통인 부여를 버려두고 돌아보지 않은 채 기자를 문명과 교화의 아이콘으로 간주하고 기자-마한 정통론을 주장하는 것은 어불성설이다.

한 연구방법론, 이종휘가 보여준 단군 중심의 역사인식 등이었을 것이다.

신채호에게 부여족은 '단군의 적통으로 이어지는' 종족이며, 그렇기 때문에 민족사에서 중심종족이 된다. 흥미로운 점은 민족이 왕조를 대신했다는 사실을 제외하고 보면 그 중심종족의 논리가 정통론적 역사인식과 크게 다르지 않다는 사실이다.[121] 그것은『춘추』와『자치통감강목』에 나오는 정통론의 논리를 그대로 이용하여 부여가 단군의 적통임을 밝히는 장면에서 여실히 확인된다.『독사신론』에서 그는 이렇게 말했다. "저들 옛 선비들의 춘추, 자치통감강목의 의리를 가지고 말한다 할지라도, 부여 왕조는 동쪽으로 난을 피하여 옮긴 주나라나 남쪽으로 도강한 진晉나라가 되겠거늘, 옛 왕의 왕족이 되는 희씨 사마씨의 자손을 버리고 위씨 한씨 탁발씨 모용씨에게 정통을 부여함이 옳겠는가."[122]

중심종족의 논리에 정통론의 그림자가 엿보인다고 해서 그것을 신채호의 의도가 반영된 것이라고 말하기는 어렵다. 그의 의도를 존중하여 판단한다면, 계승할 수 있는 모든 것의 출발점은 지리고증이며, 그것을 위해서는 연구방법론이 필요하다. 그가 가장 중요하게 생각했고 또 실제 연구과정에서 가장 빈번하게 활용했던 것은 언어였다. 그는 언어야말로 한국사의 진실을 밝힐 수 있는 핵심적인 도구가 될 수 있다고 생각했다.

---

121 이만열은 신채호가 이룬 역사학의 성취를 근대역사학의 발전이라는 시각에서 해명하는 과정에서 중심종족론 안에 정통론의 논리가 들어 있다는 사실을 지적했다. 신채호의 역사학에 관한 개척적인 연구로는 이만열. 1981.『한국근대역사학의 이해』. 문학과지성사 참조.
122 신채호.『독사신론』. 제1편. 上世. 2장. 부여왕조와 기자. (『신채호역사논설집』. 24쪽).

신채호는 조선후기 지식인들 역시 언어 문제에 무심하지 않았다는 사실을 잘 알고 있었다. 그는 고구려가 '깨고리'의 뜻을 취한 것이라는 이덕무의 주장, 위례성이 위리(울)의 뜻을 가진 것이라는 정약용의 주장을 소개했다. 그러나 그의 평가는 냉정했다. "자래로 부지자들이 이 비약을 망침妄侵하여, 도리어 본의를 혼란케 한 일이 많다."[123] 단지 유사한 음가만을 근거로 하여 고대사의 국명·관명·지명을 추정하는 것은 옳지 못하다는 의미이다.

신채호의 관점에서 본다면, 언어 문제 자체에 무심했기 때문에 빚어진 오류들도 있다. 한백겸의 삼한설에 등장하는 마·진·변 삼한은 그의 구도에서는 후삼한에 해당한다. 그는 한백겸의 삼한설을 최치원의 오류를 바로잡았다는 이유로 높이 평가하면서도 고증 상 세부적인 문제가 있다고 생각했다. 그것들은 대부분 동음이자同音異字 등 언어 문제에 대한 안목이 없어서 빚어진 것들이었다 한다. 그는 이렇게 말했다. "비리와 부리를 동음同音으로 보지 못하였으므로 백제 이외에서 마한을 찾았을 뿐만 아니라 마한 열국의 위치를 많이 오증하였으며, 이상과 같이 이두자를 변해辨解하지 못하므로 삼한전 중에 '言語不與馬韓同 不諳句麗言語' 등의 기록을 너무 과신하여 이자異字로 쓴 동명同名을 발견치 못하였다."[124] 그는 이두를 만들 때 한자가 음독된 사례와 훈독된 사례로부터 각종 명사를 해석할 수 있는 실마리를 얻을 수 있으며,[125] 만주어를 포함한 동북아 소수민족의 언어에서 지리고증의 단서를 찾을 수 있다고 생각했다.[126]

123 신채호, 「고사상 이두문 명사 해석법 – 고사상 국명 관명 지명 등」, (같은 책, 191쪽).
124 신채호, 「전후삼한고」, 후삼한, (같은 책, 121~125쪽 : 132쪽).
125 신채호, 「조선상고사총론」, 사료의 수집과 선택에 대한 상확, (같은 책, 83쪽).

『조선상고사』 총론에는 사료의 수집 및 선택에 관한 원칙이 제시되어 있는데, 그 가운데에는 만주어·몽골어 사료에 관한 내용도 포함되어 있다. 그는 부여족의 역사를 해명하기 위해서는 만주어, 몽골어에 관한 소양이 필요하다는 사실을 이미 깨닫고 있었던 것이다. 1924년 가을에 발표한 「고대상 이두문 명사 해석법古史上 吏讀文 名詞 解釋法」이라는 논설에서는 이두문의 중요성을 강조했다.

신채호는 이 논설에서 조선에서 장長을 '아리'라고 읽는 고대적 전통이 있다는 사실을 소개했다. 장백산長白山을 아이민상견阿爾民商堅이라고 부르는데, 이 중 장長이 아이阿爾에 해당한다는 것이다. 그런데 그가 아이민상견이라고 한 지명은 청대의 지리지에서 가이민상견아린歌爾民商堅阿隣이라고 쓰여 있다. 만주어 지명인 golmin šanggiyan alin을 음차한 것인데, 가이민歌爾民은 '장', 상견商堅은 '백', 아린阿隣은 '산'을 뜻한다.[127] 장백산을 가이민상견歌爾民商堅(golmin šanggiyan)이 아니라 아이민상견阿爾民商堅이라고 읽은 뒤, 장에 대응하는 음가가 가이민이 아니라 아이라고 주장한 것은 명백한 오류이다.

아이민상견이 만주어 가이민상견아린라는 사실이 전혀 알려지지 않았다면, 아이민이 아니라 아이를 장에 대응시키는 것은 자연스러운 오류일 것이다. 그런데 장백산이 가이민상견아린이며 가이민・상견・아린이 각각 장・백・산에 해당한다는 사실은 20세기에 처음 알려진 정보는 아니었다. 『성경지』, 『청일통지』, 『만주원류고』 등 청에서 흘러들어온 만주 관련 문헌들에 이 만주어 지명이 명시되어 있었

126 신채호. 「조선상고사총론」. 사료의 수집과 선택에 대한 상확. (같은 책. 83쪽).
127 백두산일대의 만주어 지명들에 대해서는 배우성. 2007. 「18세기 지리지 지도와 백두산의 수계」. 『역사와 경계』 65 참조.

기 때문이다. 이 사실은 조선에서 늦어도 18세기부터는 충분히 인지되고 있었다.

신채호가 아이민상견을 조선 고어, 즉 만주어와 상관없는 이두문으로 여긴 것은 분명하지만, 그가 왜 굳이 가이민상견歌爾民商堅을 아이민상견阿爾民商堅으로 읽고 아이을 장에 대응시켜야 했는지는 미지수이다. 그가 참고한 정약용의 저작에는 음차된 만주어 지명이 등장하기 때문이다.[128] 다만 필자는 신채호가 만주어 연구를 강조하고 있는 그 시점에서 이미 정약용의 저작을 보고 있었다는 사실이 중요하다고 생각한다.

정약용 자신이 만주어에 해박한 지식을 가진 것은 아니었다. 그러나 만주어가 '오랑캐의 언어'로 여겨지던 그 시대에 만주어를 포함한 소수민족의 언어에 관심을 가졌다는 것은 결코 그 의미가 작지 않다. 이익은 만주어의 음가에 주의를 기울였으며 이덕무는 몽골어에 관심을 가졌다. 정조는 서명응에게 한어·만주어·몽골어·일본어의 어휘를 부문별로 분류한 『방언집석』을 편찬하게 했다.[129] 18세기 지식인들 사이에서 동북아시아 소수언어에 대한 관심들이 자라나고 있었던 것이다.

지명을 한자의 훈독訓讀이나 음가의 변화와 관련하여 해석하는 것도 조선후기 역사학에서 흔히 볼 수 있는 풍경 중 하나였다. 신채호는 후삼국의 국명 가운데 변진독로국弁辰瀆盧國을 거제로 추정했는데, 이는 정약용이 한글과 한자의 음가를 놓고 내린 결론을 받아들인 것

---

128 정약용. 『여유당전서』 제6집. 지리집. 권3. 疆域考. 「白山譜」 : 白山者 東北諸山之祖也(盛京志云 長白山 卽歌爾民商堅阿鄰山 歌爾民 長也 商堅 白也).

129 배우성. 2007. 「조선후기 지식인의 한어 인식과 만주어」. 『조선시대사학보』 43. 154~ 161쪽.

이다.[130] 신채호가 가장 엄밀하다고 평가한 『동사강목』에도 음가 분석과 유추를 근거로 지명을 고증한 사례들이 있다. 량치차오는 역사 연구를 위한 도구로서 언어를 특별히 중시하지는 않았다. 이 방법론은 도리어 일본 쪽에서 유행했지만, 신채호는 일본에 학문적 인연이 없었을 뿐만 아니라 일본의 동양주의를 극도로 경계했다. 신채호가 언어 문제에 착목할 수 있었던 것은 그가 조선후기 역사지리학의 성과에 무심하지 않았기 때문이다.

신채호가 조선후기 역사학에서 얻은 것은 언어에 대한 아이디어만은 아니다. 그는 조선후기에 활용되었던 청대 만주 관련 지리서를 근거로 고대사의 강역을 만주 일대로 추정했다. 이런 작업은 이미 안정복이 시도한 적이 있었다. 안정복에게 『성경지』가 있었다면 신채호에게는 『만주원류고』가 있었다. 신채호는 『만주원류고』에서 만주어 및 만주어 지명에 대한 정보만이 아니라 고대사의 강역을 추정하는 데 필요한 다른 유익한 근거들을 얻었다.

전삼한설이 성립되기 위해서는 조선朝鮮이라는 말이 숙신肅愼으로부터 나와야 하고, 한韓은 국명國名이 아니라 왕명王名이 되어야 했다. 그는 자신의 구도에 가장 적합한 설명이 『만주원류고』에 실려 있다는 사실을 발견했다. 그는 전삼한 중 변한의 강역을 요동의 번한현으로 추정하는 과정에서,[131] 더 나아가 흑룡강에 이르는 넓은 범위

---

130 정약용. 『여유당전서』. 第六集. 地理集. 권 1. 疆域考. 「三韓總考」: 鏞案瀆盧國者 今之巨濟府也 (本裳郡 方言裳曰斗婁技 與瀆盧聲近).

131 신채호. 「전후삼한고」. 전삼한(삼조선)의 전말. (『신채호역사논설집』. 110~117쪽). 신채호는 우선 "흑룡강에서 조령까지가 단군의 강역" 이라고 한 『동국총목東國總目』의 기사를 근거로 단군의 강역이 곧 전삼한 전체의 강역이라고 확대해석한 뒤, 『문헌비고』에서 조선의 땅이 되었다는 고죽孤竹을 『도서집성圖書集成』과 『수문비사修文備史』를 근거로 비한족非漢族으로서의 이夷로 받아들이고 이를 『동국총목』과 연결하려 했다.

를 전삼한의 강역으로 논증해 나가는 과정에서 『만주원류고』를 전적으로 신뢰하고 활용했던 것이다.

안정복이 고증한 내용을 수정이나 비판 없이 받아들인 경우도 있다. 신채호는 단군이 처음 일어난 지역을 영변 묘향산으로 보는 관행에 대해 이렇게 말했다. "이것은 후대의 역사가들이 단지 고기에서 말하는 '신인이 태백산 박달나무 아래에 내려왔다'는 한 구절에 근거하여서, 태백산을 서북 일대에서 널리 구하다가, 묘향산에 이르러 향단나무가 울창함을 보고서 이것을 태백산으로 억지로 단정하고 장백산의 옛 이름이 태백산인줄 몰랐다."[132]

처음 태백산을 묘향산으로 추정한 것은 일연이었다. 『고려사』 지리지와 『동국여지승람』 역시 비판 없이 그 설을 따랐다. 태백산=(영변) 묘향산설의 배경을 추적하고 그 오류 가능성을 지적한 것은 안정복이었다.[133] 안정복은 이색의 「묘향산기」를 인용하며 논증을 시작했다. 안정복에 따르면, 이색은 묘향산에 대해 이렇게 말했다. "산은 압록강 남쪽에 있으며 요 땅과 경계가 된다. 장백산이 갈라져 나가는 곳이며, 향목香木이 많이 난다."[134]

안정복은 영변의 묘향산은 요 땅과 경계가 되지는 않기 때문에 이색이 말한 묘향산이 될 수 없다고 판단했던 것 같다. 그런데 왜 사람들은 영변 묘향산을 태백산이라고 생각하게 되었던 것일까. 안

---

132 신채호, 『독사신론』 제1편. 上世. 1장. 단군시대. (같은 책 22쪽).

133 안정복, 『동사강목』. 부록 하. 地理考. 「太伯山考」(이하 안정복이 태백산에 관해 논증한 내용은 별도의 주석이 없는 한 모두 이 기사에 의거한 것이다)

134 안정복, 『동사강목』. 부록 하. 地理考. 「太伯山考」 : 李牧隱妙香山記曰 山在鴨綠水南 與遼爲界 長白山之所分也 地多香木 (중략) 三國史崔致遠傳上太使狀云 高句麗殘孼 北依太白山下 國號渤海.

정복은 단군의 단과 묘향산의 향 사이에서 그런 유추를 가능하게 하는 실마리를 찾았다. '묘향산은 향이 많이 나기 때문에 붙여진 이름이고 단군이 내려온 태백산 단목은 바로 향목일 것이다. 이런 이유로 후대 사람들이 그 임금을 단군이라하고 그 산을 묘향이라 한 것이 아닐까.' 그렇다면 '요 땅과 경계가 되며, 장백산이 갈라져 나가는' 원래의 묘향산, 즉 단군이 내려왔다는 태백산은 어디란 말인가. 안정복은 "고구려 유민들이 북쪽으로 태백산太白山 아래에 의거하고서 나라이름을 발해라 했다."는 『삼국사기』 기록에서 실마리를 찾았다. 발해건국세력이 웅거했다는 태백산은 바로 백두산이며, 이색이 말한 장백산이 바로 이 산이라는 것이다.

태백산=(영변) 묘향산설이 형성되는 과정에 관한 신채호의 주장은 안정복의 추론과 크게 다르지 않다. 사실상 거의 새로운 것은 없다고 말해도 좋을 정도이다. 신채호가 『동사강목』을 관통하고 있는 강목체 역사서술을 가차 없이 비판하면서도 안정복의 성취를 부인할 수 없었던 이유를 이런 대목에서도 확인할 수 있다. 특별히 흥미로운 것은 신채호가 태백산=장백산이라고 주장한 대목이다. 물론 이 주장도 안정복의 견해를 받아들인 것이다. 안정복이 태백산=장백산=백두산이라고 주장했던 것은 백두산을 제외하고 나면 이색이 말한 장백산에 어울리는 곳을 찾기 어려웠기 때문이다.

장백산을 백두산으로 추정한 안정복의 논증과정은 엄밀하다고는 말하기 어렵다. 발해의 강역과 중심지를 고려한다면, 발해건국세력의 태백산을 백두산으로 판단하는 것은 자연스럽다. 발해건국세력의 태백산이 백두산이라면 단군의 태백산도 백두산이 된다. 더구나 백두산은 "요 땅과 경계가 되는 산"이라고 말할 만한 위치에 있다. 논리적으로만 본다면 이제 한 가지 문제가 남는다. 백두산은 과연 장백산이 갈라져 나가는 지점에 있다고 말할 수 있는가?

물론 조선시대에도 장백산이라고 불리는 곳이 있었다. 그런데 그곳은 백두대간에서 장백정맥이 갈라져 나오는 산줄기이다. 엄밀하게 말하자면 요 땅과 경계가 되지 않기 때문에 이색이 말한 산과는 무관하다. 백두산을 장백산과 동일시할 수는 없는 것이다. 물론 안정복이 백두산을 넓게 해석해서 백두대간과 장백정간의 분기점 전까지를 포괄하는 개념으로 생각했다면 가능한 일이지만, 그것은 적어도 조선시대의 일반적인 관념은 아니다. 더구나 안정복은 백두산을 장백산이 갈라져 나가는 지점에 있다고 말하지 않고, 다만 장백산과 동일시했다. 이색의 주장과 일부 충돌이 생기는 것을 감수하면서 백두산을 장백산으로 보았던 것이다.

안정복이 이처럼 다소 무리하다 싶은 추정을 하게 된 것은 그 나름의 근거가 있기 때문이었다. 안정복은 『동사강목』 「지리고」를 서술하면서 『성경지』에 크게 의존했다. 그런데 『성경지』, 『청일통지』 등 청대에 편찬된 만주지리서들은 예외 없이 백두산을 장백산이라고 적었다. 신채호가 참고했던 『만주원류고』 역시 그 점에서 예외가 아니었다. 안정복은 이색의 글과 『삼국사기』의 기사를 근거로 하여 태백산을 장백산으로 추정한 뒤 『성경지』를 근거로 장백산을 백두산으로 보았던 것이고, 신채호는 그 기본적인 논지를 그대로 계승했던 것이다.

4. 개별성의 재해석과 실천적 역사학

부여족 중심의 고대사를 구축하기 위해 무엇보다 필요한 것은 단군시대의 사적에 관한 역사적 사실들이었다. 신채호는 조선후기의 문헌기록을 뒤져가며 그 사실의 조각들을 찾아나가기 시작했다. 그가 발견한 것은 단군, 단군과 관련이 있다고 알려진 팽오와 부루, 그리고 수양제에 맞서 싸운 을지문덕이었다. 이들에 대해 조선후기 역사학이 이룬 성취는 어떤 것이었으며, 신채호는 또 그것에 어떻게 대응했던 것일까.[135]

신채호는 『동사강목』 「고이편」을 읽다가 단군을 노래한 남효온(1454~1492)의 시를 발견했다. 이 시는 단번에 그를 사로잡았다. "단군께서 우리 청구 백성을 낳으시고 / 패수 가에서 우리에게 인륜을 가르쳤네 / 약을 찾아 아사달간지 만세가 지났으나 / 지금껏 사람들이 무진년을 기억하네"[136] 안정복이 『동사강목』에서 「고이편」을 둔 것은 사마광의 『자치통감』형식을 따른 것이었다. 입아사달산위신入阿斯達山爲神이라는 표제 아래 단군이 아사달에 들어가 산신이 되었다는 설을 다루었다. 이 이야기는 일연의 『삼국유사』에 처음 보이는데, 안정복은 이 스토리를 묘사한 남효온의 시를 인용했던 것이다.

---

135 논리적으로 본다면 이 장의 주어 역시 신채호가 되는 것이 마땅하다. 그러나 신채호가 조선후기 역사학의 성과를 재해석하는 맥락을 이해하기 위해서는 신채호가 주목한 이들 네 인물에 관한 조선후기 역사학의 성취가 단일하지 않다는 사실을 우선적으로 검토할 필요가 있다.

136 남효온. 『秋江集』 권 3. 詩. 「謁檀君廟庭」 : 檀君生我青丘衆 教我彝倫浿水邊 採藥阿斯今萬世至今人記戊辰年.

주목해보아야 하는 것은 안정복과 신채호의 의도가 전혀 달랐다는 점이다. 안정복은 이 기사에서 단군의 행적 그 자체를 논증하려 한 것은 아니었다. 그는 다만 단군이 아사달에 들어가 신이 되었다는 말을 어떻게 받아들일 것인가에 관해 말하고 싶었던 것이다. 그는 이 말을 '후세에 사람이 죽으면 신으로 삼아 제사하는 경우가 많다'는 취지로 이해했다. 사실관계 자체보다는 그런 인식이 어떻게 생길 수 있게 되었는지에 관심이 있었던 것이다.[137]

신채호의 이목을 집중시킨 것은 안정복이 의미를 부여한 맥락이 아니었다. 신채호에게는 단군이 나라의 문호를 열고 이륜彝倫을 가르친 존재로 노래되었다는 사실 그 자체가 중요했다. 남효온의 관점에 좀 더 충실한 인식이다. 시를 인용한 뒤 신채호는 이렇게 말했다. "아득하고 멀도다. 성인의 덕이여. 태자 부루가 그 덕을 받들고 어진 신하 팽오가 그 치적을 더욱 힘써서 인민들에게 농사를 가르치고 배와 수레를 만들어 교통을 발달시켰다."[138]

팽오彭吳를 단군의 신하로 추정한 것은 홍만종(1643~1725)이었다. 홍만종은 단군이 백성들을 가르쳐 편발編髮하고 개수蓋首하게 했으며, 팽오에게 명하여 국내 산천을 다스리게 했다고 말했다. 안정복은 이런 주장이 있다는 사실을 알고 있었지만, 그 주장이 어떤 문헌적인 근거를 가진 것인지는 알지 못했다. 특히 안정복을 의아하게 만든 것은 팽오의 출신에 관한 부분이었다. 『한서』 「식화지」에 따르면, 팽오는 한 무제의 신하이기 때문이다. 안정복은 이익에게 보낸 편지에서 이 주장을 다만 '동인잡설東人雜說'이라고 말했다.[139] 이익은 팽오에 관

137 안정복. 「入阿斯達山爲神」. 『동사강목』. 부록. 상권 상. 考異.
138 신채호. 『독사신론』 제 1편. 上世. 1장. 단군시대. (신채호역사논설집. 23쪽).

한 설이 홍만종의 『역대총목』에서 나왔다는 사실을 안정복에게 알려주었다. 이익은 팽오에 관한 안정복의 주장을 전적으로 지지했다.[140]

안정복은 『동사강목』 「고이편」에서 이 문제들에 대해 좀 더 분명한 입장을 밝혀두었다. 그는 단군을 정통의 시작으로 인정했지만 팽오에 관한 홍만종의 주장을 받아들일 수는 없었다. 명백한 반대 증거가 있기 때문이었다. 흥미로운 것은 단군이 백성들을 가르쳐 편발하고 개수하게 했다는 또 다른 주장에 대해서는 문헌적 근거가 없는데도 그 개연성을 인정했다는 점이다. 개국의 시대지만 백성을 가르치는 행위가 없을 수 없다고 생각했기 때문이다.[141]

단군시대의 문화에 대한 안정복의 생각은 이익으로부터 영향을 받은 것 같다. 이익은 단군조선의 제도, 특히 개수에 대해 이렇게 말했다.

> 나도 바로 은 나라 遺民이다. (중략) 나는, 周나라 사람은 매양 三代의 禮를 종합해서 쓰게 되었으니, 王后가 입던 세 종류의 의복은 반드시 하·은·주의 제도에 따라 만든 것이라고 생각한다. 堯와 舜으로부터 禹에게 이르기까지는 모두 聖人으로 계승하게 되었으니, 그 제도가 반드시 같았을 것이다. 우리나라 역사책에, "檀君이 백성을 가르쳐 편발과 蓋首를 하도록 했다."고

---

139 안정복. 『順菴集』 권10. 書. 東史問答. 上星湖先生書(丙子) : 東人雜說 有云檀君教民編髮蓋首 又云命彭吳 奠國內山川 此出於何書耶 2(중략) 按漢書食貨志 彭吳開道通濊貊朝鮮置滄海郡 盖漢武時人 引之爲檀君之臣 東人之不考事實 好立異說 至於如此 良可笑悶.

140 이익. 『星湖集』 권25. 書. 答安百順(丙子) : 彭吳之說 洪氏歷代總目見之 今考食貨志 果是武帝時人 其魯莽如此 此卷之謬誤 奚獨此哉.

141 안정복. 『동사강목』. 부권. 考異. 教民編髮蓋首 : 此條出於洪氏摠目 未知出於何書 而亦必有據 且開國之初 必有教民之節 故今從之.

> 했는데, 이 개수란 것은 머리에 씌우는 갓이다. 단군은 堯와 같은 시대의 임금이었다. 舜을 거쳐 禹에게 이르자 순의 12州는 (더욱 넓어져) 유주, 병주, 조선 땅에 이르러 요동 전체를 차지하니, 국경이 서로 가깝게 되자 王化가 동쪽으로 퍼져서 중국의 內服과 똑같아졌다. 이러므로 禹가 塗山에서 諸侯를 회합시킬 때 단군이 태자 扶婁를 보내 朝會하도록 하였다. 이로 본다면, 모든 제도가 같았다는 것을 알 수 있는데, 단군이 가르친 覆首라는 제도도 중국 것과 서로 부합되었으니, 그때는 夏 나라 예를 쓴 것이 분명하다.[142]

이익에 의하면 홍만종이 말한 개수는 하夏나라의 예제禮制이다. 단군의 문화는 이미 기자가 동래하기 이전부터 중화의 문화였던 것이다. 안정복이 단군을 한국사의 정통으로 인정한 것은 단군의 문화가 중화문화와 다른 '질박한' 독자성을 가졌기 때문이 아니다. 그것은 단군을 교민敎民 행위라는 중화문화의 외연 속에서 설명할 수 있었기 때문이다.[143]

이종휘(1731~1797)는 단군과 팽오에 관한 홍만종의 주장을 비교적 충실하게 계승한 경우에 해당한다. 그는 단군이 백성들에게 편발과 개수를 가르친 것, 단군이 팽오에게 명하여 고산대천을 평정한 것을 모두 인정했다. 그러나 그가 단군의 치적을 해석하는 방식에서는 이익이나 안정복과의 차이를 찾기 어렵다. 그는 단군이 편발과

---

142 이익. 『성호사설』 권 6. 萬物門. 髮髤.
143 한영우. 1989. 『조선후기사학사연구』. 일지사. 316쪽

개수를 가르침으로써 동방에서 비로소 임금과 신하, 남자와 여자를 분별하게 되었으며, 음식飮食과 거처居處같은 일상생활에서 예절이 생겨나게 되었다 한다. 이 모든 치적들은 안정복이 이미 강조한 것들이다. 누구보다 단군시대의 문화를 적극적으로 평가한 이종휘였지만, 그 문화의 성격을 유교적 덕목으로 분식했던 것은 이익이나 안정복과 크게 다르지 않았다.[144]

신채호가 단군을 도운 또 한명의 인물로 거론한 것은 태자 부루이다. 안정복은 사료 상에 나타나는 부루의 실체를 하나로 단정하기 어렵다고 생각했던 반면, 이익은 부루를 단군의 태자로 특정했다. 이익은 "우임금이 도산에서 제후를 회합시킬 때 태자 부루를 보내 조회하도록 했다."고 말했다. 이종휘는 부루에 관한 이익의 주장을 그대로 계승했다.[145]

이종휘는 조선후기 역사가 가운데 누구보다 단군-부여 중심주의를 가장 선명하게 내세운 것으로 평가되고 있다. 그는 『동사』에서 단군본기를 설정했을 뿐만 아니라 단군-부여-고구려 중심의 북방역사를 강조했으며, 고토회복을 주장했다. 그 뒤로도 오랫동안 단군과 기자는 자주와 사대의 아이콘으로 읽혀왔다. 그러나 최근의 연구들은 단군의 존재나 고토회복의식을 민족의식의 발현으로 직결시키는 것에 비판적이다.[146] 이종휘에 대한 평가도 마찬가지이다. 그가 단

144 이종휘. 『修山集』 권 11. 東史本紀. 「檀君本紀」 : 檀君之時 東夏無君長 百姓蚩蒙 禽獸與羣 於是檀君乃教民編髮盖首 始有君臣男女之分 飮食居處之節 時陶唐氏立於中國 而始檀君開國 盖在戊辰歲云 當九年之水 命彭吳 定高山大川 至于牛首 奠厥民居.

145 이종휘. 같은 책. 권 11. 東史本紀. 「檀君本紀」 : 檀君盖年數十百歲終 子扶婁立 以甲戌之歲 朝夏禹氏於塗山 扶婁之後 世系年譜 逸而不傳.

146 김영심 · 정재훈. 2000. 「조선후기 정통론의 수용과 그 변화」. 『한국문화』 26; 허태용. 2009. 『조선후기 중화론과 역사인식』. 아카넷; 장유승. 2007. 「이종휘의 자국사인식과 소

군·부여·고구려·발해 등 북방고대국가로부터 읽으려고 한 것은 유교문화의 보편성이었으며, 고토회복의식의 당위성도 북방고대국가가 그곳을 무대로 하고 있었기 때문이라는 것이다.[147] 단군과 고토회복의식에서 자주와 민족을 읽어온 과거의 연구관행은 이제 심각하게 도전받고 있다.

이종휘는 기자의 외연 안에서 단군을 설명하는 소중화주의자 혹은 조선중화주의자였지만, 그 아이디어는 이익과 안정복에게서도 공유되고 있었다. 그러나 필자는 신채호를 염두에 둔다면 단군-부여-고구려-발해의 혈연적인 연속성을 부정하지 않았다는 점에서 이종휘를 여전히 특별하게 보아야 한다고 생각한다. 이종휘 자신이 정통론을 선호했는지, 정통론에 따라 단군-부여-고구려-발해를 정통국가로 인정했는지의 문제는 중요하지 않다. 그가 강조하려 했던 그렇지 않던 이 고대국가들 사이의 혈연적인 연속성을 부인하지 않았다는 사실이 중요하다.

신채호가 『동사』를 높게 보았던 이유가 바로 여기에 있다. 그는 이 중심종족과 연관된 역사상을 『동사강목』과 『동사』에서 찾은 뒤, 이것들을 '노예사상을 갈파'하는 쪽으로 가공하거나 재해석해 나갔다. 그의 아이디어는 팽오와 부루를 해석하는 장면에서 잘 드러난다. 그는 다른 누구보다 더 엄밀한 고증의 중요성을 강조했지만, 적어도 팽오와 부루에 관해서는 관대했다. 팽오가 한 무제의 신하라는 기록, 부루가 우 임금에게 조회했다는 기록들이 있었지만, 이 점을 언급하지는 않았다. 부루와 팽오는 단군의 유지를 받들어 백성들에게 농사

중화주의」, 『민족문학사연구』 35.

147 장유승, 2007, 같은 논문, 64~68쪽.

를 가르치고 교통수단을 발달시킨 인물들로만 묘사되었다. 신채호는 팽오와 부루에 관한 기록들에서 자신이 중요하게 보는 요소들만을 강조함으로써 조선후기적인 맥락을 비틀었던 것이다. 개별성에 관한 조선후기적인 아이디어, 특히 이종휘가 보여준 북방국가의 혈연적 연속성에 관한 아이디어는 중심종족론으로 계승되었으며 동시에 '노예사상을 갈파'하는 방식으로 재해석되었던 것이다.

신채호가 팽오와 부루보다 더 효과적으로 활용한 인물이 있다. 을지문덕이다. 을지문덕은 송시열(1607~1689)에서 안정복 이종휘를 거쳐 신채호에 이르기까지 기억의 맥락이 다변화되어간 대표적인 사례라는 점에서 특별한 의미가 있다. 송시열이 평안감사 이태연으로부터 편지를 받은 것은 1668년(현종 9)의 일이었다. 이태연은 을지문덕의 사당을 세우는 문제에 대해 송시열의 의견을 물었다. 편지에서 이태연은 고구려를 침략해온 수양제를 양광楊廣이라고 불렀다. 명분 없는 침략자라는 의미이다. 이태연은 을지문덕이 그 명분 없는 침략자에 맞서 나라와 백성을 구했으므로 후대에 미친 '공리功利'가 크다는 점을 강조했다.

국가에 공훈을 세운 사람을 높여야 한다는 점에 대해서는 송시열도 생각이 같았다. 그런데 송시열은 좀 더 중화주의자다운 또 하나의 논리를 제시했다. 그의 논점은 대략 이런 것이었다. "만일 을지문덕의 행위가 작은 속국이 중국에 대항하여 제후의 법도를 어긴 것이라면 중국사에서도 수양제의 패배를 춘추필법에 입각해서 기록했을 것이다. 그러나 역사는 수양제의 패배를 그렇게 쓰지 않았다. 양광은 인륜을 범한 패륜아이니 누구라도 징벌함이 당연하다. 을지문덕이 수양제를 패퇴시켜 결국 망하게 하는데 일조하였으니 을지문덕의 공로는 한 작은 나라와 그 백성을 구한 데서 그치지 않는다."[148]

국가와 백성을 구한 공훈功勳은 공리적 기준에 의한 평가이지만, 송시열은 공리적 기준보다 오히려 도덕적 기준을 높게 보았던 것이다. 송시열이 구국의 공리적 가치나 고구려의 무력에 대한 정당화를 부정했던 것은 아니다. 그러나 그가 이 문제를 두고 진정으로 말하고 싶었던 것은 수나라 천자의 중화답지 못함, 나아가 조선이 계승한 역사의 중화다움이었다. 송시열에게 중화는 한족이 아니라 인류가 지켜야할 보편적인 문명의 표상이었던 것이고, 그는 바로 그 점에 방점을 찍고 싶었던 것이다.

안정복에게도 인륜 도덕 중화의 보편성은 중요한 문제였다. 중화에 대한 정서는 노론 송시열과 근기남인 안정복 사이에 아무런 차이가 없다. 안정복은 강목체와 정통론이라는 역사서술체계를 택하고 그 체계에 맞추어 자국 고중세사를 평가함으로써 자신의 문제의식을 구현했다. 그렇다고 해서 역사에 대한 두 사람의 문제의식에 아무런 편차가 없다고 결론을 내린다면 그것은 성급한 일이다. 을지문덕에 대한 평가도 그런 것들 중 하나이다. 안정복은 『동사강목』에서 『동국통감』 기사를 옮겨 적었다.

> 수 양제는 천하를 통일하여 그 군사의 강성함과 나라의 富盛함이 前秦보다 몇 배나 되었으나, 양제가 천하

148 송시열. 『宋子大全』. 권 142. 記. 「平壤府乙支公祠宇記」 : 當時以蕞爾屬國 抗衡中夏 屠戮王師 困迫乘輿 以大失侯度焉 則其時隋史必書以繻葛之法矣 然彼楊廣者弑父烝母 不容於覆載之間者也 (중략) 公能以小邦羸卒 大衄兇鋒 終使浪死一曲 發天下亂 而廣之宗無遺類焉 則可謂大快人心 而公之功 不徒禦大菑捍大患於一小邦而已也.

의 군사를 출동하여 한 작은 나라를 정벌하는데 고금을 통해 보아도 군사를 이렇게 많이 동원한 예는 없었다. 고구려의 계책으로는 속수무책으로 항복을 애걸하기에 겨를이 없었을 것인데 을지문덕은 비록 몹시 혼란하고 어수선한 중에서도 조용히 籌畫하고 틈을 엿보아 힘껏 공격하기를 마치 마른 나무를 꺾고 썩은 나무를 뽑아 버리듯이 하여, 수양제가 대패하고 돌아가 천하의 웃음거리가 되게 한 것이다. (중략) 이후로부터 비록 당 태종의 신통한 武德으로도 安市城 싸움에서 뜻을 얻지 못하였고, 遼·金·蒙古의 흉악한 무리들도 크게 해독을 끼치지 못했고, 金山·金始·哈丹·紅寇의 군사가 모두 우리 나라에서 섬멸되었으니, 천하 후세에 우리 동방을 강국으로 여기어 감히 함부로 침범하지 못한 것은 을지문덕의 남긴 공적이 아니겠는가?"[149]

을지문덕에 대한 『동국통감』의 기사는 "예부터 병가兵家의 승패는 군사의 다소가 아니라 장군의 현명함에 있다."는 말로부터 시작한다. 수양제가 패륜아인지 아닌지는 중요한 문제가 아니었다. 이런 흐름이라면 기본적으로 을지문덕을 구국의 영웅으로 묘사할 수밖에 없다. 공리를 강조하는 이태연의 관점과 일치한다. 이 지점에서 안정복

---

149 안정복. 『동사강목』. 권 3. 新羅 眞平王 34년, 壬申年 : 隋氏 旣一天下 其兵其富 倍蓰於苻秦 煬帝動天下之兵 征一小國 古今出師之盛 未有如是者也 爲麗計者 宜若束手乞降之不暇矣 乙支文德 雖在搶攘之中 從容籌畫 伺隙力攻 如摧枯拉朽 煬帝大敗而還 爲天下笑 (중략) 自是以後 雖唐宗之神武 不得志於安市 以遼金蒙古之兇鷙 亦不得大肆毒螫 金山金始哈丹紅寇之兵 皆殲於我國 天下後世 以東方爲强國而不敢輕犯者 豈非文德之餘烈乎.

의 문제의식은 송시열의 그것과 달라진다. 송시열이 춘추필법과 왕도정치를 위한 감계로서 역사를 보았다면, 안정복은 그와 동시에 고중세사의 중요한 사건과 정책들이 자국사의 소장消長에 미친 영향을 기준으로 역사를 읽었던 것이다.

수양제의 인품을 문제 삼지 않은 채 다만 을지문덕의 공명과 훈업勳業을 기억하려 한 것은 이종휘도 마찬가지였다. 이종휘에 따르면, 인간이 금수와 다른 것은 인의예지仁義禮智의 행실과 영웅호걸英雄豪傑의 재질을 지닐 수 있기 때문이다. 따라서 인간은 살아서는 한 세상을 경영하여 그 혜택이 만물에 미치게 하고, 죽어서는 백세에 빛나 그 교화가 사람들을 감동시킬 수 있다. 중국에는 사마천과 반고가 있어서 그들을 기록했다. 동방에도 인의예지의 행실과 영웅호걸의 재질을 가진 사람이 있었을 것이다. 그들을 중화의 군자와 병칭하게 하기 위해서라도 기록을 남기지 않을 수 없다. 을지문덕은 가장 안타까운 사례 중 하나이다. 그는 호걸豪傑의 재질을 가진 인물이다. 수천의 잔약한 병사들로 백만 대군과 맞서 일곱 번 싸워 일곱 번 이겼으니 그 공명과 훈업은 천지고금에 빛난다.[150]

안정복과 이종휘는 중화주의자라는 점에서 송시열과 차이가 없다. 그러나 그들은 을지문덕이 천자의 군대와 맞서지 않으면 안 되었던 경위를 적극적으로 합리화하지는 않았다는 점에서 송시열과는

---

150 이종휘. 『修山集』. 권 11. 東史列傳. 「乙支文德列傳」 : 夫所以幸其爲人者 則以其有仁義禮智之行 英雄豪傑之材 生則經濟一時而利澤及於物 死則焜耀百代而風猷動於人 不與鳥獸草木共生而共滅也 (중략) 箕子以後 立國數千年 明君賢輔 豈無如中華諸君子之可傳於後者哉 然亦寥寥無聞 雖或有之 事蹟疎略 不足以知其爲人 則雖有仁義禮智之行 英雄豪傑之材 亦何以與中華君子 並稱也哉 (중략) 余於高勾麗乙支文德之事 不勝其感慨也 (중략) 由此觀之 乙支文德可謂豪傑之才者非耶 以數千疲羸之卒 當百萬日滋之師 一日之中 七戰皆捷 使蕞爾之邦 敵天子百勝之威 有如破竹之易 此其功名勳業磊磊爀爀 可以軒天地蔽古今.

분명한 결의 차이가 있다. 그들은 다만 을지문덕이 자국사에 남긴 공훈功勳을 말했을 뿐이다. 두 사람 사이에는 무武와 강국强國, 고토故土에 관한 로망도 공유되고 있다. 그러나 같은 중화주의자라고 해야 할 정약용에게는 이런 정서가 약하다.[151]

정약용은 조선의 풍속이 "예禮를 좋아하고 무武를 천하게 여기며 차라리 유약할지라도 난폭하지 않았으므로" 군자의 나라가 될 수 있었다고 생각했다. "중국에서 살 수 없을 바에야 살 곳은 동이東夷 뿐이다."라고 말할 수 있었던 것도 그런 이유 때문이다.[152] 물론 그에게도 고토에 대한 기억이 전혀 없지는 않았다. 그는 발해의 강역 가운데 압록강 이북지역을 회복하지 못한 것을 안타까워했다.[153] 그러나 그는 단군의 존재를 회의했으며, 기자조선의 강역이었던 '조선구지朝鮮舊地'를 압록강 이남·한강 이북 쪽으로 추정했다.[154] 그는 안정복과 이종휘가 공훈이 크다며 칭송한 을지문덕에 대해서조차 분명한 평가를 내리지 않았다.

송시열과 안정복·이종휘, 안정복·이종휘와 정약용 사이에는 중화의 보편성을 승인한다는 공통의 키워드가 있었다. 그러나 단군과

---

151 정약용의 중화주의자적인 면모에 대해서는 Anders Karlsson. 2010. "Geography and Civilization:Chŏg Yagyong and Late Chosŏ Notions of Chunghwa" . 『다산학』 16 참조; 정약용이 제기한 정치론이 주자의 정치론을 계승 발전시킨 점에 대해서는 이봉규. 2007. 「다산의 정치론 – 주자와의 거리」. 『다산학』 11호 참조.

152 정약용. 『여유당전서』. 제1집. 詩文集. 권 12. 論. 東胡論 : 況朝鮮處正東之地 故其俗好禮而賤武 寧弱而不暴 君子之邦也 嗟乎 旣不能生乎中國 其唯東夷哉.

153 정약용. 같은 책. 제 1집. 詩文集. 권 8. 對策. 「地理策」(乾隆己酉閏五月內閣親試御批居首) : 王若曰 渤海舊疆 半入契丹 則麗祖統一 能無餘恨 (중략) 臣伏惟 遼滅渤海之後 鴨河以北 盡入經理 惟鴨江南保定二州 尙隷新羅 麗祖之不能復拓 誠可恨也.

154 한영우. 1989. 앞의 책. 365~371쪽. 정약용은 또 안정복이 믿어 의심치 않았던 기자마한 정통론을 부정하고 삼한과 기자조선의 병렬을 주장했으며, 삼한을 한강 이남으로 비정함으로써 고구려를 삼한과 무관한 존재로 간주했다.

단군시대의 문화, 그 역사의 무대에 대한 인식은 같지 않았다. 이들은 어느 지점에서 서로 길을 달리했던 것일까.[155] 인물성동이론이 송시열의 제자 그룹에서 주도되었다는 사실은 이기심성론이 송시열 일파의 학문에 중심적인 의미였다는 사실을 말해준다. 송시열에게 역사는 인륜 도덕 중화의 가치가 시공을 초월해 보편적이라는 사실을 논증하는 소재일 뿐이었다. 을지문덕에 대한 평가가 그것을 잘 보여준다. 그러나 이 문제의식에서는 자국사에 대한 체계적인 이해가 반드시 요구되지는 않는다.

안정복·이종휘·정약용은 이기심성론을 학문의 핵심 영역으로 여기지 않았다는 점에서 송시열과 구별된다. 그들에게 학문은 도덕과 중화의 가치를 사회적으로 실천할 수 있는 무엇이여야 했다. 물론 그들은 주자학이 가진 정학으로서의 지위를 승인했으며, 화이의 구분에 기초한 인륜질서 구축의 당위성을 믿어 의심치 않았다. 그러나 실용과 실천을 전제로 한다는 점에서, 나아가 역사와 지리를 통해 자국사를 체계화하고 자국이 계승한 역사를 합리화하며 그 기초 위에서 정책적 대안을 모색하려 한다는 점에서 그들의 학문은 경세

155 이 문제는 성리학과 실학의 관계, 중화론의 내적 차이 등과도 연관되는 것이기도 하다. 이봉규는 성리학과 실학에 관한 철학계의 문제의식에 대해서 소개해 주었다. (이봉규. 2003. 「한국유학연구의 과제와 전망 – 철학사서술과 관련하여」. 『국학연구』 3). 그의 지적처럼 성리학과 실학을 경직되게 구별해야 할 이유는 없을 것이다. 역사학계에서도 성리학과 실학을 단절적으로 보지 않는 연구들이 늘고 있다. 그러나 역사학계의 사상사 연구는 여전히 학문과 경세론을 직결시키거나, 학파와 정파의 차이를 근거로 그들의 사상적 특질을 논하는 데 익숙한 편이다. 조선후기 소론계 지식인들이 왜 고대사 연구를 주도했는가를 설명하기 위해 한당과 산당, 공의와 사의, 노론과 소론, 성리학에 기초한 대명의리론과 기자를 키워드로 한 고대사인식, 의리명분론과 경세론 등을 대비시킨 사례는 (조성산. 2009. 「조선후기 소론계의 고대사 연구와 중화주의의 변용」.『역사학보』 202) 그런 경향을 잘 보여준다. 이 글에서는 학문과 실천의 관계를 설정하는 방식 혹은 역사와 중화적 보편성을 연관시키는 방식의 차이를 기준으로 송시열과 안정복이종휘, 안정복이종휘와 정약용을 구분해 보기로 한다.

적經世的이었다.[156]

안정복은 요동을 단군과 기자의 강역으로 추정한 뒤, 단군-기자-마한으로 연결되는 정통론을 구축하고 단군을 기자와의 문화적인 연관 속에서 합리화했다. 그렇게 구축된 고대사는 을지문덕의 예에서 보듯 자국이 계승한 역사를 합리화하는 바탕이 된다. 역사상의 국가들이 망라된 자국사는 다시 인륜도덕과 군신윤리의 보편성을 확인하거나 외교군사전략과 제도개혁의 대안을 모색하는 소재로 활용된다. 이 지점에서 고대의 역사상은 당대의 현실 문제의 해법을 찾기 위한 소재로 변한다.

역사와 지리를 현실문제로 환원시키려는 점에서 이종휘와 정약용도 전혀 다르지 않았다. 이종휘는 단군-부여-고구려-발해의 혈연적 연속성을 부정하지 않았지만, 그 자신에게 가장 중요한 것은 기자 안에서 단군을 설명하고 더 나아가 중화국가 조선이 계승한 고대의 역사를 합리화하는 일이었다. 그것이야말로 그가 처한 현실에서 중화의식이 가지는 보편타당성을 입증할 수 있는 방편이었기 때문이다. 그가 단군의 문화와 강역에 대해, 그리고 을지문덕에 대해 안정복이 제시한 문제의식을 충실하게 계승하고 발전시켰던 것은 그런 이유 때문이다.

정통론에 입각해서 자국이 계승한 역사를 합리화하는 일은 정약용의 관심사는 아니었다. 당연히 단군과 을지문덕은 핵심적인 이슈

---

156 17세기 사회경제정책은 기본적으로 법제의 효용성을 두고 다양한 층위의 집단들이 벌인 논쟁의 결과물이었다고 해도 과언은 아니다. 노론 산림계는 오랜 혼선 끝에 법제의 의의를 긍정하기 시작했지만 (배우성. 2003. 「사회경제정책논의의 정치적 성격」. 『조선중기정치와 정책』. 아카넷) 법제의 완성도와 무관하게 내수외양과 군주성학을 지향해야 할 최고의 덕목으로 여기는 한 그 의미는 제한적일 수밖에 없었다.

가 될 수 없었다. 그가 고대사의 중심지를 한반도에 둔 것은 지리고증 과정에서 『성경지』의 고대사체계가 허점이 있다는 사실을 발견했기 때문이다. 그는 다만 고대사에 관한 좀 더 명징한 지식을 원했다. 지리가 역사에서 어떤 정책적 성패를 가져왔는지를 알고 싶었기 때문이다.[157] 정조의 총애를 받던 경세가다운 발상이지만, 신채호에게 그다지 환영받을 만한 소지는 없었다.

신채호는 안정복과 이종휘에게서 단군과 단군으로부터 이어지는 부여족의 혈연적 연속성, 그리고 을지문덕으로 표상되는 영웅을 발견했다. 그러나 신채호는 단군과 을지문덕에 관해 안정복이나 이종휘가 강조하던 그 의미의 맥락을 철저히 해체했다. 신채호가 안정복과 이종휘로부터 단군과 을지문덕을 계승하려 했다고 말한다면, 그것은 절반의 진실일 뿐인 것이다.

신채호의 의도와 무관한 지점에 서서 보면, 조선후기 역사학의 문제의식과 신채호 사이에는 좀 더 근본적으로 연속되는 지점이 있다. 역사와 지리에 관한 실천적인 문제의식이 그것이다. 단군과 을지문덕에 대한 안정복·이종휘와 정약용의 판단은 같지 않았지만, 그들에게 역사학은 경세학이었다. 현실 문제에 대한 해법을 찾는 실제적이고 실천적인 과정의 일환이었던 것이다. 부여족 중심의 고대사를 구축하여 민족주의의 정당성을 주장하려 했던 신채호에게도 역사학은 무엇보다 실천을 위한 학문이었다. 신채호는 실천적 역사학이라는 지점에서 안정복·이종휘·정약용과 다시 만난다.

---

157 정약용. 『여유당전서』제1집. 詩文集. 권8. 對策. 「地理策」(乾隆己酉閏五月內閣親試御批居首).

5. 맺음말 - 조선후기 역사학과 21세기

한국사에서 확인되는 개별성은 어떤 것인가. 20세기 한국역사학, 특히 고려 말 이후 한말에 이르는 시기를 대상으로 한 연구에서 이 문제는 가장 중요한 논점 중 하나였다. 불개토풍不改土風, 세조구제世祖舊制의 레토릭은 몽골의 그림자가 드리워진 고려사회에 개별성이 어떻게 존재하는지를 설명하는 논리였다. 조선시대사의 경우에도 예외는 아니다. 연구자들은 만리영토의식과 대국관념, 제천론, 한글창제, 소중화의식, 조선중화주의, 단군을 연구함으로써 조선왕조의 개별성을 실증하려 했다. 신채호는 성리학이 지배하는 사회에서는 극소수의 예외를 제외한다면 어떤 개별성의 가능성도 볼 수 없다고 생각했다. 그러나 연구자들은 성리학적 사회문화와 정치 환경 속에서 다양한 종류의 개별성이 존재할 수 있음을 보여주었다.

문제는 그 개별성이 오랫동안 문명으로서의 중화中華와 무관하거나 다만 병존하고 있는 것처럼 묘사되어 왔다는 사실이다. 이 경우 중화와 병존하는 개별성은 자주의식의 한계를 노정한 것이 된다. 70년대를 거치면서 성리학에 대한 관점은 극적으로 변했다. 그러나 개별성을 독립변수로 놓고 그 안에서 민족과 자주의 역사상을 찾는 신채호적인 연구풍토는 그 후로도 오랫동안 지속되었다.

그 사이 한국사를 둘러싼 연구지형이 급변해 갔다. 70-80년대 한국사학계를 풍미하던 민족주의·민중주의, 그것에 기초한 내재적 발전론은 90년대에 들어서면서 다양한 방면으로부터 위협받고 있다.

민족주의적이며 일국사적인 문제의식은 국민국가의 경계를 넘어서려는 지역사 연구, 나아가 포스트모더니스트들과 일군의 경제사학자들이 새로운 연구방법론을 구사하면서 내놓은 질문에 어떤 방식으로든지 대답해야 한다. 근대학문으로서의 한국역사학에서 어떤 뿌리를 찾고 싶어 한다면 더더욱 그렇다.

필자는 이 모든 문제들에 대해 답을 할 수 있는 능력이 없다. 그러나 이 글에서 논의한 조선후기 역사학에서 작은 실마리를 찾을 수는 있다고 생각한다. 개별성에 관해 조선후기 역사학이 이룬 성취가 있다면, 그것은 유학적 배경 위에서 출현한 모든 종류의 개별성은 예외 없이 문명으로서의 중화와 내포·외연 관계 속에 존재했다는 사실을 보여주었다는 점일 것이다. 조선후기 역사학의 성취는 신채호를 넘어서야 하는 현재의 지형에서 보면 21세기 한국 역사학의 새로운 자양분이 될 수도 있다.

필자는 이 글에서 안정복이나 이종휘, 나아가 신채호의 역사 연구는 모두 각각의 시대가 요구하는 과제를 역사학에 녹여내려 했다는 점에서 실천적인 역사학이라고 보았다. 신채호가 고증한 내용이 정확했다거나 그 내용이 21세기에도 유의미하다고 말한 것은 아니다. 실천적인 역사학의 성과가 언제 어디서나 절대선이라고 말한 것은 더더욱 아니다. 신채호는 조선후기 역사학의 연구방법론과 실천적 문제의식을 부분적으로 계승했지만, 자기가 필요로 하는 사실들을 조선후기적인 맥락에서 떼어낸 뒤 자신이 새로 짜 놓은 그물망 안에 끼워 넣었다. 굳이 말한다면 신채호의 고증 내용은 부정확했으며, 그 원인은 상당부분 민족주의 정치사상을 역사를 통해 구현하려

한 그의 목적의식 때문에 빚어진 것이었다고 할 수 있다. 그런 점에서 신채호는 비판의 화살을 피하기 어려울 것이다.

당연한 말이지만 사료비판과 엄밀한 고증은 실천적인 역사학인가 아닌가에 관한 이슈가 아니다. 역사학의 기본에 관한 문제인 것이다. 만일 내재적 발전론의 비판자들이 제기하는 문제가 사료비판과 고증에 관한 것이라면, 내재적 발전론을 지지해온 어느 연구자라도 그 책임을 면하기는 어려울 것이다. 그러나 필자는 20세기 한국이 경험한 실천적인 역사학에 설사 그런 오류가 있었다 해도 그것을 실천성이 초래한 필연적인 한계라고 생각하지는 않는다. 신채호보다 더 실천적이었을지도 모를 조선후기 역사학자들은 이미 시대와 어떻게 호흡할 것인지를 충분히 보여주었다. 만일 21세기에도 여전히 역사학의 실천성이 필요한 것이라면, 우리에게 남은 과제는 좀 더 분명해진다. 그것은 '무엇을 실천할 것인가' 혹은 '어떻게 실천할 것인가'를 화두로 하여 20세기 역사학의 한계를 성찰하는 일이며, 20세기 초반 동양주의가 범한 오류에 유의하면서 로칼(local)로서의 한국사, 나아가 연대의 한국사를 그려보는 일이 될 것이다.

참고문헌

남효온. 『秋江集』.

단재신채호전집편찬위원회. 『단재신채호전집』.

송시열. 『宋子大全』.

신기선. 『陽園遺集』.

이 익. 『성호사설』.

이종휘. 『修山集』.

정약용. 『여유당전서』.

김영심·정재훈. 2000. 「조선후기 정통론의 수용과 그 변화」. 『한국문화』 26.

김철준. 1974. 「수산 이종휘의 사학」. 『동방학지』 15.

박찬승. 1988. 「한말 신채호의 역사관과 역사학」. 『한국문화』 9.

배우성. 2003. 「사회경제정책논의의 정치적 성격」. 『조선중기정치와정책』. 아카넷.

_____. 2007. 「18세기 지리지 지도와 백두산의 수계」. 『역사와 경계』 65.

이만열. 1981. 『한국근대역사학의 이해』. 문학과지성사.

이봉규. 2003. 「한국유학연구의 과제와 전망 - 철학사서술과 관련하여」. 『국학연구』 3.

_____. 2007. 「다산의 정치론 - 주자와의 거리」. 『다산학』 11.

이윤화. 1992. 「양계초와 신채호사학의 비교시론」. 『역사교육논집』 17.

장유승. 2007. 「이종휘의 자국사인식과 소중화주의」. 『민족문학사연구』 35.

정해렴 편역. 1995. 『신채호역사논설집』. 현대실학사.

조성산. 2009. 「조선후기 소론계의 고대사 연구와 중화주의의 변용」. 『역사학보』 202.

최형욱. 2009. 「조선의 양계초 수용과 양계초의 조선에 대한 인식」. 『한국학논집』 45.
한영우. 1978. 「18세기 중엽 소론학인 이종휘의 역사인식」. 『동양학』 17.
_____. 1989. 『조선후기사학사연구』. 일지사.
허 증. 2005. 「양계초의 사학과 근대국가론」. 『역사와경계』 54.
허태용. 2009. 『조선후기 중화론과 역사인식』. 아카넷.
Anders Karlsson. 2010. "Geography and Civilization: Chŏg Yagyong and Late Chosŏ Notions of Chunghwa". 『다산학』 16.

근대 민족사학의 전통 역사학 평가 재검토

—

신채호와 백남운을 중심으로

—

이 윤 갑

1. 머리말

한국의 근대 역사학을 수립한 역사가는 신채호와 백남운이다. 신채호는 『조선상고사』·『조선사연구초』로, 백남운은 『조선사회경제사』·『조선봉건사회경제』로 근대 민족사학의 초석을 놓았다. 신채호나 백남운은 일제 강점기 우리 민족의 역사적 과제를 민족해방과 사회혁명이라 보고, 근대적인 역사연구로 그 주체가 될 민족을, 민족 속의 민중을 결집하기 위해 노력하였다. 한국의 근대 민족사학은 그러한 노력의 결실로 탄생하였다.

신채호와 백남운은 근대적이고 민족 주체적인 역사학을 수립하기 위해 유럽의 근대 역사학을 연구하는 한편 우리 전통 역사학도 두루 검토하였다. 그러나 그들은 우리 전통 역사학이 근대적인 민족사학이 되기에 어려운 한계가 있다고 판단하였다. 우리 전통 역사학에 대해 신채호는 『조선상고사』총론에서 그 대다수가 민족 주체성이 결여되고 사대주의에 물든, 역사의 3대 요소인 시時·지地·인人을 바르게 기록하지 못한 결함투성이라 비판하였고, 백남운도 『조선사회경제사』서론에서 과학적 역사학과는 동떨어진 왕조변혁사나 군신 언행록 또는 전제정부의 일기장에 불과하다고로 혹평하였다. 그리하여 전통역사서들은 주로 자료로만 제한적으로 이용하면서 유럽 근대 역사학에 기반을 두고 민족·계급해방에 기여할 근대적 민족사학을 수립하였다.158

신채호와 백남운은 일제의 식민사학에 맞서 내재적 발전론으로 한국 고·중세사를 과학적·체계적으로 연구한 민족사학의 선구이자 탁월한 역사학자였다. 근대 민족사학의 양대 학맥인 민족주의 역사학과 사회경제사학은 이들의 역사연구를 계승하면서 발달하였다.159 그런 까닭에 전통 역사학에 대한 이들의 평가는 일제 강점기에는 물론이고 해방 이후에도 오래도록 역사학계에 영향을 미쳤다. 전통 역사학에 대한 일반적 이해가 현재까지도 이들의 평가와 크게 달라지지 않은 것이 이를 잘 나타낸다.

그러나 전통 역사학에 대한 이들의 평가는 다음 두 가지 이유에서 재검토될 필요가 있다.

첫째, 전통 역사학에 대한 신채호와 백남운의 평가기준을 재검토할 필요가 있기 때문이다. 신채호는 민족주체적 관점에서 전통 역사

158 김용섭. 1971. 「우리나라 근대역사학의 성립」. 『문학과 지성』 4.
159 김용섭. 1972. 「우리나라 근대 역사학의 발달 2-1930 · 40년대의 실증주의역사학」. 『문학과 지성』 9; 조동걸. 1994. 「민족국가 건설운동기의 역사인식」. 『한국의 역사가와 역사인식』 하. 창작과 비평사.

학을 평가하였다. 역사가들이 민족주체적 관점을 갖지 못하고 사대주의에 매몰된 까닭에 객관적, 합리적으로 역사를 인식할 수 없었다는 것이다. 백남운은 사적 유물론의 입장에서 전통 역사학을 평가하였다. 곧 전통 역사학이 계급관계와 계급투쟁, 사회구성체론에 대한 이해가 결여되어 있기 때문에 과학적 역사학이 될 수 없다고 본 것이다. 이들의 평가에 타당한 내용이 많다는 것은 두 말할 필요도 없다. 민족주체적 연구와 사적 유물론에 바탕을 둔 연구는 우리 역사에 대한 이해를 확대하고 심화시키는 데 크게 기여하였다. 그러나 또한 민족주체적 관점이나 사적유물론이 그 장점 못지 않게 극복해야 할 한계도 뚜렷한 연구방법이라는 점도 사실이다. 그 한계는 사회주의체제기 붕괴하고 민족주의가 고조되면서 국제분쟁이 확대되는 1990년 이래의 세계사의 변동에서 보다 확연하게 드러나고 있다.[160] 따라서 신채호나 백남운의 비판이 전통 역사학의 학문적 성과가 온전히 평가했다고 단정하는 것은 아무래도 무리한 일이다.

둘째, 1980년대 이후 전통 역사학에 대한 연구가 심화되면서 알게 된 사실로, 전통 역사학이 이룩한 학문적 성과가 분야에 따라서는 근대 역사학이 봉착한 한계를 극복하는 데 활용할 수 있을 정도로 자못 탁월한 점이 있기 때문이다. 전통 역사학, 특히 조선후기의 역사학은 역사적 사실에 대한 인과적 인식이나 문헌고증에서 근대 역사학 수준에 근접하는 발달을 보였고, 역사학의 사회적 역할과 그 방법에 대해서도 체계적으로 고민하였고, 특히 역사주체의 형성과

---

160 E.J.홉스봄. 1994. 『1780년 이후의 민족과 민족주의』. 강명세 옮김. 창작과 비평사; 임지현. 1994. 「한국 사학계의 '민족' 이해에 대한 비판적 검토」. 『역사비평』 26; 윤해동. 2003. 『식민지의 회색지대』. 역사비평사; 박찬승. 2006. 『민족주의의 시대』. 경인문화사.

관련해서는 근대 역사학보다 훨씬 깊고 풍부하게 인문학적 탐구를 축적해 왔다.[161]

이에 본 연구는 전통 역사학에 대한 신채호와 백남운의 비판을 검토하여 그 성과와 한계를 밝히고, 이를 통해 전통 역사학의 학문적 성과를 내재적으로 연구하고 재평가할 필요성을 제기하며, 나아가 근대 역사학에 가려 그 학문적 가치를 정당하게 평가받기 어려웠던 전통 역사학의 인문학적 특성을 조명함으로써 이를 근대 역사학이 봉착한 한계 극복에 기여할 지적 자산으로 활용할 가능성을 모색하고자 한다.

2. 일제 강점기 민족사학의 전통 역사학비판

1) 신채호의 전통 역사학비판

신채호의 전통 역사학비판은 1908년에 『대한매일신보』에 연재한 「독사신론」에서 시작된다. 이 사론은 "국가의 역사는 민족 소장성쇠의 상태를 서술한 것이라. 민족을 버리면 역사가 없을 것이며, 역사

161 한영우. 1981. 『조선전기사학사연구』. 서울대출판부; 한영우. 1989. 『조선후기사학사연구』. 일지사; 한영우. 2002. 『역사학의 역사』. 지식산업사; 조동걸 외. 1994. 『한국의 역사가와 역사학』. 창작과 비평사.

를 버리면 민족의 그 국가에 대한 관념이 크지 않을 것이니, 오호라, 역사가의 책임이 막중하다"는 문장으로 시작한다. 이 문장에 집약되어 있듯이 신채호는 민족을 주체로 설정하고 그 민족에게 국맥國脈을 보존하도록 국가에 대한 관념을 고취하는 민족사야말로 가치를 지니는 역사라 규정하였다. 그는 이 관점에서 전통 역사학을 비판하였다. 그가 보기에 이전까지의 역사서는 민족 주체적 관점이 결여되어 있었다. 곧 우리 민족이 중국 민족 또는 선비족이나 말갈족의 일부분인 듯하고, 혹은 몽고족 또는 여진족 심지어는 일본족의 일부분인 것처럼 느껴지도록 서술되어 있다는 것이다. 그는 이러한 문제가 역사가들이 민족의식을 갖지 못하고 주자학적인 명분론 그리고 사대주의적 존화관에 매몰되어 있었던 데서 말미암은 것이라 보았다. 신채호는 조선후기 유교사가들이 '단군-기자-마한-신라(혹은 삼국)'의 정통론을 채택하였던 데 대해 정통론이란 "우활迂闊한 선비의 완몽頑蒙"이며 "노예의 헛소리"라 비판하였다.162

신채호의 전통 역사학에 대한 비판은 1926년에 완성된 『조선상고사』에서 보다 체계적으로 전개된다. 『조선상고사』는 1931년 조선일보에 연재되었고, 해방후 안재홍이 서문을 붙여 단행본으로 간행하였는데 신채호는 이 책 총론에서 그의 역사이론을 체계적으로 제시하였다. 『조선상고사』의 총론도 「독사신론」과 같이 역사의 본질 규정으로부터 시작한다. 여기서 그는 역사를 "'아我'와 '비아非我'의 투쟁이 시간부터 발전하며 공간부터 확대하는 심적 활동의 상태의 기

162 신채호. 1979. 「독사신론」. 『신채호신채호전집』 상. 형설출판사. 482쪽; 신용하. 1980. 「신채호의 '독사신론'의 비교분석 – 1908년경 시민적 근대민족주의사학의 성립」. 『단재 신채호와 민족사관』. 형설출판사; 박찬승. 1988. 「한말 신채호의 역사관과 역사학」. 『한국문화』 9.

록"이라 규정하고 조선사는 곧 조선 민족이 그리 되어온 상태를 기록하는 것이라 하였다. 곧 '아'와 '비아'의 투쟁의 기록이 역사이고, 조선사는 조선민족을 '아'의 입장에 놓고 그 투쟁을 시공간의 확대과정에 따라 기록한 것이어야 한다고 본 것이다.[163]

그는 이러한 입장에서 조선의 전통 역사학을 비판하였다. 『조선상고사』총론에 따르면 조선의 구사舊史는 시時·지地·인人 등 역사를 구성하는 3대 요소에서 많은 결함을 안고 있었다. 역사란 시간적 계속과 공간적 발전으로 이루어지는 사회활동 상태의 기록이기 때문에 시時·지地·인人 3요소가 바르게 기록되어야 결함이 생기지 않는다. 그의 표현을 빌자면 "객관적으로 사회의 유동流動 상태와 거기서 발생한 사실을 그대로 적은 것"이 역사여야 한다. 그럼에도 구사舊史를 보면 역사적 시대가 일부분 탈락해 있거나, 지리적 위치를 잘못 파악하고 있거나, 중요한 인물을 누락하였거나 잘못 기록하고 있다.[164]

신채호는 이러한 결함이 가장 심각한 사서로 『삼국사기』를 지목하였다. 신채호는 『삼국사기』의 결함을 네 가지로 지적했다. 첫째, 동·북 두 부여를 떼어 버려 조선문화가 유래한 곳을 알 수 없게 만들었고, 둘째, 발해를 버려 삼국 이래 결정된 문명을 헌신짝처럼 버렸고, 셋째, 이두문과 한역을 구별하지 못해 한 사람이 몇 사람이 되고, 한 곳이 몇 군데가 되게 했고, 넷째, 내리內吏나 외적外籍의 취사에 홀려 앞뒤가 모순되고 사건이 중복 서술된 것이 많다. 신채호는 이런 결함 때문에 『삼국사기』는 역사서로서는 가치가 없다고 혹평하

163 신채호. 1979. 「조선상고사」. 『단재 신채호전집』 상. 형설출판사. 31쪽; 신일철. 1974. 「신채호의 민족사적 역사이론 – '조선상고사' 총론에 대한 비판적 분석」. 『성곡논총』 5.
164 신채호. 앞의 책. 35-36쪽.

였다. 신채호는 『삼국사기』가 그렇게 된 이유를 "사대事大로 국시國是를 삼아서 압록강 안에 구차히 편안하게 있을 것을 주장하는 유교도" 김부식이 자신의 입장에 부합하게 역사를 편찬했기 때문이라 하였다.[165] 신채호는 『삼국사기』 뿐만 아니라 정도에 차이가 있을 뿐 『삼국유사』·『동국통감』·『동사강목』등 구사를 대표할만한 사서들과 기타 사서들도 모두 그러하다고 보았다.

이와 같이 신채호는 구사舊史의 결함이 주로는 역사가가 "자기의 편벽된 신앙의 주관적 심리에 부합"하도록 시時·지地·인人 3요소를 인위적으로 조작하기 때문에 발생한다고 비판하였다. 곧 "저작자의 목적을 따라 사실을 좌우하거나 덧붙이고 혹은 달리 고치"게 됨으로 말미암아 시時·지地·인人 등 역사를 구성하는 3대 요소들이 올바르게 기록되지 못했다는 것이다. 신채호는 이러한 왜곡과 결함을 아래와 같이 비유하였다.

> "조선사를 지은 기왕의 조선의 사가들은 매양 조선의 혹을 베어 내고 조선사를 지으려 하였다. 그러나 그네들이 쓴 안경이 너무 볼록하므로, 조선의 눈이나 귀나 코나 머리 같은 것을 혹이라 하여 베어 버리고, 어디서 수없는 정말 혹을 가져다 붙여 놓았다."[166]

그는 구사舊史의 역사관의 오류를 구체적으로 네 가지로 지적한다. 첫째, 대다수의 사가들이 정치사만을 역사라 생각할 뿐 문화사를

---

165 앞의 책. 46쪽.
166 앞의 책. 38쪽.

도외시하고 있다. 둘째, 정치사 중에서도 『동국통감』·『동사강목』 이외에는 고금을 회통한 저서가 없고, 모두 한 왕조의 흥망 전말로 글의 수미를 삼고 있다. 말하자면 모든 왕조를 망라해 민족사를 쓰려하지 않고, 왕조사를 단위로 역사를 서술하는 데 그치고 있다. 셋째, 공자의 춘추春秋를 역사서의 절대적인 준칙으로 알아 그 의례를 본받아서 임금을 높이고 신하를 억누르기를 위주로 할 뿐이며 민족의 존재를 망각하고 있다. 넷째, 국민의 자감資鑑에 이바지 하려 하기보다 사대주의에 입각해 외국인에게 아첨하는 데 더 주안을 두고 있다. 중국을 숭앙하고 이민족을 배척하기를 위주로 하다가 마지막에는 자기 나라까지 비방하는 편벽된 논란을 벌이고, 자기 나라의 강토를 조각조각 베어 주어 마지막에 가서는 건국 시대의 수도까지 모르게 만들었다. 이를 다시 정리하면 왕실을 역사 주체로 설정하고 공자의 『춘추』, 주자의 『강목』의 역사서술 방식에 따라 정치사 중심으로 정리하려 한 것, 사대주의를 근본으로 하여 외국인에게 아첨하는 역사를 쓰려 한 것, 이로 말미암아 역사의 주체로 민족이 망각되고 국민에게 민족 주체성을 고취하는 역사를 쓸 수 없게 된 것이 구사舊史의 결함을 가져온 원인이라는 것이다.[167]

물론 신채호는 구사舊史 전부를 동렬에 놓고 비판하지 않았다. 그는 구사 가운데는 이러저러한 한계가 있지만 주체성에서 진일보한 입장을 보인 역사서가 있다고 인정하였다. 한백겸·안정복·유득공·이종휘 등 실학파의 역사학이 그것이었다. 그는 한백겸의 동국지리설에 대해 비록 수십 줄에 지나지 않는 간단한 논문이지만 삼한의 위치를

167 앞의 책. 44쪽.

명료하게 밝혔다고 학설사적 의의를 높이 평가했고, 안정복에 대해서는 우리 역사를 가장 정밀하게 연구했고 잘못된 지지地志의 교정과 모순된 사실의 변증에서 탁월한 공을 세웠다고 하였다. 유득공에 대해서는 『발해고』를 저술해 대씨大氏 3백 년동안 문치와 무공의 사업을 수록하여 1천여 년이나 사학가들이 압록강 이북을 베어 버린 결함을 보충했다고 하였고, 이종휘에 대해서는 단군 이래 조선 고유의 독립적 문화를 노래하여 김부식 이후 사학가의 노예사상을 갈파하였다고 하고 이 한 가지만으로도 영원히 남을 업적을 이루었다고 평가했다.[168]

신채호는 역사가의 사관을 비판한 데 이어 구사에 대해 편찬하고 정리하는 절차에 있어서도 개혁이 필요하다고 보았다. 그는 구사舊史의 대부분이 기전제紀傳體나 편년체編年體 또는 강목체綱目體로 역사를 서술한 까닭에 사건의 인과관계를 제대로 밝히지 못하고 있다고 비판하였다. 그는 역사적 사실의 인과관계를 밝히기 위해서는 사실의 계통을 찾고, 그 발달과정을 명확히 해명해야 하고, 이를 위해 사료의 표현을 그대로 문제 삼을 것이 아니라 그 뒤에 숨어 있는 사회 실상을 찾아야 한다고 하였다. 또한 역사는 개인을 표준으로 하는 것이 아니라 사회를 표준으로 하는 것이기 때문에 한 인물을 통해서도 그 시대와 사회의 움직임이나 성격을 추출하려 노력해야 한다고 보았다.[169] 그렇게 하기 위해서는 사료 비판과 고증이 필수적이라 하고 그 구체적 방법으로 옛 비문을 발굴하고, 여러 가지 사서를 참고하고 교차 대조하여 사실을 밝힐 것, 한자나 이두로 표기된 고대

168 앞의 책. 42-43쪽.
169 앞의 책. 68쪽.

의 명사를 해석할 수 있도록 전문적 지식을 기를 것, 중국이나 일본 사서를 참조할 때는 위서여부를 명확히 가려 이용할 것 등을 열거하였다.[170] 신채호는 전통 역사학에 대한 이와 같은 비판을 바탕으로 민족 주체성이 확고한 과학적이고 체계적인 역사학을 수립할 것을 주창하였다. 그가 구상하는 민족사는 우리 민족의 '아'의 단위로 잡고 민족 문명의 기원, 역대 강역疆域의 신축伸縮, 각 시대 사상의 변천, 민족의식의 성쇠, 민족의 분화, 우리 민족의 부흥문제 등 '아'의 생장 발달의 상태와 아와 상대자인 사린四隣 각족各族의 관계를 기본으로 서술하고, 그 위에 언어·문자·사상·종교·학술·기예 등의 추세, 의·식·주와 농·상·공의 발달, 전토田土의 분배, 화폐제도, 경제조직 등 경제생활에 관한 상황, 인민의 이동과 번식, 인구의 증감, 정치제도의 변천, 빈부·귀천에 따른 각 계급의 압제와 그에 대한 대항관계, 지방자치제의 변천과정, 북벌 진취사상의 진퇴와 외세 침입에 따른 영향 등을 요목으로 서술하는 것이었다.[171]

신채호는 이렇게 역사를 연구하고 서술할 때 비로소 역사는 그 자체로 독립투쟁이 되고 독립을 기약할 수 있는 민족의식, 이른바 '국수國粹'를 기르고 보존하는 데 이바지 할 수 있다고 생각했다.[172]

170 앞의 책. 47-60쪽.
171 앞의 책. 33-35쪽.
172 이만열. 1990.『단재 신채호의 역사학 연구』. 문학과지성사; 박찬승. 1994.「신채호」.『한국의 역사가와 역사학』하. 창작과 비평사.

2) 백남운의 전통 역사학비판

백남운은 1933년 『조선사회경제사』를 간행하면서 그 서론에서 우리의 전통 역사학에 대해 간략히 비판하였다. 그는 해방 후에 쓴 사론 〈조선역사학의 과학적 방법론〉에서 그 비판을 되풀이하고 간단히 부연 설명을 붙였다. 이 두 부분을 합쳐도 책 한 페이지 정도 밖에 되지 않는 분량이다. 백남운이 전통 역사학비판에 크게 힘을 쏟지 않았던 이유는 우리 역사를 변증법적 유물사관의 보편적인 역사발전 법칙에 따라 연구하고 재구성하는 것이 절실했고, 그 과제를 수행하기 위해서는 먼저 정체성과 타율성으로 우리 역사를 왜곡하였던 일제의 특수사관 곧 식민사관을 비판하는 것이 시급했기 때문이다.[173]

전통 역사학에 대한 백남운의 비판은 비록 그 내용이 간략하지만 정곡을 찌르는 날카로움이 있었다. 그 비판을 검토하면 먼저 내용면에서 전통 역사서는 왕조흥망사 또는 전제정부의 일기장이나 전쟁사와 같은 내용으로 채워진 연대기라 혹평하였다.

> "종래의 조선역사는 어떠했는가. 우선 그 내용을 보면, 혹은 일정한 왕조를 중심으로 정치권력의 외부적 규정성 및 흥망성쇠를 근간으로 한 왕조변혁사, 혹은 군왕君王의 거지擧止, 군신群臣의 진퇴 등에 관한 이른바 군신君臣의 언행록言行錄, 또는 정령政令의 개폐改廢, 군주의 득

173 김용섭. 1972.「우리나라 근대 역사학의 발달 2-1930, 40년대의 실증주의역사학」.『문학과 지성』 9; 방기중. 1990.「백남운의 역사이론과 한국사인식」.『역사비평』 여름호. 역사비평사.

실, 군신群臣의 포폄褒貶 등에 관한 전제정부의 일기장, 전쟁사 등으로 만재滿載한 것이다."[174]

비판의 요지는 첫째, 왕조사 중심으로 역사를 서술할 뿐 고대에서부터 현재까지를 아우르는 역사서술이 없고, 둘째, 왕조를 중심으로 권력의 흥망소장을 기록한 왕궁변혁사, 군왕이나 신하들의 언행과 그 득실 또는 포폄, 그리고 법령과 제도의 변천을 기록한 지배계급의 위주의 역사가 전부라는 것이다.

다음으로 그는 역사서 편찬체제에 대해 대다수가 중국의 강목식綱目式을 답습한 연대기적 분류사 일색이고, 그 편찬의 지도이념이 성리학적 정통주의와 권선징악이라고 비판하였다. 그는 이러한 방식의 편찬은 엄정한 역사과학의 견지에서 보면 과거의 기록사 이상이 되기 어렵다고 보았다.

또한 그는 전통 역사학이 순환사관에 빠져있다고 비판하였다. 순환사관이란 역사의 전개가 질적 전환이나 발전 없이 흥망성쇠를 되풀이하며 쇠망단계에 이르면 주권 이동 곧 왕조교체가 일어난다고 보는 역사관이다. 백남운에 따르면 순환사관은 봉건적 잔존세력을 배경으로 한 '왕국의 재현'이며 '양반의 재등장', '구세계의 재생산'을 추구하는 것이며, 그 대표적 관념형태가 정감록사상이었다. 그는 순환사관에 대해 현실적 실천성을 내포한 것이 아니라 절망적인 혹은 자위적인 일종의 체관사상諦觀思想이라 비판하였다.[175]

---

174 백남운. 1992. 『조선사회경제사』. 하일식 역. 이론과 실천. 19쪽.
175 백남운. 1946. 「조선역사학의 과학적 방법론」. 『민족문화』 1. (하일식 편. 1992. 「휘편」. 『백남운전집』 4. 126쪽. 이론과 실천)

백남운은 전통 역사학은 현대 역사과학의 관점에서 보면 세 가지 결함을 가진다고 비판하였다.[176] 첫째, 계급적 대립성을 완전히 무시할 뿐 아니라 봉건기구의 착취성에 대하여 일절 언급하지 않았다. 다시 말해 왕과 신하 곧 지배층만 역사의 주체가 될 뿐 피지배계급은 전부 객체로 취급하여 역사서술에서 배제하였고, 그 서술도 군주와 신하 그리고 군신간의 도덕·윤리성이나 의리, 명분 등에 관심을 기울일 뿐 지배층과 피지배층 사이의 필연적 계급대립이나 지배·착취구조는 일절 언급하지 않았다는 것이다.

둘째, 역사의 본질적 기축機軸이 되는 인민의 생활 내지 사회구성의 발전과정을 전적으로 제외하였다. 곧 역사를 지배층 위주의 정치사로 인식하기 때문에 역사발전과 사회구성에 대한 체계적 인식이 불가능하다는 것이다. 백남운은 역사과학의 유일한 기본이론은 〈경제학 비판〉 서문에서 제시된 마르크스의 '인간역사의 발전법칙'이라 보았다. 그 핵심은 "인류는 정치, 과학, 예술, 종교 등의 생활을 영위하기 전에 먼저 의식주의 생활을 하지 않을 수 없다. 따라서 직접적인 물질적 생활자료의 생산방법이 즉 어느 민족, 어느 시대의 각 경제적 발전단계가 당해 인류의 국가제도 법률사상 예술 및 종교적 관념형태까지 발달시키는 기초가 되는 것이고, 그 관념상의 제형태도 그 기초와 연관시켜 설명해야만 된다." 는 것이다. 이 이론에 따르면 권선징악을 지도이념으로 한 지배층 위주의 정치사는 사회구성사적 인식의 토대가 되는 물질적 자료의 생산방법 곧 인민의 생활과,[177] 그 생산방법에 기초해 만들어지는 국가제도·법률·사상·예

176 백남운. 앞의 논문. (하일식편. 1992. 「휘편」. 『백남운전집』 4. 120-131쪽. 이론과 실천)
177 백남운은 "인민의 생활"을 『조선사회경제사』 서론에서는 "민중의 생활"로 표기하고, 그 의

술 및 종교적 관념형태 달리 말해 사회구성의 발전과정을 인식할 수 없다.

셋째, 역사적 사료를 병렬적으로 서술하는 데서 그치고 있어 역사가 계기적으로 변동하는 법칙성을 결여하고 있다. 말하자면 전통의 역사학의 역사서술이 계급대립성을 배제하고, 사회구성사적 인식을 결여한 채 역사적 사료를 연대기적으로 병렬 기술함으로써 역사변동과 발전을 인과적으로 인식하는 것이 불가능하다는 비판이다. 백남운은 역사를 이렇게 서술할 경우 역사진화의 원인을 결국 개인의 의사, 사상, 정복욕, 민족정신, 기타 관념적 동기에서 찾는 오류에 빠지게 된다고 보았다. 그는 역사발전의 진정한 계기는 (1)역사발전의 근본 동력이 되는 사회의 물질적 생산력 변화와 (2)역사변동의 객관적 법칙성을 규정하는 생산력과 생산관계와의 적응 발전 모순 대립적 관계와 (3)사회의 경제적 구조와 지배형태 및 관념형태와의 상호작용 관계 등 3점에서 찾아야 한다는 입장이었다.[178]

요컨대 백남운은 사적 유물론에 입각해 세계사적 역사발전법칙의 보편성이 관철되는 한국 민족의 발전사를 재구성하는 것을 역사연구의 목표로 삼았고, 그 관점에서 전통 역사학을 비판한 것이었다.

미에 대해 "민중생활을 현상으로서가 아니라 내면적 법칙화에 의하여 연구하는 것이 역사학의 진정한 의미"라 설명하였다.

178 백남운. 1946.「조선역사학의 과학적 방법론」.『민족문화』1. (하일식편. 1992.「휘편」.『백남운전집』4. 132쪽. 이론과 실천)

3. 전통 역사학비판에 대한 재검토

근대 민족사학의 선구자였던 신채호와 백남운은 일제가 식민사관으로 조선 강점을 합리화하고 동화정책에 박차를 가하던 상황에서 제국주의에 대한 투쟁으로 우리 역사를 연구하였다. 그러했던 만큼 그들에게는 조선 민중에게 민족해방과 사회해방의 주체가 되도록 민족의식과 계급의식을 고취하는 역사학을 수립하는 것이 절실한 과제였다.[179] 그 점에서 전통 역사학은 비판의 대상이 될 수밖에 없었다. 전통 역사서의 대부분은 일제 강점기와는 판이한 조건에서 편찬되었다. 관찬官撰 사서史書는 신왕조 개창의 정통성을 확립하고, 국가 운영의 기본 철학과 그에 부합하는 군신의 윤리와 도덕성을 정립할 목적으로 편찬되었다. 사찬私撰 사서史書 또한 그 편찬자의 경세사상과 그에 부합하는 군신의 윤리와 도덕성을 역사서술을 통해 명확히 하는 것을 목표로 삼았다. 그러했던 까닭에 그 사서들은 관찬·사찬을 막론하고 애초 민족 그 가운데서도 민중에게 민족의식이나 계급의식을 고취시키려 하였던 민족사학과는 거리가 멀었다. 따라서 민족주체적 관점이나 사적 유물론의 관점에서 볼 경우 학문적으로나 민족·계급 혁명에 기여해야 하는 현실적 효용에서 전통 역사학은 부적합한 것이 될 수밖에 없었다.

또한 전통역사서들이 왕조 단위로 지배층 위주의 정치사로 편찬

179 김용섭. 1971. 앞의 논문.
조동걸. 1994. 앞의 논문.

된 것도 이들에게는 중대한 결함으로 인식되었다. 신채호는 전통 역사학이 정치사만 위주로 할 뿐 문화사를 도외시하고 있다고 비판하고, '국수'를 보전하고 기를 수 있는 역사학이 되기 위해서는 민족의 형성, 발전과정 및 타민족과 대항관계는 물론이고 사회 내부의 언어·문자·사상·종교·학술·기예 등의 추세, 경제생활에 관한 상황, 정치제도의 변천, 신분·계급제도의 모순과 대항관계, 지방자치제의 변천과정 등을 서술해야 한다고 보았다. 백남운도 전통 역사학에 대해 왕조변혁사나 군신의 언행록 이상이 되지 못한다고 비판하였다. 그는 과학적, 체계적 역사학은 물질적 자료의 생산방법 곧 인민의 생활과, 그 생산방법에 기초해 만들어지는 국가제도·법률·사상·예술 및 종교적 관념형태 달리 말해 사회구성의 발전과정을 사적 유물론의 관점에서 통일적으로 서술해야 한다고 주장하였다. 말하자면 신채호와 백남운은 역사학이 자기완결적 체계를 갖춘 독립된 학문이어야 한다고 보았던 것인데, 그 관점에서 보면 전통 역사학은 정치사 위주로 경학을 보완하는 성격을 지녔던 까닭에 한계가 클 수밖에 없었다.

전통 역사학에 대한 신채호와 백남운의 비판은 대체로 타당하다. 특히 이들이 역사학을 독립된 학문으로 체계화하려 한 것은 높이 평가할만하다. 역사학을 독립된 학문으로 발전시킨 것은 학문 발달을 위해 필요한 일이었고, 동시에 민족해방이라는 시대적 과제에 적극 부응하려는 노력이기도 했다. 일제가 지배하고 있는 조건에서 여러 분야로 나누어 민족의식을 체계적으로 개발하고 고취시키기는 것은 애초 불가능하였다. 결국 한 분야에 모든 과정을 압축할 수밖에 없었고, 역사학도 단독으로 민족의식을 고취하는 학문체계를 수립해야 했던 것이다. 여하튼 그러한 노력이 역사학을 확대, 심화시키는 결과를 가져왔고, 독립학문으로 자리 잡을 수 있게 하였다.

그럼에도 이들의 비판이 전통 역사학의 학문적 성과를 온전히 평가했다고 보기는 어렵다. 우선 비록 시대적 과제에 부합한다고 하여도 이들의 민족적, 계급적 관점이 역사를 인식하는 가장 합리적인 관점이라 보기는 어렵기 때문이다. 먼저 민족주의적 관점에 대해 검토하면 신채호가 이루고자 했던 해방은 그가 〈조선혁명선언〉에서 밝힌 "고유적 조선의, 자유적 조선 민중의, 민중적 경제의, 민중적 사회의, 민중적 문화의 조선을 건설"하는 것이었다. 그는 이 목표를 이루기 위해 목숨 바쳐 "이족통치의, 약탈제도의, 사회적 불평균의, 노예적 문화사상의 현상을 타파"하는 투쟁을 펼쳤다.[180] 그는 민족사학을 건립하는 것이 이러한 해방에 기여한다고 확신했고, 망명지의 불리한 여건에도 굽힘없이 민족운동으로 우리 역사를 연구하였다.[181]

그러나 과연 그의 민족사학이 그가 목표한 모든 민족이 자유롭고, 불평등이 없고, 민중이 사회와 역사의 주체가 되는 국가를 만드는 학문으로 합목적적이었던가? 신채호와 그를 계승한 민족사학자들은 민족을 초역사적, 자연적 실재로 전제하고 우리 역사를 연구하였다. 이러한 역사인식은 식민지라는 특수한 상황에서는 역사적 가치를 지닐 수 있었고, 해방 후에도 국민을 통합하고 동원하는 데는 매우 유용한 민족주의적 에토스로 이용되었다. 그러나 이러한 민족개념은 세계사적 관점을 결여한 편협한 민족적 관점이다. 민족에 대한

180 신채호. 1979. 「조선혁명선언」. 『단재 신채호전집』 개정판 중. 41-46쪽. 형설출판사.
181 김용섭. 1971. 앞의 논문.

편협한 이해는 역사연구의 인식론적 가치를 훼손한다. 민족주의에 대한 보편적 이해를 결여할 때 초래되는 보다 큰 폐해는 현실에 열려 있는 건강한 실천적 지향을 굴절시키는 데 있다. 현대에 있어서 이러한 역사해석은 결국 국수주의적이고 보수적인 민족주의로 전락할 위험성이 크고, 민중-민족 개념에 기초한 내재적이고 혁명적인 민족주의의 지향을 가로막는 역기능을 하게 된다. 민족주의는 그것이 주창되는 사회적 관계나 지향에 따라 보수적이 될 수도 있고 진보적이 될 수도 있는 양면성을 지닌다. 민족사학이 현실적 효능을 발휘하는 것은 민족적 이해와 결합할 때이지만, 민족적 이해가 신채호가 추구한 보편적 가치와 괴리되거나 배치되는 경우가 오히려 더 많다.[182] 역사인식에서 민족주의적 관점은 그 현실적 의의에도 불구하고 합리적 인식을 제약하는 한계 또한 분명하다.

백남운의 변증법적 유물사관 또한 사회주의의 역사가 입증하듯이 과학적 이론으로 한계가 있다. 변증법적 유물론은 의식을 물질의 반영으로, 따라서 인간을 사회적 관계의 총체로 인식하는 것을 철학과 모든 역사이론의 바탕으로 삼는다. 사적 유물론은 이 이론에 근거해 인간을 물질운동의 체현자인 계급적 존재로 인식하고, 생산력과 생산관계의 모순을 계급투쟁을 통한 역사발전으로 이해한다. 그러나 물질과 의식에 대한 변증법적 유물론의 이론은 현대 과학에 의해 부정되고 있다. 현대 과학은 물질적 조건이 의식을 규정하는 요소가 된다는 점을 인정하면서도 동시에 의식이 물질을 파생시킨다는 사실을 밝혀내었다. 이는 사적 유물론이 역사의 한 단면이나 특수한 국

182 임지현. 1994. 앞의 논문.

면 혹은 정세를 설명하는 데에는 유효할 수 있어도 인간의 역사를 과학적으로 인식하는 철학이나 이론으로는 한계가 분명함을 의미한다.

사적 유물론에서 역사발전의 원동력은 생산력 발전을 담보하는 계급의 당파적 실천, 곧 대자적 계급투쟁이다. 이 이론에 따르면 자본주의 사회에서 프로레탈리아 계급은, 그 가운데서도 혁명적인 사회주의 정당의 지도를 받는 전위 계급은 계급투쟁을 통해 무모순적인 사회주의 사회를 구성하고, 발전시켜갈 수 있는 보편적 합리성과 윤리성을 갖추게 된다. 그러나 역사현실에서 과연 그 법칙성은 입증되었던가. 그것은 어디까지나 이론이었을 뿐 역사적으로 현실화된 적이 없었다. 현실에서는 프로레탈리아 계급이나 사회주의 정당의 당파성이 보편적 합리나 윤리·도덕성과 큰 괴리를 보였다. 해방 후 백남운이 권력층의 일원으로 참여하였던 북한의 사회주의 정권 또한 예외가 아니었다. 1990년대를 전후한 세계 사회주의 체제의 붕괴와 구사회주의국가의 자본주의체제로 복귀는 당파성 이론에 대한 역사적 파산선고였다. 그 점에서 사적 유물론 또한 그 목표에 부합하는 합목적적 이론이 되기에는 한계가 있었다.

이와 같이 보면 전통 역사학에 대한 신채호와 백남운의 비판은 그 나름의 타당성에도 불구하고 전통 역사학의 성과와 학문성을 온전하게 객관적으로 평가했다고 보기 어렵다. 물론 이들이 민족운동으로 우리 역사를 연구했던 일제 강점기의 절박하고 척박한 현실을 고려한다면 이들의 역사학에 대한 비판은 지나친 것일 수 있다. 조선이 일제의 침략을 막아내지 못하고 식민지로 전락한 책임은 학문적으로는 전통 역사학을 그 일부로 포함한 전통학문 곧 보수적 성리학에 있다. 한말 조선의 성리학은 시대의 변화를 수용하지 못하는 낡고 보수적인 학문, 반동적인 학문으로 전락하였다. 그러므로 신채호나 백남운이 전통 역사학을 낡은 학문, 반동적 학문으로 규정하고 그 학문성을 내재적으로 탐구할 필요를 느끼지 못했던 것은 어쩌면 당연한 일이었는지도 모른다. 이들은 제국주의 침략으로 조선이 망하는 것을 보면서 근대 과학이 지닌 압도적인 힘을 목격했고, 일제가 민족과 민족문화가 말살하며 동화정책에 박차를 가하던 현실에서 민족운동으로 역사를 연구했던 까닭에 전통 역사학을 학문적으로 탐구할 여유를 가지기는 어려웠다. 그러나 현실적 효용이 부족하고, 근대 과학이 그 이전의 학문보다 더욱 발달하고 진보했다는 판단만으로 전통 역사학을 낡고 가치가 없는 학문으로 부정하는 것은 재검토되어야 한다. 식민지 치하에서는 그럴 여유가 없었다 하더라도 해방 이후 오늘에 이르기까지 후학들이 이들의 평가를 답습하고 있는 것은 심각한 문제라 하지 않을 수 없다.

전통 역사학이 민족, 그 속에서 민중의 민족·계급의식 고취라는 일제 강점기의 시대적 요구에 부합하지 못하는 것이 곧 전통 역사학의 학문적 결함이 되는 것은 아니다. 전통 역사학은 각각 그 시대의 필요에 따라 성립되고 발전해 온 것이며, 시대가 변하면 역사 또한 새롭게 서술되고 재구성되어야 한다. 문제가 되는 것은 어느 시대에 무슨 목적으로 편찬되었는가 보다도 역사 서술의 대상이 된 시대와 사실을 왜곡 없이 인과적·체계적으로 서술하고 있는가 하는 점이다. 이 점에 대해 신채호는 '시時·지地·인人' 3대 요소에서 구사舊史의 결함이 많다고 보았다. 그 원인은 문헌고증과 지리고증이 결여되어 있거나 부족하기 때문이고, 그것은 역사가들이 민족 주체적으로 역사를 연구하려는 의식을 갖지 못했던 데서 비롯된다고 하였다. 그러나 신채호의 이러한 평가는 재검토되어야 한다. 문헌·지리고증에서는 신채호 스스로도 인정했듯이 조선후기 역사학이 근대 역사학도 그 성과를 인정할 만큼 상당한 수준으로 성과를 내고 있었다.[183] 신채호가 그 성과를 적극적으로 평가하지 않았던 이유는 아마도 조선후기의 역사학이 그 역사관에서 민족사학이 되기 어려운 한계를 지녔기 때문일 것이다.

근대 학문이 중세 학문에 비해 큰 진보를 이룬 것은 의심할 여지가 없는 사실이다. 역사학 또한 놀랄만한 발전을 이룩했다. 문헌고증이나 사실고증에서는 현저한 발달을 이루었다. 역사학의 현실적 효용가치를 대중적으로 확대한 점에서도 큰 진전이 있었다. 민족주의적 관점이나 사적 유물론은, 비록 앞서 검토한 바와 같이 한계가 있지만, 역사학이 실천성을 갖는 독립학문으로 발전하는 데 결정적인 기여를 하였다. 보다 구체적으로는 역사연구의 관점이 주체적일수록 합리적이고 실천적일 수 있음을, 그리고 사람들의 의식세계가 사회경제적인 물질적 조건과 불가분한 상관관계에 있음을 인식할 수 있게 하였다. 그럼에도 역사학의 모든 영역에서 그와 같은 진보가 이루어진 것은 아니었다. 가령 인간과 사회에 대한 존재론적 인식에서나 역사 진보를 위한 가치·실천론에서 실질적인 진전이 있었는지는 의문이다. 특히 근대 역사학이 전통 역사학에 비해 과연 인문학으로서 얼마만한 진보를 이루었는지는 말하기 어렵다. 전통 역사학에 대한 민족

183 한영우. 1989.『조선후기사학사연구』. 일지사.

사학 선구자들의 평가는 이러한 한계 속에서 이루어진 평가였다.

따라서 전통 역사학에 대한 학문적 검토는 민족사학의 평가와는 별도로 전면적으로 새롭게 이루어질 필요가 있다. 그 작업은 다방면에 걸쳐 이루어져야 하기 때문에 여기서는 문제 제기만 할 뿐 후일의 과제로 미룰 수밖에 없다. 다만 이 연구에서는 제한적으로 전통 역사학이 특히 중시하였던 보편적 가치와 도덕·윤리성을 구현할 역사주체 형성문제에만 주목하려 한다. 전통 역사학은, 비록 소수의 지배층을 대상으로 한 학문이었지만, 학문의 존재이유를 정치현실에서 보편적 가치와 도덕·윤리성을 구현할 역사주체 형성에 두었다. 조선후기 역사가를 대표하는 안정복은 이러한 특징을 "도道의 전체全體는 경經에 있지만, 도의 대용大用은 사史에 실현實見된다고 하고, 사史란 포폄褒貶하고 권징勸懲하는 책"이라 표현하였다.[184] 이해관계가 치열하게 펼쳐지는 현실 속에서 보편적 합리를 구현하는 일은 결코 쉬운 일이 아니다. 그것은 이해관계에 편승하거나 이해관계를 떠나서 이룰 수 있는 일이 아니다. 이해관계에 편승하면 목적과 방법이 괴리되고, 이해관계로부터 떠나면 공리공담이 되고 만다. 그것은 오로지 그 모순을 합리로 전변시킬 수 있는 격물치지格物致知의 혜안慧眼과 이에 바탕을 둔 합목적적 경세력經世力을 갖출 때에만 가능하다. 중세의 역사학은 보편적 가치를 실현하는 합목적적인 경세력을 구체적인 역사현실 속에서 찾고자 했고, 그것을 정통론正統論으로, 찬역簒逆·시비是非·포폄褒貶의 기준으로 정립하고자 하였다. 그러했던 까닭에 중세에서 역사학은 독립된 학문이라기보다 경학經學과 결합된 경세학經世學, 달리 말하면 본

184 한영우. 1989. 앞의 책. 145쪽.

성을 밝히는 사서四書공부와 사회역사적 존재로서 그 본성을 구현하는 경학經學 공부가 무르익어 경세가로 세상에 나설 때 공부해야 하는 학문으로 자리 잡았다.[185]

이 점에서 전통 역사학은 사람을 합목적적인 역사주체로 성장시키는 인문학적 교육론에서 근대 역사학보다 훨씬 깊이 있는 탐구를 하였다. 전통 역사학과는 달리 근대 역사학은 민족적 이해, 계급적 이해를 합목적적인 역사동력을 간주하였지만 근대의 역사는 그것이 합목적인 역사동력이 되지 못함을 보여주었다. 전통 역사학을 재검토해야 하는 이유 가운데 하나는 여기서 찾을 수 있지 않을까.

4. 전통 역사학의 인문학적 특성과 현재적 가치

근대 역사학은 많은 점에서 전통 역사학보다 진보했다. 사료에 대한 고증방법을 발달시켰고, 사실과 사건에 대한 과학적인 인식을 심화시켰으며, 사회를 체계적, 종합적으로 이해하는 능력을 발달시켰고, 역사학을 학습, 연구하고 활용할 수 있는 계층을 국민 대중 전체로 확대하였다. 그러나 근대 역사학의 이러한 발달은 도구적 이성 발달을 특징으로 하는 근대 학문의 특징을 반영하여 사회과학이론을

185 한영우. 1988.「安鼎福의 思想과 東史綱目」.『한국학보』53.

과잉 발달시키는 불균형한 형태로 이루어졌다. 전통적으로 역사학은 인문학에 바탕을 둔 경세학經世學이었다. 그러나 근대로 이행하면서 역사학은 사회과학의 성향을 확대하는 방향으로 발달했다. 이에 따라 역사학은 인문성의 구현을 중시하였던 학문에서 사회적 욕망이나 이해의 실현을 중시하는 학문으로 변화해 갔다. 그러한 변화는 근대사회가 학문의 실용성을 중시하게 될수록 더욱 심화되었다.

한국 근대의 민족사학의 발전과정 또한 이와 다르지 않았다. 일제 강점기 민족·계급해방을 위한 민족운동으로 출발한 민족사학은 근년에 이르기까지 '민주주의의 실현과 조국 통일'에 실천적으로 동참하는 '과학적·실천적 역사학'이 되기 위해 노력하였다. 민족사학의 발달과정은 역사학이 독립된 학문으로 발전하며 사회적 실천성을 확대하는 과정이었다. 전통 역사학에 비해 근대 민족사학은 타민족과의 외교관계 및 전쟁은 물론이고 사회 내부의 언어·문자·사상·종교·학술·기예 등의 추세, 경제생활에 관한 상황, 정치제도의 변천, 신분·계급제도의 모순과 대항관계, 지방자치제의 변천과정 등으로 역사연구를 확대하였을 뿐 아니라 나아가 사회의 물질적 토대와 국가제도·법률·사상·예술 및 종교적 관념형태 등 이른바 상부구조 사이의 상호 규정성에 대해 이해를 심화시켜 왔다. 요컨대 근대 민족사학의 발달과정은 학문 내용으로 보면 인문학 보다는 사회과학적 연구를 확대하고 심화시켰다고 할 수 있다.

그러나 이러한 발달은 역사학에서 철학의 빈곤을 심화시켜 결국에는 진보를 지향한 민족사학이 도리어 역사 진보에 걸림돌로 전화하는 자가당착의 모순을 불러왔다. 근대 역사학은 민족적 이해, 계급적 이해를 역사를 진보시키는 합목적적인 역사동력으로 인식하였다. 그러나 정작 민족적·계급적 실천은 일시적으로 사회적 모순 해결에 긍정적으로 기여하기도 했지만 그에 못지않게 분열과 전쟁, 독재체제, 관료주의 등 새로운 사회모순을 야기하며 역사 진보를 가로막는 부정적 요인을 낳았다. 이러한 모순으로 말미암아 지금 민족사학은 나아갈 방향을 찾지 못한 채 혼미상태에 빠져있다. 그 대표적인 예가 1980년대 초반 반독재 민중운동이 발전하는 가운데 제기되어 1987년의 6월 항쟁을 거치며 한때 민족사학의 이정표로 부상하기도 했던 민중사학이다. 민중사학은 1990년대 초 사회주의체제가 붕괴하고 미국 주도의 세계화가 확대되는 가운데 내부 논쟁조차 정리하지 못한 채 침몰하고 말았다.[186]

따라서 이 한계를 극복하기 위해서는 근대 역사학이 걸어 온 길을 철학적으로 성찰하고 그 본연의 인문성을 회복하는 것이 필요하다. 그러한 노력의 하나로 먼저 시작할 일은 인문성을 그 본령으로 했던 전통 역사학을 학문적으로 재조명하여 이를 근대 역사학 발전의 토대로 삼는 일이다. 앞서 살폈듯이 우리의 근대 역사학은 식민지라는 특수한 상황에서 민족운동의 일환으로 성립하였고, 현실적 효용을 중시한 나머지 전통 역사학을 정당한 학문적 평가와 계승 없이 무용한 것으로 부정하였다. 결국 그러한 단절이 우리 역사학에서 인문성을 더욱 취약하게 만든 근원적 원인이 되었다.

전통 역사학은 유가사상에 바탕을 두고 발전해 왔다. 유가의 학

186 김득중. 2006. 「1980년대 민중의 발견과 민중사학의 성과와 한계」. 『내일을 여는 역사』 24; 장훈교. 2009. 「공간적 은유의 전환- '구성적 외부' 에서 바라본 민중과 민중사에 대한 연구노트」. 『역사연구』 18; 전명혁. 2009. 「'민중사' 논의와 새로운 모색」. 『역사연구』 18; 박한용. 2009. 「사상과 운동으로서의 한국 역사학을 위해」. 『역사연구』 18.

문적 목표는 수기치인修己治人을, 달리말해 역사·사회의 주체를 형성하는 도덕성 함양과 합법칙적 사회구성 및 운영능력 개발을 통일적으로 추구하는 것이다. 역사학은 수기치인의 학문 가운데 하나였다. 따라서 유가의 역사학을 이해하자면 수기치인 학문의 전체 체계가 어떻게 구성되고, 그 속에서 역사학이 어떤 위치에서 무슨 역할을 맡고 있는지를 파악해야 한다. 이를 일목요연하게 보여주는 것이 조선후기의 대표 역사가 안정복이 지은 『하학지남下學之南』이다. 안정복은 성현의 학문을 '일용이륜日用彛倫'을 따지는 형이하形而下의 학문이라 규정하고, 이를 '하학下學'으로 불렀다.[187] 따라서 '하학'이란 곧 실학實學으로서의 성리학을 의미하였다. 안정복은 수기치인의 실학을 공부하는 순차를 주자·퇴계·율곡 등 성리학 대가들의 학설을 참조하여 『하학지남下學之南』에서 다음과 같이 정리하였다.[188]

안정복이 제시한 독서의 순차에 따르면 먼저 사서四書와 『근사록』, 『심경』 등의 심성수양에 관한 공부를 한 다음 삼경三經과 『춘추』, 『예기』, 그리고 『이정전서』에서 『성리대전』에 이르는 성리학의 핵심저서 등을 통해 우주와 세상의 생성, 변화 원리들을 공부하는데 그 공부에 아울러 역사서를 읽도록 배치하고 있다. 공부의 본령이 되는 수기와 치인의 학문을 먼저 익힌 다음, 이를 현실에서 구현하는 데 필요한 공부로 역사서를 읽도록 배치하고 있는 것이다. 이 순차에 따르면 학문의 근본을 이루는 것은 경서經書를 중심으로 한 수기치인의 학이고, 역사학은 그것이 현실에서 어떻게 구현되어야 하는 가를 다양한 사례

187 〈題下學指南 庚申〉. 『順菴先生文集』 卷19.
188 『下學之南』 讀書之義章. 『順菴叢書』 上. 682쪽.

를 통해 살피게 하는 보완적인 학문이라 할 수 있다.[189]

○제일 먼저 읽을 책(先讀)	소학(小學) 대학(大學) (兼或問) 논어(論語) (〃) 맹자(孟子) (〃) 중용(中庸) (〃) 근사록(近思錄) 가례(家禮) 심경(心經)	근본을 세움 (以立其本)
○다음으로 읽을 책(次讀)	시전(詩傳) 서전(書傳) 주역(周易)(兼啓蒙) 춘추(春秋)(兼三傳) 예기(禮記)(兼儀禮及通解周禮) 이정전서(二程全書) 주자대전(朱子大典)(兼語類) 이락연원록(伊洛淵源錄)(兼理學通錄) 성리대전(性理大典)	작용을 다함 (以盡其用)
○아울러 볼 책(兼看)	먼저 볼 책 : 강목(綱目)·속강목(續綱目) 명사강목(明史綱目) (以正其義) 아울러 볼 책 : 자치통감(資治通鑑)등 여러 편년사(諸編年史) (以會其要) 다음으로 볼 책 : 역대정사(歷代正史) 또한 볼 책 : 우리나라 역사서(東國諸史)	변용에 통달함 (以通其變)

수기치인의 학에서 역사학의 위상이 이렇게 배치된 것은 경서 공

189 한영우. 1989. 앞의 책. 302쪽.

부가 무르익기 전까지는 역사를 바르게 이해하는 것이 어렵다고 보았기 때문이다. 역사는 현실의 삶과 사건과 변화를 직접 다루는 학문이기 때문에 인간·세계와 사회· 우주에 대한 깊이 있는 공부 없이는 그 내용을 수기치인의 정신에 합당하게 이해하기가 어렵다. 그런 까닭에 유가에서는 경서 공부가 깊어지기 전에 역사서를 읽는 것은 도리어 해가 될 수 있다고 경계하였다. 그렇지만 유가 학문의 최고봉인 경세학을 통달하기 위해 반드시 역사학을 공부해야만 했다. 경세학은 역사학 공부 없이는 완성될 수 없었다. 실제 역사학은 경세의 일선에서 활동하는 국왕과 관료들에게 가장 효용이 높은 학문이었다.

역사학은 이처럼 높은 수준의 까다로운 학문이었으므로 이를 공부할 때에도 엄격하게 정해진 순서가 있었다. 먼저 강목류의 역사서를 읽어 대의大義를 바르게 해야 한다. 그 공부가 끝나면 다음에 편년사를 살피면서 역사를 읽는 요점을 익힌다. 그런 과정을 거친 다음에 중국에서 편찬된 역대 정사正史를 읽고, 아울러 우리나라에서 편찬된 역사서를 읽어야 한다. 이런 순서로 공부해야만 비로소 역사학이 경세학을 뒷받침하는 권계勸戒의 학문으로 기능할 수 있게 된다.

역사학은 이와 같이 수기치인의 경세학을 뒷받침하고, 일선 정치현장에서 직·간접적으로 권선징악의 권계를 담당하는 학문이었기 때문에 역사적 사건에 대해 성패와 시비선악을 구분해 판단하는 것이 매우 중요했다. 이에 대해 이이李珥는 역사서를 읽는 목적이 격물格物 즉 사물을 바로 잡는데 있다 하고, 따라서 역사에서 치란안위治亂安危와 흥폐존망興廢存亡의 이치를 정확히 파악하는 것이 중요하다고 했다. 그는 정자程子와 여조겸을 말을 빌려 역사에서는 성패成敗와 시비是非가 반드시 일치하지 않기 때문에 "성공한 자도 도리어 옳지 않은 것이 있고 패망한 자도 도리어 옳은 것이 있음"을 알아야 한다고 강조했다.[190]

성패와 시비의 문제를 보다 깊이 있게 검토했던 학자는 이익李瀷이었다.[191] 이익에 따르면 성패의 원인은 시세時勢에 있고 시비선악에 있지 않아 비록 바르고 선한 일이라도 시세를 타지 못하면 실패하고, 악한 자라도 시세에 편승하면 성공한다고 하였다. 그는 역사에서 악한 자가 성공한 사례를 무수히 볼 수 있고, 전체 역사를 통관하더라도 요순·3대에서 한대漢代까지가 치세라면 그 이후는 선이 적고 악이 많은 난세 곧 부정적 시대라 하였다. 이런 까닭에 그는 역사학이 권선징악의 학문이 되기 위해서는 성패와 시비선악을 구분하는 것이 관건이 된다고 보았다. 시비선악과 성패를 혼돈하면 역사의 근본 목적인 권선징악이 애초 불가능하기 때문이었다. 이와 관련해 이익은 많은 역사서가 승자들 편에서 편찬된 것이기 때문에 성패를 시비로 왜곡시켜 합리화한 것이 많다고 지적하고, 역사서를 읽을 경우 이 부분을 가려내는 신중함이 필요하다고 역설하였다.

유가의 역사인식에서는 도덕성과 배치되는 성공을 가치 있게 여기지 않았다. 아무리 시세에 편승해 성공했다 하더라도 시비선악에서 바르지 못하면 무가치하고 도리어 해악이 된다고 보았다. 역사를 공부하는 이유는 시세에 휘둘리지 않고 도덕적인 삶을 사는 절의節義를, 나아가 '시세의 만남'과 '인력의 참여'로 '조명造命'을 이루는 경세력을 기르기 위함이었다. 그런 까닭에 역사를 공부할 때에는 모름지기 자신을 그

190 『聖學輯要』修己 窮理章. 『栗谷先生全書』卷20.

191 『星湖僿說』. 經史門; 송찬식. 1976. 「성호의 새로운 사론」. 『한국의 역사인식』 하. 창작과비평사; 한영우. 1989. 앞의 책. 193-198쪽.

가운데 두고 일의 이해利害와 때의 화란禍亂을 보듯 하면서 이 일을 어떻게 처리하는 것이 도리에 합당할까 하고 생각하게 하였다.[192]

이익이 한漢 이후를 난세로 보았듯이 유가들은 당위와 필연이 어긋나는 경우가 현실에서는 더 많다고 보았다. 그 때문에 유가에서는 역사가 인과적, 발생적으로 전개된다고 보면서도 그것을 바로 발전이나 진보로 생각하지 않았다. 유가들의 역사서는 이러한 관점에서 편찬되었다. 그리하여 무엇이 어떻게 일어났는가를 인과적으로 밝히기보다 정통론正統論과 절의론節義論의 관점에서 그 의미를 규정하고 권계勸戒를 명확히 하는 데 주안을 두는 방식으로 역사를 편찬했다. 난세에 역사를 진보시키는 힘은 오로지 정통을 따르는 도덕적 노력과 절의에서 나온다고 보았기 때문이다. 필연을 드러내는 것이 과학이고 당위를 밝히는 것이 철학이라 한다면, 유가의 역사학은 당위를 드러내고, 당위를 필연으로 구현하는 원리를 제시하는 철학적 서술 방식을 취한다. 정통론 명분론과 정통론에 따라 편년체나 강목체 또는 기전체로 역사를 편찬하는 방식이 그것이다.

전통 역사학의 인문학적 특성은 간략하게는 이와 같이 정리해 볼 수 있다. 역사학은 예로부터 사회적 행위에 직접 혹은 간접으로 영향을 미쳤던 실천성이 강한 학문이다. 전통 역사학은 행위의 주체인 인간을 중심에 놓고 행위자의 도덕성과 사회적 합리가 통합적으로 실현되는 실천성을 추구해 왔다. 역사의 주체인 개개인을 보편적 합리를 실현하는 우주적 존재로 고양시킴으로써 수修·제齊·치治·평平의 경세를 실현하려 하였다. 그러나 전통 역사학은 사람을 보편적

192 한영우. 1989. 앞의 책. 193쪽.

합리를 실현하는 우주적 존재로 고양시키는 것을 역사학이 감당해야 할 고유한 임무로 설정하지는 않았다. 그것은 차라리 경서經書공부에서 이루어야 할 일반적 목표였다. 역사학은 경서공부를 바탕으로 다양한 사회적 가치가 충돌하는 역사현장에서 보편적 가치를 흔들림 없이 구현하는 법을 익히는 보다 심화되고 구체화된 목표를 가지고 있었다. 말하자면 전통 역사학에서는 현실 사회에서 보편적 합리를 실현한다는 것이 결코 쉽지 않다는 것을 전제로 합리적 역사 주체를 형성하는 방법을 수립하고 있다. 합리적 역사주체를 형성하기 위해서는 인간의 심성에 대한 이해뿐만 아니라 사회 나아가 우주에 대한 체계적 인식이 필요하고, 나아가 여러 가지 가치들이 갈등하는 구체적인 현실 속에서 보편적 합리 구현에 성공 또는 실패한 풍부한 사례를 검토해야만 비로소 가능하다는 것이다.

이러한 인식은 근대 역사학에서는 찾아볼 수 없다. 근대 역사학은 사회문제를 중심에 놓고 그 모순을 민족 또는 계급적 해결을 추구하는 방향으로 실천성을 모색하였다. 전통 역사학이 인간의 사회화로 사회문제를 해결하는 실천성을 추구하였다면 근대 역사학은 사회모순의 민족주의적 또는 계급적 해결로 개인에게 자유를 보장하는 실천성을 추구하고 있다. 근대 역사학에서는 모순 관계에서 특정한 이해를 대변하는 집단, 곧 계급 또는 계층과 같은 이익집단이 역사의 주체 역할을 했고, 실천성 문제는 그 당파성과 관련된 논의로 이루어졌다. 민족 또는 계급, 계층적 이해는 사람을 쉽게 문제 해결을 위한 행위에 나서게 만들며, 동일한 이해를 가진 사람들을 집단으로 결속시킨다. 반면 그와 같은 사회적 이해관계는 사람을 당파적 이해에 충실하게 만들뿐 보편적 합리를 추구하기 어렵게 한다. 모순관계에서 진보적 이해를 대변할수록 과학적이고 합리적이 된다는 당파성 이론은 이 모순을 회피하기 위한 불완전한 주장에 불과하다.

근대 역사학은 현재 사회를 인간화하는 근거, 달리 말해 사회모순 해결의 준거가 자가당착의 모순에 빠지면서 위기를 맞고 있다. 모순관계를 지양할 철학적 성찰 없이 사회모순의 해결을 추구하는 한 그러한 모순에 떨어지는 것은 불가피한 일이다. 민족주의나 사회주의는 결국 일반화된 당파적 가치를 따라 문제 해결을 추구하는데 그 방식은 조건에 따라 득이 도리어 해가 되기도 하는 자가당착적 성격을 지닐 수밖에 없다. 따라서 근대 역사학은 사회문제의 해결 곧 사회의 인간화에 의해 역사의 진보를 추구하는 학문이지만, 그 목적을 이루기 위해서는 사회를 인간화하는 객관적 근거를 일반성을 뛰어 넘어 보편성의 지평에서 확립해야 한다. 그렇게 하자면 이해관계를 중심으로 인간과 사회를 제한적으로 파악하던 수준에서 인간의 존재성과 그 사회적 연관·구성체계를 전면적으로 해명하는 차원으로 인문학적 인식을 확장, 심화시켜야 한다. 그러한 전환을 뒷받침할 지적 자산은 근대 역사학과의 대비를 통해 분명히 파악할 수 있었듯이 전통 역사학에서 풍부하게 찾을 수 있다.

우리의 전통 역사학은 현대 학문으로 분류한다면 과학보다는 역사철학에 가까웠다. 전통 역사학은 시세와 성패에 대한 합리적 인식을 바탕으로 인간과 사회를 발전시킬 수 있는 도덕적 삶의 자세와 경세에 임하는 도리를 밝히는 것을 학문적 과제로 삼았다. 그런 까닭에 역사학은 독자적인 영역을 가지고 있었지만 철학이나 문학을 그 속에 융합하고 있었고, 그 위에 사회를 이해하는 다양한 학문을 결합하고 있었다. 인문학을 중심에 두고 경세학을 결합하는 융합방식을 택했던 것이다. 이러한 특성에 주목해 전통 역사학의 학문적 성과를 재검토한다면 근대 역사학이 봉착한 인식론적 한계를 극복하는 데 기여할 학문적 자산을 그 가운데서 풍부하게 찾을 수 있을 것이라 생각한다.

3. 맺음말

한국 전통 역사학에 대한 최초의 학문적 평가는 근대 민족사학의 선구자였던 신채호와 백남운의 의해 이루어졌다. 신채호와 백남운은 일제가 식민사관으로 조선 강점을 합리화하고 동화정책에 박차를 가하던 상황에서 제국주의에 대한 투쟁으로 우리 역사를 연구하였다. 그러했던 만큼 그들은 조선 민중에게 민족해방과 사회해방의 주체가 되도록 민족의식과 계급의식을 고취하는 역사학을 수립하는 것을 역사연구의 목표로 삼았다. 이들의 전통 역사학에 대한 평가는 그와 같은 관점에서 이루어졌다. 전통 역사학에 대한 신채호와 백남운의 평가는 비록 그 관점이나 내용이 상이했지만 근대 민족사학으로 계승할만한 학문적 성과가 거의 없고 단지 사료로만 이용할 수 있을 뿐이라는 점에서 공통되었다.

전통 역사학에 대한 신채호와 백남운의 평가는 그들의 역사연구만큼이나 후대 역사연구자들에게 큰 영향을 미쳤다. 그리하여 전통 역사학에 대한 평가는 현재까지도 이들의 평가와 크게 다르지 않다. 그러나 이들의 평가는 전통 역사학의 학문적 성과와 학문성을 온전하게 객관적으로 평가했다고 보기는 어렵다. 왜냐하면 이들이 평가의 척도로 삼은 민족주의적 관점과 사적 유물론이 학문성을 평가하는 기준이 되기는 한계가 있기 때문이다. 민족주의와 사적 유물론의 한계는 현대사의 전개과정에서 명확히 드러났다. 민족주의와 사적 유물론은 자본주의 체제의 모순과 불합리를 개혁하였던 그 현실적 기여에도 불구하고 근대사회의 모순을 해결하는 대안적 철학이나 사상 또는 이론이 될 수는 없었다. 따라서 전통 역사학에 대한 학문적 검토는 민족사학의 평가와는 별도로 전면적으로 새롭게 이루어질 필요가 있다.

전통 역사학을 재평가해야 하는 이유의 하나로 본고가 주목하는 것은 역사학의 실천성과 관련해 전통 역사학이 보편적 가치와 도덕·윤리성을 구현할 역사주체 형성을 근대 역사학보다 훨씬 깊이 탐구하였던 점이다. 전통 역사학은 사람을 합목적적인 역사주체로 성장시키는 인문학적 교육론에서 근대 역사학보다 훨씬 깊이 있는 탐구를 하였다. 전통 역사학은 행위의 주체인 인간을 중심에 놓고 행위자의 도덕성과 사회적 합리가 통합적으로 실현되는 실천성을 추구해 왔다. 역사의 주체인 개개인을 보편적 합리를 실현하는 우주적 존재로 고양시킴으로써 수修·제齊·치治·평平의 경세를 실현하려 하였다.

이러한 인식은 근대 역사학에서는 찾아볼 수 없다. 근대 역사학은 사회문제를 중심에 놓고 그 모순을 민족 또는 계급적 해결을 추구하는 방향으로 실천성을 모색하였다. 근대 역사학에서는 모순 관계에서 특정한 이해를 대변하는 집단, 곧 계급 또는 계층과 같은 이익집단이 역사의 주체 역할을 했고, 실천성 문제는 그 당파성과 관련된 논의로 이루어졌다. 민족 또는 계급, 계층적 이해는 사람을 쉽게 문제 해결을 위한 행위에 나서게 만들며, 동일한 이해를 가진 사람들을 집단으로 결속시킨다. 반면 그와 같은 사회적 이해관계는 사람을 당파적 이해에 충실하게 만들뿐 보편적 합리를 추구하기 어렵게 한다. 근대 역사학은 사회를 인간화하는 근거, 달리 말해 사회모순 해결의 준거가 이러한 한계로 말미암아 자가당착의 모순에 빠지면서 위기를 맞고 있다. 이 위기를 해결하는 데는 역사주체 형성문제를 탐구한 전통 역사학의 학문적 성과는 매우 유의미한 지적 자산으로 활용될 수 있다.

참고문헌

안정복.『順菴先生文集』卷19.

안정복.『順菴叢書』上.「下學之南」.

이이.『栗谷先生全書』卷20.『聖學輯要』.

이익.『星湖僿說』. 經史門.

E. J. 홉스봄. 1994.『1780년 이후의 민족과 민족주의』. 강명세 옮김. 창작과 비평사.

김득중. 2006.「1980년대 민중의 발견과 민중사학의 성과와 한계」.『내일을 여는 역사』24.

김용섭. 1971.「우리나라 근대역사학의 성립」.『문학과 지성』4.

_____. 1972.「우리나라 근대 역사학의 발달 2-1930,40년대의 실증주의역사학」.『문학과 지성』9.

박찬승. 1988.「한말 신채호의 역사관과 역사학」.『한국문화』9.

_____. 1994.「신채호」.『한국의 역사가와 역사학』하. 창작과 비평사.

_____. 2006.『민족주의의 시대』. 경인문화사.

박한용. 2009.「사상과 운동으로서의 한국 역사학을 위해」.『역사연구』18.

방기중. 1990.「백남운의 역사이론과 한국사인식」.『역사비평』여름호. 역사비평사.

백남운. 1992.『백남운전집』1-4. 이론과 실천.

송찬식. 1976.「성호의 새로운 사론」.『한국의 역사인식』하. 창작과 비평사.

신용하. 1980.「신채호의 '독사신론'의 비교분석-1908년경 시민적 근대민족주의사학의 성립」.『단재 신채호와 민족사관』. 형성출판사.

신일철. 1974.「신채호의 민족사적 역사이론 - '조선상고사' 총론에 대한 비판적 분석」.『성곡논총』5.

신채호. 1979. 『단재 신채호전집』 상·중. 형설출판사.
윤해동. 2003. 『식민지의 회색지대』. 역사비평사.
이만열. 1990. 『단재 신채호의 역사학 연구』. 문학과지성사.
임지현. 1994. 「한국 사학계의 '민족'이해에 대한 비판적 검토」. 『역사비평』 26.
장훈교. 2009. 「공간적 은유의 전환 – '구성적 외부'에서 바라본 민중과 민중사에 대한 연구노트」. 『역사연구』 18.
전명혁. 2009. 「'민중사' 논의와 새로운 모색」. 『역사연구』 18.
조동걸 외. 1994. 『한국의 역사가와 역사학』. 창작과 비평사.
_____. 1994. 「민족국가 건설운동기의 역사인식」. 『한국의 역사가와 역사인식』 하. 창작과 비평사.
한영우. 1981. 『조선전기사학사연구』. 서울대출판부.
_____. 1988. 「安鼎福의 思想과 東史綱目」. 『한국학보』 53.
_____. 1989. 『조선후기사학사연구』. 일지사.
_____. 2002. 『역사학의 역사』. 지식산업사.

철학

의리와 진리의 호환성 구축을 위한 방안 모색 | 박홍식

철학의 역사와 의미의 역사: 이기론 연구방법론 재검토 | 김영민

Philosophy

의리義理와 진리眞理의 호환성互換性 구축을 위한 방안 모색

—

박 홍 식

Ⅰ. 서론

한국철학에 있어서 근대 이전과 근대 사이의 학문적 단절 잇기의 가장 중요한 문제는 무엇일까? 하는 것이 본 글의 중심 주제이다.

본고의 주제에 대한 문제는 기존의 철학전공자들이 논의와 해결 방안을 제시하기도 하였다. 이 문제에 대한 논의는 1960년대부터 시작하여 1980년대에 들어와 가장 활발하게 전개되어 1986년 『한국에서 철학하는 자세들』[193]이라는 저서가 등장하였다. 이 책은 '철학하는 방법론의 한국적 모색'이라는 문제 인식하에 여러 전공자들의 관련 논문들을 모아서 출판한 것인데 당시 학계의 반응이 뜨거웠다. 본고의 주제와 관련하여 이 책에서 주목할 만한 것은 한국철학에 대한 개념정의를 시도한 글들이 포함되어 있다는 점이다. 또한 서양철학 전공자와 동양철학 전공자들의 글이 같이 실려 있어 한국철학과 동양철학에 대한 다양한 시각을 제공해주고 있다. 아쉬운 점은 '한국

193 심재룡 외. 1986. 『한국에서 철학하는 자세들』. 집문당. 이 책은 모두 4부로 구성되어 있는데, '한국철학 가능한가' '한국사상은 무엇인가' '동양철학 어떻게 할까' '세계 속의 한국철학으로' 등이다.

철학 어떻게 할 것인가'에 대해 집중적인 논의가 이루어지지 못하고 '동양철학 어떻게 할 것인가'를 논의하였다는 점이다. 사실 '동양철학'이라는 일반론보다 한국철학에 대한 주체적 인식이 동양철학 논의의 출발점이 되어야 올바른 순서일 것이다. 그러나 이 점은 『한국에서 철학하는 자세들』이 여러 사람의 기 발표논문들을 모아 놓은 것이기 때문에 논의의 통일성을 끄집어내기에 어려운 점이 있음을 감안할 때 어쩔 수 없는 결과라고 보아야 할 것이다.

『한국에서 철학하는 자세들』보다 1년 8개월 정도 먼저 출간된 김용옥의 『東洋學 어떻게 할 것인가』[194]는 전공자는 물론 동양학에 관심 있는 일반인들에게까지도 반향을 일으켜 화제가 되었다. 이 책에서 저자는 '번역'이라는 분명한 화두를 가지고 동양철학 방법론에 대한 학계의 문제점을 매섭게 비판하였다. 사실 이 책은 '한국인이 한국에서 동양철학 어떻게 할 것인가'하는 문제를 제기한 것이다. 이 책에서 제시된 번역과 관련된 문제는 지금도 여전히 유효한 상태로 남아 있다고 할 수 있다.

본고에서 논의하고자 하는 문제들은 사실 이 두 책에서 거의 다루어졌다고 하여도 과언은 아니다. 또한 본고에서 필자가 크게 주목하고 있는 언어의 문제도 이미 1968년 초판이 나온 이규호의 『말의 힘』에서 언급되었다.

그렇다면 본고의 의미는 어디에서 찾을 수 있을까?

한국철학에는 기존의 연구에도 불구하고 근대이전과 근대 사이의 학문적 소통에 여전히 장애 요인이 남아 있다. 한국철학에 대한 개

---

194 金容沃. 1985. 『東洋學 어떻게 할 것인가』. 민음사.

념정의의 문제, 언어의 문제, 연구방법론의 문제, 탈국가적(transnational)인 시각의 문제 등은 그 가운데에서도 신중한 검토가 요구된다. 본고에서는 이러한 문제들을 집중적으로 논의해보고자 하는 것이다. 이미 언급한 『한국에서 철학하는 자세들』, 『東洋學 어떻게 할 것인가』, 『말의 힘』은 본고의 논의를 집약하는데 좋은 참고가 되었음을 밝혀둔다.

논의에 앞서 먼저 본고의 제목에 대한 설명이 필요한 것 같다. 그 설명 과정 속에서 필자가 의도하는 본고의 목적이 분명하게 드러날 것이다.

근대 이전의 한국철학 곧 한국전통철학[195] 그 가운데에서도 조선성리학은 의리義理를 추구하는 것이 학문적 목표였다. 따라서 조선성리학을 의리지학義理之學(의리를 추구하는 학문)이라고도 불렀다. 그런데 18세기 조선의 철학사상가 홍대용(洪大容, 1731-1783)은 '천하의 의리는 무궁하다〔天下之義理無窮〕'[196] 라고 말하였다. 이 때 홍대용이 말하는 '의리'개념은 도의道義적 의미도 있지만 오히려 현재 우리가 사용하는 진리眞理라는 의미에 더욱 가깝게 사용한 것이다. '천

---

195 필자가 여기서 사용한 한국전통철학이라는 용어는 '일제강점기 이전까지 한국인이 한문으로 쓴 유학관련 저술로 이루어진 철학사상'이라는 의미로 사용하였다. 한국인이 한문으로 쓴 불교와 도교관련 저술들도 한국전통철학의 범부에 포함 시킬 수 있으나 불교와 도교에 관하여는 필자가 잘 몰라 언급하지 않았다. 다만 본고에서 지적한 문제들이 유학에 국한될 뿐만이 아니라 불교와 도교 등에도 적용될 수 있다는 점을 생각한다면 불교와 도교를 포함한 한국전통철학 일반에 관한 이야기로 받아들여도 큰 문제는 없을 것이다. 따라서 본고에서 사용한 '한국전통철학'이라는 용어는 '근대이전의 한국철학'이라는 범주를 상정한다.

196 홍대용. 「心性問」. 『湛軒書內集』 卷一. 2面. 담헌은 '천하의 의리는 무궁하다 〔天下之義理無窮〕 '라는 말에 이어서, "어찌 자기의 소견만 옳다하고 함부로 남을 그르다 하겠는가? 요순과 같은 성인으로서도 자기를 버리고 남을 따랐는데, 지금 사람은 망령되이 자기만 주장하니, 자못 그 천박함을 알 수 있다. 〔豈加自是己見而妄非他人乎. 堯舜之聖, 舍己從人, 今人之妄自主張, 多見其淺淺矣.〕 "라고 하였다. 이로써 볼 때 담헌이 여기서 말한 '의리義理'는 현대의 일상 언어로 호환시킨다면 '진리眞理'에 가장 가깝다고 할 수 있다.

하의 의리는 무궁하다〔天下之義理無窮〕'라는 것은 '세상의 진리란 무한한 것이다. 특정 진리만이 절대적 가치를 가지지 않는다.'는 의미로 해석될 수 있다. 말하자면 홍대용은 당시 성리학만이 절대적 지위를 차지하고 있었던 조선학계의 학문적 폐쇄성에 대한 비판을 하면서 '학문의 자유'의 일단을 내비친 것이다. '天下之義理無窮'을 단지 '의리는 무궁하다'라고 해석한다면 홍대용의 진의를 제대로 전달하기에 부족하다. 혹시라도 한 걸음 더 나아가 홍대용의 이 말이, 실학사상가로 분류되는 홍대용도 성리학자들과 같이 '도덕적 의리'를 강조한 근거로서 활용된다면 더욱 큰 오해를 불러올 수 있다. 그런데 한국전통철학에 대한 이해에서는 이와 같은 오해가 아직도 적지 않게 발생하고 있다. 이러한 한국전통철학에 대한 해석은 결국 한국철학에 있어서 근대이전과 근대 사이의 학문적 소통에 방해가 된다.

결국 본고의 제목은 전근대 철학으로서의 조선성리학의 학문적 목표를 상징하는 개념인 '의리'와 근대의 학문적 목표를 상징하는 개념인 '진리'와의 상호 호환성 구축을 위한 증진방안이라는 의미이다. 곧 한국철학에 있어서 근대 이전과 근대 잇기의 근본적인 문제는 상호 소통을 위한 통로 확보가 핵심이라는 상징적 의미를 내포하고 있다. 좀 더 부연하자면 한국전통철학의 철학적 개념들이 현대의 철학적 개념어나 일상어와 상호 호환성을 가지지 못한다면 한국철학의 근대이전과 근대 사이의 학문적 단절 잇기는 기대하기가 어렵다는 것이다.

Ⅱ. 한국철학 개념과 <전근대철학> <근대철학>의 구분 기준

본고의 주제는 한국철학의 근대이전과 근대 학문 간의 소통에 장애가 있다는 것을 전제로 한다. 그렇다면 그 소통의 장애는 어디에서 발생하는 것일까? 장애의 핵심은 언어의 문제에 있다. 한문과 한글이라는 언어에서 나타나는 소통의 장애가 발생하였으며, 그 소통의 장애를 제거하는 핵심은 호환성 확보에 달려있다.

한국전통철학은 한자라는 언어를 사용하여 한문으로 쓰였다. 한글이 1443년 만들어져 1446년 반포되었으나, 조선시대에 한글로 쓴 철학관련 저술은 단 한편도 발견되지 않고 있다. 유교와 불교의 경전 언해본을 철학관련 저술로 본다면 한글로 쓴 철학관련 저술이 전혀 없는 것은 아니다. 그러나 일정한 사유체계를 독자적 이론으로 주장하고 그것을 한글로 쓴 저술은 단 한 편도 없다. 따라서 엄격하게 말하면 조선시대에 한글로 쓴 철학관련 저술이 아직까지는 단 한 편도 없다고 할 수 있다.

근대이전 한국철학 저술을 100% 한문으로 썼다는 사실은 여러 가지 문제를 안고 있다.

무엇보다 한문으로 쓴 저술들을 한국철학의 범주에 포함시킬 수 있는가 하는 근본적이 물음에 마주 설 때, 잠시 당황스러워진다. 한국철학이라는 개념정의에 혼란이 생길 수 있다. '한국철학'이라는 개념에 한글이라는 언어문제를 엄격하게 적용한다면, 〈한국인이 한반도에서 살면서 한국어로 사유하고 한글로 쓴 철학사상〉이라고 정의할 수 있다.

박종홍은 일찍이 "한국사상은 한국적 사고방식을 떠나서 있을 수 없고 그 독특한 사고방식은 우리의 말을 떠나서 생각할 수 없다. 한국말이 이 지구상에서 사라지지 않는 한 한국적인 사고방식은 거기에 엄연히 있는 것이요 따라서 한국사상은 없을 수 없다"[197]고 하였다. 한국사상에 대한 박종홍이나 필자의 정의를 따른다면 한국전통철학사에서는 한국철학사상을 찾아보기 힘들다. 왜냐하면 한국전통철학의 책들은 한문으로 저술되었기 때문이다.

잠시 여기서 언어문제와 관련하여 한국문학의 경우를 참고해보기로 하자. 한국문학 개념과 범주에 대해서는 그동안 여러 가지 논의들이 있었다. 첫째, 한글로 표기된 것만으로 정의하는 입장. 둘째, 한글로 표기된 것은 좁은 의미의 국문학(순조선문학), 한문으로 표기된 것은 큰 조선문학으로 하자는 주장. 셋째, 19세기까지의 한문문학은 국문학이라는 주장 등이다. 여기서는 어느 주장에 동의를 할 것인가 하는 문제는 접어두기로 하자. 다만 분명한 사실은 1929년 이광수가 '조선문학이란 조선문朝鮮文으로 쓴 문학'이라고 문제를 제기한 이후 언어(한글)에 근거한 국문학의 개념과 범주논쟁이 활발하게 논의 되었다는 사실이다.[198]

---

197 朴鍾鴻. 「韓國思想 硏究의 構想」. 『한국에서 철학하는 자세들』. 집문당. 108쪽.

198 김흥규. 1985. 「한국문학의 범위」. 『韓國文學 硏究入門』. 知識産業社. 11-17쪽. 참조. 한편 '구비문학'을 국문학의 범위에 포함시켜 국문학의 범위를, "말로 된 문학인 구비문학, 문어체 글로 된 문학이기만 한 한문학, 구어체 글로 된 문학인 국문학"의 세 가지로 구분(조동일. 1987. 『한국문학통사』 1. 知識産業社. 14쪽.)하기도 한다. 구비문학을 국문학에 포함시키는 것은 일반적인 것으로 보인다. 국문학은 글뿐만이 아니라 말을 포함한 다양한 감정표현의 결정체를 그 안에 포함한다. 그런데 철학의 경우는 글로 쓴 것만을 철학의 범

한국문학과 달리 한국철학의 경우에는 그 범주에 한문으로 쓴 저술을 제외하면 근대이전까지 한국철학은 존재자체가 불가능해진다. 따라서 한국철학의 경우에는 한국문학처럼 사용 언어에 따른 '범주'에 관한 논쟁이 학계에서 쟁점화하지 않았으며 이 문제를 크게 인식하여 부각시킨 경우도 찾아보기 힘들다. 그런데 문학이상으로 철학에 있어서도 사용언어에 따른 범주문제를 진지하게 논의할 필요가 있다. 말하자면 한국철학사는 한글사용여부에 따른 기준을 적용하여 근대이전과 근대 이후의 철학사 시대구분을 시도해 볼 필요가 있다.

한편으로 언어의 문제를 비중 있게 받아들인다면 한국철학사의 시대구분은, 〈한문 철학시대〉와 〈한글 철학시대〉로 나누어보는 것도 생각해 볼 수 있다. 이렇게 볼 때 한국철학에 있어서 〈전근대철학〉은 〈한문철학시대〉로, 〈근현대철학〉은 〈한글철학시대〉로 명확하게 구분될 수 있다.

이러한 시도에 대한 의미부여를 뒷받침해주는 배경으로 언어와 철학의 절대불가분성에 대한 다음과 같은 언급들을 들 수 있다.

> "철학의 언어는 철학의 개념을 뒤따라서 그것을 표현하는 도구만은 아니다. 철학의 언어는 이미 철학의 개념을 구성하는데 함께 작용하는 것이다."[199]

> "오늘날 우리가 한국철학의 정립을 위해서 우리들 나름

주에 포함시키는 것이 일반적이다. 철학에는 '개똥철학' 이라는 말은 있어도 '구비철학' 이라는 것은 없다.

199 李奎浩. 1986. 「韓國哲學의 定立을 위한 摸索」. 『한국에서 철학하는 자세들』. 집문당. 49쪽.

대로 철학하기 위해서는 우리의 생활 세계 안에 살고 있는 우리의 일상용어를 철학의 언어로 개발하지 않으면 안 된다."[200]

한편 중국의 근대화에 있어서도 언어의 문제는 상당한 비중을 차지하는 것으로 알려져 있다. 19세기말 정치적 과학기술적 경제적인 측면뿐만이 아니라 새로운 중국어의 탄생과 번역의 문제가 근대화로 가는데 중요한 것임을 분명하게 주창한 인물들이 있었다. 황준헌(黃遵憲, 1848-1905), 강유위(康有爲, 1858-1927), 양계초(梁啓超, 1873-1929) 등이 대표적이다. 이들은 새로운 중국어의 탄생과 수많은 외국서적들의 중국어로의 번역을 선도하였다. 19세기 말 동아시아에 있어서 근대와 전근대를 구분하는데 있어 언어의 문제는 필수불가결한 요소라고 할 수 있다.[201]

한국의 경우는 '한문에서 한글로'라는 사용문자 자체의 대중적 변화가 이루어졌다. 철학은 문자를 떠나서 생각할 수 없다는 점을 상기할 수 없다. 이렇게 볼 때 한국철학의 〈근대〉와 〈전근대〉에 대한 개념정의와 시대구분은 (주된 사용 언어가) 한글이라는 언어인가 아닌가의 기준에 의한 구분도 고려될 수 있는 것이다.

이제 한국철학의 개념과 범주에 대한 정의를 어떻게 내리든 그 판단 근거는 '한글'이라는 언어를 떠나서 생각할 수 없음을 생각해 보아야 할 단계에 왔다. 언어란, "단지 우리의 손 안에 들어있는 하나의 대상이 아니라 그것을 통하여 우리가 존재하며 세계를 감지하

---

200 李奎浩. 1986. 같은 글. 49쪽.
201 페데리코 마시니. 2005. 『근대중국의 언어와 역사』. 이정재 역. 소명출판. 176-191쪽.

는 매개체이며 전통의 저수지이기 때문"[202]임을 생각해보자. 한글은 한국인이 존재하며 세계를 읽어내는 매체이며 이 땅에 살아온 한국인의 삶이 녹아있는 결정체이기 때문이다.

그런데 한국철학의 범주를 한글이라는 사용언어로 구분한다면 한국철학의 성립자체가 위협을 받는다는 점을 확인한 이상 다음 두 가지 대안을 생각할 밖에 없다.

첫째는, 한국철학은, 〈한국인이 한반도에서 살면서 한국어로 사유하고 한글로 쓴 철학사상〉이라는 개념을 엄격하게 적용하는 것이다. 이런 경우 한국전통철학에서 한문으로 쓴 저술들은 제외될 수밖에 없다. 그 결과는 한국철학으로 남을 수 있는 저작들이 얼마나 될 수 있을지 가늠하기 어렵다. 그러나 이렇게 분명한 선을 긋는 시도는 한국철학사상에 대한 새로운 집짓기를 촉진시킬 수 있는 계기가 될 수도 있다.

둘째는, 한국철학의 범주에 한문으로 쓴 저술을 포함시킬 수밖에 없는 것이 피할 수 없는 현실임을 그대로 받아들이는 것이다. 그 이후 남는 문제는 한국전통철학의 저술을 평가하는 가장 중요한 잣대를 주체성과 독창성에 맞추어져야 한다는 점이다. 이를테면 조선철학사상의 경우 성리학 교리의 정교성이나 주자설과의 동일성 여부만으로는 한국철학의 독자성을 확립해 낼 수는 없다. 그런데 전근대의 한국전통철학의 자주성과 독창성을 확인하기 위해서는 먼저 해결하여야 할 과제가 있다. 다름 아닌 그 저술들에 대한 번역의 문제이다.

---

202 吉熙星. 1986.「해석학을 통해 본 동양철학 연구」.『한국에서 철학하는 자세들』. 집문당. 220쪽. 재인용(H.G. Gadamer, Philosophical Hermenetuics, trans. by D.E. Linge, p.29).

그런데 본 논문의 논의에서는 위의 두 번째 대안에 초점이 맞추어져 있다. 한국철학의 범주를 한글이 아닌 한문이라는 영역으로 확대시킨 가운데 한국철학의 독자성을 확립해나갈 수 있는 방안을 모색해보고자 하는 것이다. 그러할 경우 '의리와 진리의 상호 호환성' 문제는 더욱 중대한 문제로 다가온다.

Ⅲ. 한국전통철학의 언어에 따른 자주성과 창의성 문제

잠시 한국 전근대의 저술들이 한문으로 작성되어 있는 것을 오늘날의 상황으로 가정하여보자. 한국 전근대의 저술들을 2011년 오늘날로 비유한다면 한국인이 한반도에 살면서 한국어로 의사소통을 하며 한국어로 사유하고 영어로 책을 쓴 것이다. 이것은 한 편으로는 영어가 가능한 외국인들이 모두 볼 수 있다는 점에서 글로벌적 방법이라고 할 수 있다. 그러나 정작 영어독해가 자유롭지 못한 정작 대다수의 한국인은 읽을 수가 없다. 마찬가지이다. 한국전통철학은 일반 대중들이 가까이 갈 수 없고 한문독해가 가능한 일분 지식인들만이 출입 가능한 성곽이었다.

여말선초에 중국으로부터 주자학이 유입되었지만 조선시대 학자들로서는 주자학을 충분히 이해하기 위해서는 적지 않은 시간을 소모해야 했던 것으로 보인다. 성리학이론들에 대한 저술이나 논의는 16세기가 되어서야 본격적인 단계에 도달했다고 할 수 있기 때문이다. 그것은 한문으로 된 성리학의 개념들을 이해하는데 많은 노력이 필요했기 때문일 것이다. 과거 불교가 인도로부터 중국에 처음 전해졌을 때 중국인들은 불교의 철학사상적 개념들은 그들이 이미 구축하고 있었던 도교의 철학적 개념들을 활용하여 이해하고 번역하였다고 한다. 이른바 격의格義이다. 그런데 조선시대의 경우에는 격의로 활용할 만한 철학사상의 이론적 기반도 부족하였다. 더구나 한글이 15세기 초에 만들어진 신제품이었기 때문에 아직 언어체계로서의 다양한 프로그램이나 충분한 어휘, 철학적 개념어 등은 생각할 수도 없는 형편이었다. 따라서 성리학에 대한 이해가 숙성된 16세기 이후에도 한글로 성리학 이론들을 소화하기에는 엄두를 낼 수 없었을 것이다. 조선지식인들은 당시 세계화된 공용 언어인 한문을 별 생각 없이 그대로 사용하였던 것이다. 조선시대 대부분의 지식인들은 10대 이전부터 철저한 외국어(한문) 조기 교육을 통하여 외국어(한문) 사용에 거의 지장이 없었다. 또한 지식이 독점화되어 있는 신분사회 속에서 구태여 일반인들에게 까지 학문과 교육을 대중화시킬 필요를 절감하지 못하였다. 현실에서 성리학이라는 학문은 과거시험의 과목이었기 때문에 철학사상 이전에 지식인들의 출세와 생존의 문제에 직결되어 있었다. 그 결과 철학사상에 관한 한 지식인들은 더욱 외국어(한문)사용에 회의를 가질 필요가 거의 없었다.

한국철학에 있어 한문이라는 언어 사용에 따른 문제점을 크게 인식한 예를 몇 가지 보기로 하자.

> "우리는 한국철학의 정립을 위한 모색에 있어서 우리의 철학을 담을 그릇으로서의 언어의 문제를 중요하게 생각하지 않을 수 없다. 우리의 과거의 고전들은 거의 모두 오늘날의 우리의 일상언어와 거리가 먼 한자어로 되어 있고……"[203]

> "과거 우리나라 학술사상의 발전은 두 가지 면에서 제약을 받았다. 하나는 학술사상의 섭취와 발표를 자기 글로 못하고 한문에 의뢰하였던 데서 오는 제약이요, 또 하나는 한국의 지정학적 불리한 위치 때문에 남북으로부터의 침입 세력에 따른 국내의 정치적 변동과 사회적 혼란이 잦은 데서 오는 제약이다.……
> 이런 제약 하에서 우리나라 학술사상은 두 가지 특수 양상을 나타내게 되었다. 하나는 흡수 과정으로서의 작업인 유·불 경전에 대한 해석·강설이 학술면의 대부분을 차지하였던 사실이요, 또 하나는 학술 내용의 단조성이다."[204]

위 인용문에서는 제시된 문제점들은 다음 세 가지로 요약할 수 있다.

---

203 李奎浩. 1986. 「韓國哲學의 定立을 위한 摸索」. 『한국에서 철학하는 자세들』. 집문당. 46쪽.
204 李相殷. 1986. 「韓國思想史 기술의 문제점」. 『한국에서 철학하는 자세들』. 집문당. 114-115쪽.

첫째, 한국전통철학의 내용들이 오늘날의 우리의 일상 언어와 거리가 있다는 점이다.

둘째, 외래사상인 유교와 불교에 대한 교리 연구가 주를 이루어 결국 독자적인 철학사상의 발달이 미흡하다는 것이다.

셋째, 한국철학의 발전과정에서 학술내용이 단조성을 초래하였다는 것이다.

그런데 한국문학의 경우는 철학에 비해서 그래도 형편이 훨씬 나은 편이다. 한문이라는 언어를 빌리긴 하였지만 자기 개인의 체험과 생활의 감정을 표현하였다는 점에서 주체적이고 독자적인 자신의 느낌과 생각을 표현할 수 있다. 또한 한글창제 이후 한글로 쓴 문학작품이 지속적으로 발전해 왔다. 그러나 조선시대 철학인 성리학의 경우에는 이미 한문으로 사유된 기본 체계와 한문의 개념 언어로 상당부분 고정되고 완성된 틀, 곧 주자학이라는 한문의 사유체계라는 제한된 틀 속에서의 갑론을박이 될 수밖에 없었다. 실제로 많은 조선의 성리학자들은 개개인의 학설에 대한 정당성 확보를 주자와의 동일성여부 라는 잣대로 계량하는 경우가 적지 않았다. '주자언론동이고'는 특정 개인의 학문적 관심이라기보다는 조선성리학의 보편적 측량도구라고도 할 수 있다. 그 결과 조선성리학의 경우에는 정통과 이단이라는 저울이 절대적 영향력을 발휘하곤 하였다.

조선철학에 있어서 주체성과 독창성에 대한 부정적 평가가 이루어지는 근원적인 배경에는 조선철학이 한문이라는 중국 언어에 의해서 이루어진 것이며 한국 언어 곧 한글로 만들어진 것이 아니라는 언어 문제가 자리하고 있다.

언어가 지니는 자주성 이라는 측면에서 볼 때 한국의 전통철학은 출발에서부터 이미 독자성과 독창성에서 상당부분 자기 정당성을 훼손하였다. 조선시대 500년 가까운 기간 동안 대부분의 조선 지식인들이 성리학에 몰입하였다. 그럼에도 불구하고 그 철학내용이 주자학의 교리사적 범주에서 크게 벗어나지 못하였다는 비판적 지적을 받고 있는 원인에는 한문 사용문제가 크게 자리하고 있다.

이와 관련하여 흥미로운 점을 사실 하나를 찾아 볼 수 있다. 곧 20세기 초에 조선유학의 가장 커다란 문제점을 한문이라는 언어와의 상관관계로 인식한 사람이 있었다는 사실이다.

자산 안확(自山 安廓, 1886~1946)[205]이 바로 그 사람이다. 그는 "유교는 조선인의 내원수"[206]라고 하여 유학사상과 단절하였는데, 다음과 같이 말하였다.

> 우리 朝鮮民族이 漢文儒敎에 물들어 온갖 폐단이 생겨나 필경 慘狀을 作하였으니 어찌 가련하지 않으리오 ……
> 오호라 신성한 정신을 잃어버리고 儒敎腐林에서 방황하는 이천만 단군자손이여 내가 유교정벌에 선봉을 擧하노니 일제히 奮起하여 한문질곡을 타파하고 고유의 문학과 신성의 정신을 발휘하여 자손만세의 행복을 누리게 할지니라.[207]

205 안확은 서울에서 태어났으며 문학, 철학, 역사, 언어, 음악, 체육 다방면에 걸쳐 국학관련 저술을 140여 편 남겼다. 그 가운데에서 『조선문학사朝鮮文學史』(1922). 『조선문명사朝鮮文明史』(1923) 등은 통사적 체계로 쓴 해당부문 최초의 저술이라는 평가를 받는다.

206 안확. 1915. 「朝鮮의 美術」. 『學之光』 5호. 51쪽; 1944. 『自山安廓國學論著集』 五. 여강출판사. 129쪽.

안확은 유학뿐만이 아니라 한문漢文문화에 대하여 반대 의사를 나타냈다. 이 점은 당시 일반적인 유학비판자들과 비교된다. 한국의 유학문화를 언어적인 관점에서 비판하고 부정한 것은 매우 독특한 관점이다. 안확이 사용한 '한문유교漢文儒敎' 라는 용어는 주목할 만한 안확의 독자적인 개념어가 될 수 있다. 안확이 유학과 한문을 겸칭한 '한문유교'를 왜 '유교부림儒敎腐林', '한문질곡'이라고 부르며 적극 비판하고 부정하였을까? 그 이유에 대한 답변은 위 인용문에 나타난, '이천만 단군자손', '고유의 문학과 신성의 정신을 발휘'라는 표현에서 찾을 수 있다. 안확은 '한문유교漢文儒敎'가 '이천만 단군자손의 고유의 문학과 신성의 정신을 발휘'하는데 커다란 장애가 되었다는 것이다. 안확은 유학이나 한문의 문화적 가치나 학문적 의의 자체를 부정한 것은 아니다. 그의 주장은, 외래문화로서의 유학과 외국어로서의 한문에 매몰되어 주체성을 상실한 채, 한국인의 얼을 담아내는 한국어(한글)를 통한 한국인의 고유한 문화를 창조해 내는데 소홀한 한국문화와 한국인에 대한 자성과 분발을 촉구한 것으로 이해할 수 있다. 안확이 한국 유학 비판을 통해 적극적으로 지적하고자 한 문제의 핵심은 '민족주체성 자각' '자주적 문화 건설'에 놓여 있었다고 하겠다.

한국전통철학은 언어문제에 기인하여 사상적 주체성이나 창의성 발전에 지장을 받아왔다는 지적은 상당부분 설득력을 얻을 수 있다.

그러면 한국 전근대 철학인 전통철학에서 자주성이나 창의성을 찾아내는 것은 과연 가능한 일이며, 그 목적을 달성하기 위해서 필요한 작업은 무엇일까? 그 해답은 한국전통철학의 실체를 밝히는 과업에

207 안확, 「朝鮮의 文學」, 『自山安廓國學論著集』 四, 227쪽.

달려있다. 그런데 한국전통철학의 실상을 읽어내기 위해서는 언어문제를 해결하여야 한다. 그 언어문제 해결의 요체는 한문으로 쓴 철학적 개념이나 내용을 현대의 일상적 언어로 호환하는 문제이다.

Ⅳ. 한국전통철학에 대한 호환성 문제

한글 창제 이후에도 한문으로 철학저술을 하였다는 것은 이유야 어떻든 한국철학 발달에 있어서 많은 문제를 남겨 놓았다. 그중 가장 중요한 과제는 한국전통철학의 창조성과 주체성에 대한 의구심을 떨쳐내야만 하는 것이다.

> "한국사상가는 마땅히 이 소화·창조의 과정과 그 산물에 대하여 체계적인 탐구와 서술이 있어야 할 것이다. 한국사상사가 나옴으로써 비로소 한국사상의 모습이 드러나며 비로소 한국사상의 주체성이 드러날 것이다."[208]

한국전통철학을 평가하는 중요한 척도는 창조성과 주체성에 있어야 한다는 주장이다. 창조성과 주체성을 확보하지 못한 철학사상을

208 李相殷. 1986.「韓國思想史 가술의 문제점」.『한국에서 철학하는 자세들』. 집문당. 118쪽.

'한국철학' '한국사상'이라는 이름으로 부르는 것은 고유성과 독자성을 인정받기가 힘들기 때문이다.

한국철학의 창조성과 주체성을 확인하는 작업은 한국사상의 전모를 드러낼 때 가능하다. 한국 사상의 전모를 드러내기 위해서는, 과거 한문으로 된 철학저술들을 오늘날 사람들이 이해할 수 있어야 하며 그것을 가능하게 하기 위해서는 과거와 현재 -오늘의 주제로 표현하면 근대이전과 근대-를 잇는 교량을 건설해야만 한다. 그 교량은 다름 아닌 한문과 현대 일상어 간의 상호 호환성의 구축이다. 상호 호환성 구축은 한문을 한글로 번역하는데 머물러서는 불완전하다. 김용옥이 제시한 바 있는 '완전번역'이 필요하다. 김용옥은 '완전번역'을 "한문을 비한문계 순수 우리말로 바꾸는 것을 의미하는 것이 아니라, 오늘날 통용되고 있는 〈일상언어〉, 즉 누구에게나 의미전달이 가능한 보편적 언어로 바꾸는 것을 의미한다."[209] 라고 설명하였다.

언어로의 호환이 가능하여야 하며, 한국전통철학의 이론적 체계를 일상언어로 된 이론 체계로 호환이 이루어져야 한다. 그런데 이 과정에 커다란 문제가 자리하고 있다. 현재 우리가 사용하고 있는 철학개념이나 용어들은 서양의 철학개념이나 용어, 이론들을 번역하기 위해 만들어진 신조어가 상당한 부분을 차지하고 있다. 이러한 서양 철학개념을 번역한 신조어들은 이미 우리의 일상언어로 자리잡고 있다. 일상언어로 된 서양철학개념어를 사용하여 한국전통철학의 개념들을 번역하는 것은 상호 개념자체가 호환될 수 있는 경우도 있지만 그렇지 않은 경우도 적지 않다. 또한 한국전통철학의 개념들

209 金容沃. 1985. 앞의 책. 47쪽.

을 호환 가능한 적합한 일상언어를 찾는 작업도 지극히 어려운 일이다. 그렇다고 하여 한국전통철학을 번역하기 위해 서양철학개념이 아닌 다른 일상언어를 찾아내기에는, 철학적 개념어가 형성되지 못한 현재 한국의 일상언어의 수준을 고려한다면 더욱 어려운 일이 된다. 그러나 한국의 일상언어 속에서 철학적 개념어를 개발하는 일은 한국철학에 관심을 가진 모두의 노력에 의해 이루어져야 할 과제임은 분명하다. 이점에 대해 이규호의 다음과 같은 지적은 문제의식에 대한 공감을 주기에 충분하다.

> "우리가 만약 우리의 일상 언어 속에서 철학의 언어를 개발한다면 우리는 그것만으로도 앞으로의 철학도를 위해서 큰 철학적인 유산을 남겨 주는 것이 될 것이다."[210]

> "우리는 전통적으로 한자어를 통하여 철학했기 때문에 전통을 계승하기 위해서 우리 삶 속에 살아있는 우리말로 그것을 번역하고 현대문명의 기반이 된 서양철학도 살아있는 우리말로 훌륭하게 번역할 뿐만 아니라 우리의 독자적이고 참신한 직관을 우리말을 통해서 드러내고 발전시키는 일이 우리 철학의 큰 과제이다.
> 이렇게 해서 우리말을 통한 우리 철학의 기반을 닦을 수 있다면 이것이야 말로 우리 겨레의 문화적인 역사적인 주체성을 세우는 든든하고 확실한 유일한 길이다."[211]

---

210 李奎浩. 1986. 「韓國哲學의 定立을 위한 摸索」. 『한국에서 철학하는 자세들』. 집문당. 49-50쪽.

우리말의 철학적 개념어를 발굴해내는 작업을 언제까지 미룰 수는 없다. 그러나 현실적으로 한국전통철학을 오늘에 잇기 위해서는 일상언어가 된 서양철학의 개념어를 사용하여 한국전통철학의 저술들을 번역해 가는 것이 필요하다. 이 점에 있어서 "서양철학을 우리의 전통 속으로 격의格義하는 과정을 충실히 거치지 못한 우리로서는 지금 오히려 동양철학의 용어를 서양철학의 용어로 격의해야 할 처지에 놓여 있음을 바로 보아야 한다. 이런 갈등에 대한 근본적인 해결책은 쉽사리 발견되지 않을 것이며 우선은 절충적 입장에서 가능한 방법을 모색해 보도록 하여야 할 것"[212]이라는 성태용 교수의 말은 설득력을 지닌다.

결국 한국전통철학을 오늘에 이어가기 위한 번역은 언어의 호환성 확보에 달려 있다고 할 수 있는데 한자어를 현대어로 호환하기 위한 언어로는 일상언어화 된 서양철학 용어를 사용함과 더불어 우리말 발굴 노력이 병행되어야 할 것이다.

그러면 호환성 구축을 위한 구체적인 방법론을 몇 가지 생각해보기로 하자. 이러한 호환성 구축을 위한 방법론에 대한 고려는 곧 서양철학 용어를 사용하거나 아니면 새로운 철학적 개념어의 발굴을 통해 한국전통철학을 오늘에 이어가기 위한 작업에 중요한 참고가 될 것이다.

---

211 李奎浩. 1988. 『말의 힘』. 第一出版社. 163쪽.
212 成泰鏞. 1986. 「동양철학-연구방법론 반성하자」. 『한국에서 철학하는 자세들』. 집문당. 267쪽.

V. 연구방법론의 문제

한국철학의 중심을 차지하는 조선시대의 철학은 주자학이 대부분을 차지하고 극히 일부의 양명학과 그리고 실학으로 전개되었다. 주자학의 경우에는 조선유입초기부터 조선말까지 끊어지지 않고 계속해서 조선철학의 주류를 이루었다. 주자학자의 경우는 특히 시대를 달리하거나 철학적 입장을 달리하더라도 그들이 사용한 용어는 대부분 동일하였다. 양명학자이거나 실학자들도 주자학자와 거의 동일한 용어를 사용하였다. 조선 철학자들이 사용한 용어를, 시대나 철학적 입장의 차이를 충분히 고려하여 이해하지 않는다면 철학자들의 각각의 주장을 올바르게 읽어 내기가 어렵다. 더욱이 동일한 학자가 동일한 용어를 사용하였다 하더라도 그 개념적 의미가 변용되는 예를 어렵지 않게 발견할 수 있다. 따라서 조선철학의 내용들을 현재의 일상언어로 고심하여 호환시키지 않고 조선철학자들이 사용한 한자용어를 있는 그대로 번역을 하면 그 의미가 올바르게 전달되지 않는 경우가 종종 발생할 수 있다.

먼저 언어의 호환성 구축을 하는데 있어서, 〈철학적 입장의 차이에 대한 고려〉에 관하여 생각해 보기로 하자. 대부분이 잘 아는 것을 예로 든다면 '성性'과 '심心'이라는 용어일 것이다. 조선 주자학자는 물론 양명학자와 실학자도 똑 같이 '성性'과 '심心'이라는 용어를 사용하고 있다. 널리 알려진 것처럼 '성性'과 '심心'의 용어는 주자학자 상호간에는 근본적인 개념 차이가 없다고 할 수 있지만 양명학자나 실학자의 경우는 그 입장이 확연히 구분된다. 그런데 혹시라도 이러한 차이를 간과하고 〈주자학자와 양명학자 그리고 실학자의 심성론 비교 연구〉라는 연구제목을 설정하였다면 사실은 논제 자체에 무리가 따른다. 왜냐하면 이미 '심성론'은 '이기론理氣論에 입각한 성리학의 도덕적 인간론'을 의미하는 것이 일반적이기 때문이다. 그러나 양명학이나 실학자가 '성性'과 '심心'을 말한 것은 동일한 용어를 사용하였지만 이미 그 철학적 기반이 성리학의 '이기론'을 떠나 있기 때문이다.

다음으로는 〈시대의 변화에 대한 고려〉 라는 점에 관해 생각해 보자. 여기에서도 이미 널리 알려진 갈암 이현일(葛庵 李玄逸, 1627-1704)의 경우를 예로 들어보기로 하자. 갈암은 17세기에 활약한 주자학자로서 퇴계 이황(退溪 李滉, 1501-1570)의 성리학을 부흥시킨 인물로 알려져 있다. 갈암은 퇴계보다 100여년 뒤에 활동하였다. 따라서 갈암의 성리학에 대해서는 퇴계학문과의 동일성 여부보다는 사상사적인 의미고찰이 요구된다. 실제로 갈암이 퇴계성리학을 부흥시키고자 하였던 것은 한편으로는 시대사적 요구에 부응을 한 것인 동시에 다른 한편으로는 퇴계학내에서의 또 다른 변용-경세론의 전개-을 시도한 측면이 복합적으로 작용하고 있기 때문이다.[213]

또 한 가지는 〈동일한 인물이 사용한 동일한 용어의 의미 변용〉에 관한 문제이다. 담헌 홍대용을 예로 들어보기로 하자. 담헌이 사용한 '의리'라는 용어는 앞서 잠시 언급한 것처럼 '진리'라는 용어로 호환시킬 수 있다. 그러나 동일한 인물인 홍대용은 '의리'라는 용어를 다른 곳에서는 다음과 같이 성리학의 전통적인 의미를 온전하게 보

213 갈암의 이러한 성리학적 특징에 관하여는 졸고. 1966.「이갈암 성리학의 조선유학사적 의의」.『哲學論叢』. 제12집. 영남철학회. 참조.

전하여 '의리'라는 용어를 쓰고 있다.

> "학문에는 삼등분이 있는데, 의리義理의 학문, 경제經濟의 학문, 사장詞章 학문이 있다. ……
> 학문을 삼등분 하는 것은 세속 선비의 고루한 소견입니다. 만일 의리를 버린다면 경제는 공리功利에 흐르고, 사장은 부조浮藻에 빠지게 될 것이니, 어찌 학문이라 할 수 있겠습니까? 또 경제가 아니면 의리를 펼 데가 없고, 사장이 아니면 의리를 나타낼 수 없을 것입니다. 그러므로 요컨대, 이 세 가지에서 하나라도 버린다면 학문이라 할 수 없습니다. 그렇다면 의리가 그 근본이 아니겠습니까?"[214]

위와 같이 동일한 인물이 동일한 용어를 사용한다 하더라도 의미 변용이 이루어지는 사례는 얼마든지 있을 수 있다. 따라서 이러한 〈용어의 의미 변용〉을 충분히 고려하여 각각의 의미가 오늘의 일상 언어로 올바르게 호환될 수 있도록 주의를 기울여야 할 것이다.

이제까지 열거한 세 가지 문제가 발생될 수 있는 호환성 구축의 문제를 해결하기 위한 연구 방법론으로 '사상사 연구 방법론'을 생각해 볼 필요가 있다. 사상사 연구방법론으로는 일본의 정치사상가였

214 "『湛軒書外集』卷七. 「吳彭問答」. 〈燕記〉. 學有三等, 有義理之學, 有經濟之學, 有詞章之學. …… 學分三等, 世儒之陋見. 舍義理則經濟淪於功利, 而詞章淫於浮藻, 何足以言學. 且無經濟則義理無所措, 無詞章則義理無所見. 要之, 三者舍一, 不足以言學, 而義理非其本乎."

던 마루야마 마사오(丸山眞男, 1914-1996)가 제시한 세 가지 유형[215]을 활용해 볼 수 있다.

첫째, 교리사(History of Doctrine) 중심의 연구방법론 활용.

그동안 한국학계에서 조선철학의 연구에 가장 많이 활용된 연구방법론이라고 할 수 있다. 연구자들이 의도적이던 무의식적이든 가장 빈번하게 교리사 연구 방법으로 조선철학을 해석하여 왔다. 이것은 조선성리학사가 역사적으로 교리사 중심으로 전개되어왔기 때문에 주자학 연구를 하는 경우 자연스럽게 빠져들 수밖에 없다. 이를테면 〈사단칠정론〉, 〈이발기발론〉 〈인물성동이론〉 등이 여기에 해당한다. 그런데 이 방법론은 자칫 주자학 내에서의 교리논쟁에 빠져 어느 주장이 진정한 주자학 교리에 부합하는가 하는 방면으로 흘러갈 소지를 안고 있다. 실제로 조선성리학에서는 주자의 교설에 부합하는가 하는 것이 학설에 대한 시비판단의 중요한 기준이 되곤 하였다. 『주자언론동이고 朱子言論同異攷』는 몇 몇 학자들의 학문적 관심을 넘어서 학문적 정통성을 세우는 표준화 작업을 시도한 것으로 이해될 수 있다.

둘째, 관념사((History of Ideas) 중심의 연구방법론 활용.

관념사란 마루야마 마사오의 설명을 빌리면, "한 시대나 여러 시대에 걸쳐 통용되었던 특정한 관념을 추출하고, 그것이 다른 관념과 결합하거나 이탈하는 과정, 혹은 또 사회 과정에서 그 관념이 기능하는 방식의 변천을 추적하는 것"[216]이다. 이 방법을 유연하게 적용

215 丸山眞男외. 1997.「사상사의 사유방식에 대하여」.『사상사의 방법과 대상』. 고재석 옮김. 小花. 16-21쪽.

216 丸山眞男. 같은 글. 17쪽.

한다면 조선철학사의 흐름과 조선철학사상가 개개인의 사상적 특징을 밝혀내는데 상당히 효과적일 수 있다. 왜냐하면 조선철학사는 교리사 중심의 성리학과, 극소수의 양명학, 그리고 소수의 실학사상으로 구성되어 있는데, 이 세 가지 철학사상을 하나로 꿰뚫어 '조선성리학사'가 아닌 '조선유학사상사'의 흐름으로 설명해 낼 수 있는 방법이 관념사라고 생각되기 때문이다. 또한 교리사 중심의 조선성리학을 정체성이 아닌 발전사적 해석을 가능하게 할 수 있는 방법도 다름 아닌 관념사 방법론이라고 생각한다.

예를 들어 조선유학사에서 인간의 본질을 설명하는 핵심적인 관념에 주목해 보자. 성리학에서는 성즉리性卽理로서의 '성性' 개념이다. 양명학에서는 심즉리(심즉리)로서의 '심心' 개념이다. 실학사상가 다산 정약용(茶山 丁若鏞, 1762-1836)은 '심대설心大說'로서의 '신형묘합神形妙合'을, 혜강 최한기(惠岡 崔漢綺, 1803-1879)는 '신기神氣' 개념을 제시하였다. 거칠지만 핵심 관념에 따른 관념사 방법론에 의해 조선유학사 내지 조선철학사의 인간존재의 본질에 대한 사고의 흐름을 간단히 도식화해 볼 수도 있다. '성性'의 인간 → '심心'의 인간 → '신형묘합神形妙合'의 인간 → '신기神氣'의 인간으로의 변용이 바로 그것이다.[217]

셋째, 시대사조 중심의 연구방법론 활용.

이 연구방법론은 개개인의 철학사상이나 일군의 사상가 집단이 처하였던 그 시대의 정치사회적 배경분석을 통하여 철학사상의 특징을 분석해 내는 방법이다. 철학이 시대정신의 반영이며 시대정신이 철학사상의 모티브가 된다는 점을 상기한다면 시대사조 중심의 연구

217 이 부분에 관한 설명은 졸고. 박홍식 편저. 2005.「해제: 다산 사상의 연구와 이해」.『한국의 사상가 10인 다산 정약용』. 예문동양사상연구원. 예문서원. 33-35쪽. 참조.

방법론은 상당히 유효한 작업 틀이 될 수 있다. 이러한 연구방법론은 특히 근래 한국의 사회학계나 정치학계에서 동양사상과 한국사상을 새로운 문화의 대안 찾기의 대상으로 인식하거나,[218] 한국전통사상을 정치 사회학적 분석방법을 통하여 시대사조를 밝혀내려는 시도에서 종종 활용되고 있다. 사회학자들이나 정치학자들의 한국전통사상에 대한 연구는 다양한 전공자의 다양한 분석을 통하여 다양한 해석을 가능하게 할 수 있다.

한국전통철학에 대한 정치 사회적인 시대사조 방법론에 의한 분석은 1930년대에 시도된 바 있다. 예를 들면 최익한(崔益翰1897-?)의 「與猶堂全書를 讀함」[219]이나 백남운(白南雲, 1894-1979)의 「丁茶山의 思想」[220] 등의 다산 연구[221]는 사회과학에 입각하여 정치적 경제적 시대사조에 초점을 맞추어 다산 사상을 분석한 논문으로서 아직도 주목할 만하다.

시대사조의 발전이란 개별 국가의 독립된 형태가 아니라 주변국가와의 문화적 정치적 경제적 상호 관련성 아래에서 이루어진다는 점을 고려한다면 시대사조 중심의 연구방법론의 필요성은 더욱 분명해진다. 한국전통철학도 주변국가인 중국과 일본 나아가 서구와의 교섭과 영향을 떠나서 홀로 존재하였던 것이 아니기 때문이다.

---

218 '서구문명의 대안'으로 동양사상을 연구하는 '동양사회사상 연구 그룹'에 의한 동양사상연구의 새로운 방향과 문제점에 대해서는 이동희. 2011.「한국에서의 동양사상 연구의 새로운 방향과 문제점」. 『退溪學과 儒敎文化』 第 48號. 慶北大學校 退溪硏究所. 201-240쪽 참조.

219 崔益翰의 「與猶堂全書를 讀함」은 『東亞日報』에 1938년 12월 9일부터 1939년 6월 4일 까지 65회에 걸쳐 연재되었다.

220 白南雲. 1935. 「丁茶山의 思想」. 『1935년 다산서세 백주년 기념행사』.

221 이 부분에 관한 구체적이 내용은 졸고. 2010. 「일제강점기 정인보·안재홍·최익한의 다산 연구」. 『茶山學』 제17호. 다산학술문화재단. 참조.

Ⅵ. 탈국가적(trans-national)인 시각의 문제

연구방법론으로 검토한 교리사(History of Doctrine) 중심의 연구방법론 활용, 관념사(History of Ideas) 중심의 연구방법론, 시대사조 중심의 연구방법론 등은 모두 한국전통철학사 내부의 문제에만 적용될 수 있는 방법론은 아니다. 한국전통철학을 오늘에 호환시키기 위해서는 한국철학사 내적인 흐름과 해석에만 골몰하는 것은 올바른 자세가 아니다. 나무만 보고 숲을 보지 못하며, 우물 안 개구리의 자아만족의 목소리만 높아질 수 있기 때뮤이다.

한국전통철학을 오늘의 일상 언어로 호환시켜 오늘을 사는 일반인 모두와 국제적인 객관적 평가를 받으려면 반드시 탈국가적인 시각이 매개되어야 한다. 여기서 말하는 탈국가적이란 의미는 한국철학사의 전개를 한국을 넘어서 적어도 동아시아 나아가 세계사적 시각에서 바라보아야 한다는 것이다.

한국전통철학에 대한 해석에는 일방적 자존이나 지나친 자기폄하라는 극단적 함정이 옆에 붙어 있다. 우리는 근대를 맞이하여 구한말과 일제 강점기 그리고 1980년대 까지도 이러한 극단적인 양쪽의 시각을 충분히 경험하였다.

먼저 조선유학전통에 대한 극단적인 폄하의 예를 하나만 보기로 하자.

"말하기 주저되는 바는 있으나 확신을 가지고 나는 감히 말하거니와 유교가 한국에 해준 것은 거의 아무것도 없다. 유교의 가르침이 없었다면 한국이 어찌 되었을까에 대해서는 아무도 알 수 없다. 그러나 유교를 가진 한국에 대해 우리는 너무나 잘 알고 있다. 한국을 보라. 그 억눌린 대중과, 전반적인 궁핍과, 배신적이고 잔학한 관리와, 그 더러움, 사람대접도 못 받는 여자, 말라 비틀어져 가는 가정 - 이 모든 것을 보고 유교가 한국에 무엇을 해주었나를 스스로 판단하라."[222]

일방적 자존의 예로는 생각보다 그리 많지 않아 특정한 예를 거론하는 것은 생략하기로 한다. 다만 한국전통철학에 대한 일방적 자존에 빠지는 이유는 대개의 경우 해당 철학사상가에 대한 실상 파악이 미흡하였거나 탈국가적인 시각의 결여에서 기안하는 경우가 많다.

한국전통철학은 특히 근대이전까지 성리학이나 양명학의 경우에는 중국 문화의 절대적 영향권 내에 있었고 실학의 경우에는 중국뿐만이 아니라 일본, 서양사상까지도 수용하였다는 점을 기억하여야 한다. 이 점을 잘 상기한다면 한국전통철학은 탈국가적인 최소한 동아시아적 시각으로 바라보아야 객관적인 참 모습을 드러낼 수 있을 것이다.

한편 탈국가적인 곧 동아시아적 시각이나 세계사적인 시각으로 한국전통철학을 바라본다고 해서 이러한 시각이 한국전통철학을 해

222 Chandra. Vipan. 1982. "The Korean enlightment: A re-examination." *Korean Joyrnal*. 22(5). 14~20. 김여수. 1986. 「한국철학의 현황」. 『한국에서 철학하는 자세들』. 351쪽. 재인용.

석하는 유일한 거울만은 아니다. 왜냐하면 비록 한국전통철학이 동아시아 또는 세계 철학사에서 만족할 만한 수준에 이르지 못한다 하더라도 한국전통철학의 내적 발전과정에 대한 주체적 파악은 그 나름대로 한국철학사의 전개라는 학문적 의미를 지닐 수 있으며 동시에 한국인의 존재가치의 인식이라는 측면이 엄존하기 때문이다.

따라서 한국전통철학의 해석에 있어서 탈국가적인 객관적 시각은 한국이라는 내적인 주관적 시각과 병행할 때 의미가 있을 것이다.

Ⅶ. 결론

한국철학사에 있어서 전근대와 근대를 가를 수 있는 기점이 되는 저술은 무엇일까? '근대'라는 용어의 개념정의를 이제까지 살펴 본 '한국철학'에 대한 엄격한 정의에 입각해서 생각해 보자. 그러면 이 물음은 한국역사상, '한국인이 한반도에서 살면서 한국어로 사유하고 한글로 쓴 한국인의 철학사상'에 관한 최초의 저술은 무엇이며 누구에 의해 언제 발표되었을까? 라는 문제로 바꾸어 말할 수 있다.

그 물음에 대한 답을 찾는다면 현재까지 필자가 확인하기에는, 안확安廓이 1922년 발표한 「조선철학사상개관朝鮮哲學思想槪觀」[223]이라는

223 이 글은 '언문일치'의 문체로 썼으며 1922. 『新天地』 7호에 게재되었다.

글이다.[224]

1922년 이전까지 한글로 쓴 한국철학에 관한 저술은 아직까지 확인된 것이 없다. 덧붙이자면 한국철학사에 있어서 전근대에 속하는 한국전통철학의 저술들은 모두 한문으로 되어 있다. 따라서 전근대와 근대의 맥을 이으려면 무엇보다 한국전통철학 저술들에 대한 완전번역과 더불어 그 내용에 대한 정확한 해석이 필요하다. 내용에 대한 정확한 해석을 위해서는 호환 가능한 '개념어'를 발굴해 내는 작업이 절실하다. 호환성을 갖춘 적합한 개념어 발굴을 위한 방안들은 이제까지 살펴 본 바와 같다.

한국 전근대 문화 가운데 철학부문이 역사나 문학에 비하여 상대적으로 아직도 미개발 부분이 더욱 많다. 전근대의 한국전통철학에 관한 저술은 현존하는 분량이 세계적인 수준이라고 하여도 과언이 아니다. 이를테면 다산처럼 500여권이라는 다량의 저술을 남긴 철학사상가를 찾아보기는 쉽지 않다. 다산은 철학사상의 창의성이나 주체성이라는 면에 있어서도 한국철학사 뿐만이 아니라 동아시아 철학사에서 중요한 부분을 차지하고 있다.[225]

---

224 안확의「조선철학사상개관」이 지니는 한국철학사적 의미에 대해서는 졸고. 2008.「일제 강점기『신천지』에 발표된 안확의『朝鮮哲學思想概觀』에 대한 고찰」.『동북아문화연구』16. 동북아시아 문화학회. 참조.

225 미국 UC버클리 대학의 일명 <아사미문고>의 주인공 아사미린타로(淺見倫太郎, 1869~1943)는 1922년에 발간된 그의 저서(『朝鮮法制史稿』, 東京 巖松堂書店, 大正11年, 248쪽)에서 "조선에 있어서 이조 최후의 학자로서 丁若鏞을 지니고 있다는 것은 表章할 만하다. …… 조선 말엽에 한 사람 丁若鏞을 낸 것은 조선의 행복이었으며 또한 일본의 불행이었다."라고 다산을 동아시아적 관점에서 높이 평가하였다. 성낙훈 선생은 1963년 발표한 그에서, "재래의 程朱退栗의 독단적 형이상학을 타파하고 중세적인 신비 미신을 소탕하여 근대적인 新儒學을 체계있게 성립하여 실학의 사상적 기반을 마련한 것은 다산 한 분뿐이었다. 그야말로 한국사상사에 있어서 特筆할 자랑거리가 아니고 무엇인가? …… 신비미신을 타도한 것은 漢代의 王充과 유사하고 宋儒의 理學을 반박한 것은 戴震과 유사한 점이 있으나 陰陽五行의 氣哲學까지 부정한 것은 戴震보다 진일보한 것이다"라고 하여 다

이렇게 볼 때 전근대의 한국전통철학에 대한 근대화 작업은 현재 우리 학계에 남겨진 절대적 과제이며, 철학전공자들은 한국전통철학의 주요 개념과 이론들을 현재와 소통될 수 있도록 호환성 구축에 한층 진지한 노력을 기울여야 할 것이다.

산의 사상은 한국사상사의 시각으로 보거나 동아시아 관점에서 보거나 당시 최고의 수준에 가 있다고 평하였다. 성낙훈, 1963. 「儒學思想의 近代的 轉換-丁茶山의 新儒學을 중심으로」. 『韓國思想』 6호; 金泳鎬. 1987. 「茶山學研究史序說」. 『茶山學論叢』. 茶山學研究院. 1047-1048쪽. 재인용.

참고문헌

『국역담헌서』. 1986. 고전국역총서 73. 민족문화문고간행회.

『自山安廓國學論著集』. 1994. 여강출판사.

「吳彭問答」. 〈燕記〉. 『湛軒書外集』 卷七. 2面.

안확. 1915. 「朝鮮의 美術」. 『學之光』 5호.

____. 「朝鮮의 文學」. 『自山安廓國學論著集』 四.

____. 『自山安廓國學論著集』 五. 여강출판사.

홍대용. 「心性問」. 『湛軒書內集』 卷一. 2面.

金容沃. 1985. 『東洋學 어떻게 할 것인가』. 민음사.

김흥규. 1985. 「한국문학의 범위」. 『韓國文學 硏究入門』. 知識産業社. 11- 17쪽. 참조.

심재룡 외. 1986. 『한국에서 철학하는 자세들』. 집문당.

吉熙星. 1986. 「해석학을 통해 본 동양철학 연구」. 『한국에서 철학하는 자세들』. 집문당.

김여수. 1986. 「한국철학의 현황」. 『한국에서 철학하는 자세들』. 집문당.

金泳鎬. 1987. 「茶山學硏究史序說」. 『茶山學論叢』. 茶山學硏究院.

朴鍾鴻. 1986. 「韓國思想 硏究의 構想」. 『한국에서 철학하는 자세들』. 집문당.

朴洪植. 1996. 「이갈암 성리학의 조선유학사적 의의」. 『哲學論叢』. 제12집. 영남철학회.

_____. 2005. 「해제: 다산 사상의 연구와 이해」. 『한국의 사상가 10인 다산 정약용』. 예문동양사상연구원. 예문서원.

_____. 2008. 「일제 강점기 『신천지』에 발표된 안확의 『朝鮮哲學思想槪觀』에 대한 고찰」. 『동북아문화연구』 16. 동북아시아 문화학회.

_____. 2010. 「일제강점기 정인보·안재홍·최익한의 다산 연구」. 『茶山學』 제

17호. 다산학술문화재단.

白南雲. 1935. 「丁茶山의 思想」. 『1935년 다산서세 백주년 기념행사』.

成泰鏞. 1986. 「동양철학-연구방법론 반성하자」. 『한국에서 철학하는 자세들』. 집문당.

Chandra, Vipan. 1982. The Korean enlightment: A re-examination. *Korean Joyrnal.* 22(5). 14~20.

李奎浩. 1986. 「韓國哲學의 定立을 위한 摸索」. 『한국에서 철학하는 자세들』. 집문당.

______. 1988. 『말의 힘』. 第一出版社.

李東熙. 2011. 「한국에서의 동양사상 연구의 새로운 방향과 문제점」. 『退溪學과 儒教文化』 第 48號. 慶北大學校 退溪研究所.

李相殷. 1986. 「韓國思想史 기술의 문제점」. 『한국에서 철학히는 지세들』. 집문당.

淺見倫太郎. 1922. 『朝鮮法制史稿』. 巖松堂書店.

崔益翰. 1938-1939. 「與猶堂全書를 讀함」. 『東亞日報』.

페데리코 마시니. 2005. 『근대중국의 언어와 역사』. 이정재 역. 소명출판.

丸山眞男 외. 1997. 『사상사의 방법과 대상』. 고재석 옮김. 小花.

黃浿江·金容稷·趙東一·李東歡 編. 1985. 『韓國文學 研究入門』. 知識產業社.

철학의 역사와 의미의 역사

—

이기론 연구방법론 재검토[226]

—

김영민

1. 머리말

이 글의 목적은 이기론理氣論의 기존 연구방법론을 비판적으로 검토하고, 대안적인 연구 방법론을 모색하는 것이다. 기존 연구방법론을 검토하는 과정에서, 최초의 "근대적" 이기론 연구자로 알려진 다카하시 도오루高橋亨(1878-1967)와 그에 대한 한국학자들의 대응을 분석한다. 뒤이어 이어지는 대안적 연구 방법론의 모색 과정에서는 윌리암 보우스마(William Bouwsma)가 천명한 "의미의 역사"(History of Meaning)가 주는 시사점을 적극 검토한다.

의미의 차원을 존재의 핵심으로 간주하는 보우스마의 인간관을 받아들일 경우, 기존 이기론 연구를 보완할 수 있는 새로운 연구 지평이 열릴 수 있다는 것이 이 글의 취지이다.

---

226 * 이 글은『한국학논집』43집에 실린 "철학의 역사와 의미의 역사, 성리학자와 연암 박지원: 이기론 연구방법론 재검토"라는 논문을 수정한 것이다.

2. 철학사로서 이기론

현대 한국 학계에서 조선시대 이기론은 대체로 철학의 연구대상으로 간주되었다. 과거에 존재했던 사상이라는 점에서, 역사학의 연구대상일 수도 있지만, 한국의 역사학계는 대체로 사회경제사와 정치사, 그리고 문화사에 그 관심이 집중되었고, 이기론의 연구는 철학계의 연구자들에 의해 주로 이루어졌다. 그리하여 이제 이기론 및 그에 관련된 형이상학 및 심성론心性論 연구는 한국의 철학계 내에서 오랜 역사를 가진 분야로 자리 잡게 되었다. 그런데 그러한 이기론의 "근대적" 연구사는, 흥미롭게도 일제시대에 주로 활동한 일본인 학자인 다카하시 도오루에서 그 시원의 일단을 찾을 수 있다.

다카하시 도오루는 그의 연구가 가진 일본 식민주의와의 관련성 때문에 지속적인 비판대상이 되어왔다.[227] 그럼에도 불구하고, 그가 갖는 영향력은 현 세대의 연구자들에 의해서도 널리 인정되고 있다.[228] 다른 학자들보다 앞서 선구적으로 다카하시 도오루의 한국사상 연구를 비판적으로 검토한 윤사순의 견해는, 이후 다카하시 도

---

227 다카하시 도오루에 대해 한국학자들이 보인 반응의 역사에 대해서는, 김태년. 2010. 「학안에서 철학사로 : 조선 유학사 서술 관점과 방식에 대한 검토」『한국학연구』23. 인하대학교 한국학연구소. 58쪽.

228 다카하시 도오루는 "현대학자들이 조선의 유학사상을 연구하는 데 이론적 토대를 마련해준" 인물이자 "현재 우리가 조선 유학 사상을 연구하는 데 적지 않게 영향을 미친"가교자로서 인정되고 있다. 다카하시 도루. 2001. 『다카하시 도루의 조선유학사 : 일제 황국사관의 빛과 그림자』. 이형성 편역. 예문서원. 364쪽; 다카하시 도루에 의해 "조선의 주자학에 대해 철학적, 분석적인 탐구가 시작되었다."(372쪽) 그리고 근년에 이르기까지, "조선 침략을 정당화하기 위하여 쓰긴 했지만…. 제기하는 철학적인 아직도 우리에게 과제로 남아 있다"고 그 살아 있는 의의가 인정되고 있다.

오루에 대한 한국 학자들의 입장을 예시하고 있어서 우선 주목할 가치가 있다.[229] 윤사순은 다카하시 도오루의 한국 사상 연구를 검토하는 동기가 "식민사관"의 극복에 있음을 명백히 하고,[230] 다음과 같이 다카하시 도오루의 주장을 요약하였다. 한국유학사상은 1) 주자학에만 집중한 데서 유래하는 단조로움; 2) 사단칠정론에서 드러나는 독창성의 결여; 3) 한국사상("유학")의 사회적 영향은 당쟁에 국한된다는 사실에 의해 특징 지워진다.[231] 한편, 다카하시 도오루의 이와 같은 주장에 대한 윤사순의 비판의 핵심은 다음과 같다. 첫째, 한국유학사상이 주자학 중심의 단조로운 사상이라는 주장에 대해, 윤사순은 주자학 이외의 다른 사상의 존재(이른바 "실학"으로 불리워지는 조선 후기 사상이나, 주자학 전래 이전의 사상)를 환기함으로써 비판한다. 둘째, 사단칠정론은 주자의 문제의식을 벗어나지 못했다는 점에서 독창성이 결여되었다는 다카하시 도오루의 주장에 대해, 사단칠정론은 주자학의 틀 내에 있는 것이지만, 주자보다 더 학문을 심화시킨 결과이며, 따라서 "조선조의 유학수준은 적어도 심성론 부문에 있어서 만은 중국의 수준을 능가"한다고 주장한다. 셋째, 현실에서 사상이 주로 당쟁과 연루되었다는 다카하시 도오루의 주장에 대해서는, 그와 같은 현상은 합리성 추구의 결과로 보아야 한다는 반론을 제시한다. 다음과 같은 다카하시의 발언은, 윤사순 및 그 이후 한국학자들에 의해 제기된 비판, 그 중에서도 특히 다카하시의

---

229 다카하시 도오루에 대한 연구사에 대해서는, 다카하시 도오루. 1999. 『조선의 유학』. 조남호 옮김. 소나무. 8쪽 참조.
230 윤사순. 1976. 「高橋亨의 한국 유학관 검토」. 『한국학』 12집. 중앙대한국학 연구소. 17쪽.
231 윤사순. 같은 논문. 20쪽

연구태도가 식민정책과 밀접한 관련이 있다는 비판이 근거 있는 것임을 명징하게 보여 준다.

> "이황의 학문은…. 전 조선인의 학문 유형을 대표한다 하겠다. 그런데 독창적으로 생각하여 발명하는 것〔創思發明〕은 심히 빈약하였으니, 결국 주자학을 가장 충실히 소술하는 데 불과하였다…. 이러한 것도 한국인과 일본인의 두뇌의 차이에서 오는 것이다."[232]

한국의 학문 전체를 이황의 학문으로 단순화하고, 그것을 다시 주자학의 반복으로 성격지운 뒤, 결국 해당 나라의 생래적 조건 차이로 환원하는 그의 논리를 볼 때, 윤사순 이후 여러 학자들이 다카하시 도오루의 연구에 대해 내린 비판은 타당한 근거를 가지고 있다고 결론내릴 수 있다. 그리고 다카하시의 경력 자체도 그와 같은 비판에 조응하는 것이었다.[233]

그런데 동시에 지적해야 할 것은, 넓게는 식민사관이 한국의 학술에 미친 영향, 좁게는 다카하시 도오루가 한국 사상 연구에 끼친 영향은 그것이 지닌 식민성에 그치는 것이 아니라, 식민성에 대해 이루어지는 비판에서까지 간접적으로 드러난다는 점이다. 필자는 다카하시 도오루의 연구에 대한 비판이, 그가 내린 결론을 부정하는 데 집중된 나머지 그가 설정한 연구 어젠다 설정 자체에까지는 충분히 이르지 못하였다는 판단 하에, 다카하시 도오루 이래 지속되고

232 이형성. 같은 책. 74쪽
233 다카하시 도오루의 경력에 대해서는, 조남호. 같은 책. 5-21쪽 참조.

있다고 보이는 연구 어젠다 자체를 검토해보고자 한다.

3. 다카하시 도오루의 유산 (1): 주리主理와 주기主氣

다카하시 도오루가 설정한 연구의 틀 자체가 그 이후에 등장한 한국의 다카하시 도로우 비판자들에게서 반복되었다는 주장은 일견 새로운 것이 아닌 것처럼 보인다. 왜냐하면, 다카하시 도오루에 대한 비판적 검토자들이 보기에, 다카하시 도오루가 행한 한국사상 연구 방식의 핵심은 주리/주기의 도식이었고, 이른바 주리/주기의 도식이 누렸던 영향력은 차세대 연구자들에게 널리 인정되었기 때문이다.

다카하시 도오루가 채택한 주리/주기의 도식이 가지고 있는 의의는, 그가 행한 현상윤의 『조선유학사』에 대한 비평에서 찾아볼 수 있다.

> "책의 각 장을 통해 그 인물들의 문헌을 호번하게 인용하고 연면히 그 학설을 기록하는 데 그쳤다. 그래서 그 착상이 근본적으로는 여전히 종래 조선 노유생의 구투를 벗어나지 못한 것은 유감"[234]이라고 한다.

---

234 이형성. 같은 책. 356쪽.

이처럼 다카하시 도오루는 과거에 존재했던 사상가들의 문헌을 인용하고 단순히 분류, 기록하는 것이 현상윤의 『조선유학사』가 가진 특징이며, 그것만 가지고는 충분한 연구가 될 수 없다고 판단한다. 그와 같은 판단 속에서, 그는 아마도 현상윤의 저작과 전근대 시기의 다양한 학술사 관련 저작이 갖는 공통점에 주목했던 것으로 보인다.[235] 현상윤의 저작 그리고 전근대 시기의 학술사에 대한 다카하시 도오루의 평가가 얼마나 합당한 것인지에 대한 논의는 차치한다고 할 때, 그 대안으로서 다카하시 도오루가 취한 주리파, 주기파 도식은 "우리 학계에 상당한 영향을 끼쳤고, 조선의 유학사상사(주자학)을 서술하는 데 있어 하나의 본이 되었음은 부인할 수 없는 사실이"다.[236] 그 가치는 "그가 조선 유학의 학파별 분류와 지역별 분류를 넘어서 '주리, 주기론'이라는 개념적 분류를 시도한 점에서 '사람은 밉지만, 이론은 미워할 수 없다.'"고 적극 인정되고 있다.[237] 요컨대, 다카하시 도오루는 스스로를 최초의 근대적 연구자로서 인식하고 있었으며,[238] 그가 가진 근대성은 이른바 "주리파, 주기파"의 도식을 적용했다는 데 있는 것으로 후세의 연구자들은 받아들였다.

그런데 다카하시 도오루의 주리/주기의 도식이 가진 "근대성"에 대한 이와 같은 인정이 곧, 주리/주기 도식이 향후에도 그와 같은 영향력을 누려야 한다는 것을 의미하지는 않았다. 실로 비판적 연구자들은 주리/주기 도식을 탈피하기 위해 다양한 노력을 경주한 것으

---

235 전근대 시기의 학술사 양식은, 연원록淵源錄, 유림전儒林傳, 도학전道學傳, 사우록師友錄, 학안學案 등을 포함한다. 김태년. 같은 논문. 44쪽.

236 이형성. 같은 책. 365쪽

237 조남호. 같은 책. 7쪽

238 이형성. 같은 책. 369쪽

로 보인다.[239] 이를테면, 다카하시 도오루의 저작을 번역하고 비평한 학자인 이형성은 주리파, 주기파의 도식 대신에 일원론과 이원론의 도식을 적용하여 연구하는 사례에 대해 공감을 표시한다. 그러나 그와 같은 대안적 연구 도식을 적용하고자 한 경우에도, 이형성이 기대하는 연구 결과는 조선유학사상이 "다카하시의 말처럼 '단이하고 또 단조롭지'" 않은 "발전하고 심화"된 사상임을 보여주는 것이다.[240] 요컨대, 주리파, 주기파의 도식을 사용하든, 그 대안으로서 (서양철학사에서 기원한 분류법이라는) 일원론, 이원론의 도식을 사용하든 공히 연구의 목적은, 조선유학사상의 수준을 측정하는—얼마나 단조로우냐, 혹은 심화되었으냐의—문제로 귀결된다. 그 점에서 역시 다카하시 도오루의 결론을 부정했을망정, 과연 조선에도 철학이라고 불릴 수 있는 고도의 사유가 있느냐, 있다면 그 수준은 다른 나라에 비할만한가 하는 문제의식을 근본적으로 혁신하였다고 말하기는 어렵다.

다카하시 도오루의 저작을 번역하고 비평한 또 한명의 학자인 조남호는 주기/주리의 틀에 정확히 부합하지 않는 사례들을 적시하고, 주기론이 학파로서 존재했다는 주장을 부정한다. 그리고 "대다수 조선의 지식인들은 오로지 '주리론' 일색이었고, 그 사이에서 일어난 논쟁도 주리론 내부에서의 견해 차이에 불과하다."[241]고 말한다. 주리/주기의 도식에 대한 비판과 대안이, 단순히 주기설의 제거와 그로부

239 다카하시 도오루의 주리, 주기의 틀에 대한 비판의 역사에 대해서는 김태년. 같은 논문 55쪽 참조.
240 이형성. 같은 책. 378쪽.
241 조남호. 같은 책. 18쪽.

터 결과하는 주리론 일색의 결론이라면, 그 역시 주리라는 범주를 수용하고 있다는 점에서, 주기/주리의 도식 자체의 근본적인 비판에는 이르지 않고 있는 듯 하다. 그런데 조남호는 뒤이어 다음과 같은 보다 흥미로운 발언으로서 다카하시 도오루에 대한 비판을 마무리하고 있다:

> "다카하시가 준 또 다른 영향은, 현재 한국 철학계에 펴져 있는 광범위한 존재론적 설명방식이다…. 사단 칠정을 리기로 환원한 것은 리기의 존재론적 특징을 강조하는 것이다. 리기론이 송대 철학에서 존재론적 위상을 갖는 것은 사실이다. 그러나 리기론과 사단 칠정론은 인간과 우주에 대한 설명을 좀 더 실제적으로 하기 위한 도구인 것이다."[242]

이 발언이 흥미로운 점은 조남호가 촉구하는 바 "존재론적 사고"로부터 "도구"로의 전환에 있다. 그와 같은 주장에 담긴 취지는, 이른바 이기론이 세계의 실재를 지칭하고 있다고 더 이상 가정하지 말고, 세계를 설명하는 개념적 틀로서 받아들이자는 주장이기 때문이다. 이러한 주장은 이기론에 스스로를 동화시키는 입장, 즉 이기론이 가진 전제들을 수용한 채 연구하는 이기론 내부자의 입장으로부터 탈각하자는 것으로 이해될 수 있다. 즉 연구자들은 성리학(송대 철학)을 입안한 당사자들처럼 이기론의 언어를 그대로 받아들이지 말

242 조남호, 같은 책, 19쪽.

고, 스스로를 성리학으로부터 소외시킨 뒤, 일종의 외부적 관찰자의 입장에 서자는 것이다. 그와 같은 입장에 설 경우, 리理나 기氣와 같은 것들은 세계에 실재하는 어떤 실체가 아니라, 세계를 분석하는 일종의 방법론적 개념틀(conceptual apparatus)로서 간주되게 된다. (송대 철학의 당사자들은 리와 기가 세계의 실재를 그대로 지칭한다고 믿었던 것으로 조남호는 간주하는 듯 하다.)

이처럼 조선시대 사단칠정론 및 그것을 포괄하는 성리학 내에서 발견되는 "존재론적" 특징에 주목한 학자의 계보를 찾을 경우, 한국 학계에 관한 한 적어도 앞서 언급한 윤사순에게까지 소급될 수 있다. 그는 "실학은 성리학의 이기론에서 보이는 공리공론에 반대하였기 때문에 경세론은 발달했어도 이기론은 없었다"라는 데 대해 반론을 제기하며 주리/주기의 구별은 "리를 실재시 하느냐 하지 않느냐에 달려 있다"고 주장한 바 있다.[243] 그리고 리를 실재시하지 않은 사유는 "철저하지는 않지만 경험론적 사고에 기초한 근대철학의 특징을 갖춘 것"이라고 평가하였다.

조남호와 윤사순이 공유하는 것은 실재론과 그리고 (설명도구 혹은 경험론이라는 이름으로의) 그 실재론으로부터의 탈피에 대한 주목 뿐만 아니다. 윤사순의 경우처럼, "리의 실재성"으로부터 탈각한 이후의 상태가 "경험론"이라는 서양철학사의 특정 발전 단계에 비유될 때, 그것은 여전히 한국의 전통 내에서 철학이라는 이름의 "고도의 사유"의 발전이 어느 정도 이루어졌는지를 측정하고자 하는 문제의식 내에 놓여 있다고 할 수 있다. 조남호의 경우처럼 이기론을 세

243 윤사순. 1970. 『실학사상의 철학적 성격』. 『한국문화사대계』6. 고려대 민족문화연구소.

계를 설명하는 개념적 틀로서 접근하는 경우에도, 그와 같은 접근이 (역사학이 아니라) "철학 내에서" 이루어질 경우, 이기론이라는 개념적 틀은 세계를 설명하는 (서양 혹은 그 밖의 전통에서 유래한) 다른 개념적 틀과 그 논리적 효용성을 경쟁하는 입장에 있게 된다. 예컨대, 과연 이기론은 서양철학이 발전시킨 개념적 틀에 비해 얼마나 더 정교한가, 라는 질문이 여전히 대두되게 되는 것이다. (만약 그렇지 않고, 이기론이라는 개념틀을 철저히 해당 역사적 시기에 누렸던 의미의 차원에서 접근할 경우, 그것은 철학의 대상이 아니라 역사학의 대상이 된다). 요컨대, 조남호나 윤사순이나 공히, 한국의 전통 내에서 철학이라는 이름의 "고도의 사유"의 발전이 어느 정도 이루어졌는지를 측정하고자 하는 문제의식을 가지고 있는 것으로 보인다.

이형성의 다음과 같은 발언은 다카하시 도오루 이래, 후대에까지 이어오는 문제의식을 간명하게 요약하고 있는 것으로 보인다: "조선의 유학 사상에 대한 연구는 당시 유학자들의 '사상'이 얼마나 논리적으로 이론화되고 발전했는지, 또 국가와 사회에 어떤 영향을 끼치고 있는지 밝히는 것이라 생각한다."[244] 이와 같이 연구 문제를 설정한 뒤, 이형성은 조선 주자학의 수준은 다카하시 도오루의 주장과는 달리 주자학의 단순 반복이 아니라 "보다 더 철학적, 논리적으로 심화, 발전시켜 나갔다"고 결론을 내린다.[245] 즉 이형성이 조선의 유학 사상에 대해서 내리는 결론은 다카하시 도오루의 그것과 다르지만, 그와 같은 결론을 추동한 연구 프레임은 다카하시 도오루와 큰 차이가 없다. 한국의 역사에 "철학"이 존재했다는 사실을 증명하고, 또

244 이형성. 같은 책. 363쪽.
245 이형성. 같은 책. 367쪽.

그 "수준"을 측정하고자 하는 것이다.

위에서 수행한 필자의 분석이 타당하다면 연구자들은 다카하시 도오루의 주기/주리의 틀을 벗어나고자 하였으나, 다음과 같은 기술에 함축되어 있는 다카하시의 근본적인 연구태도를 초월하고 있지 않는 것으로 판단된다.

> "'조선 유학사'라고 말할 수 있으려면 다음의 두가지 요건을 구비해야 한다고 생각한다. 하나는 조선 유학의 내용에 관한 학적, 역사적 기술이고, 다른 하나는 일본, 중국의 유학에 상대한 조선 유학의 특수성이다. 전자는 역대 조선 유학자의 저술을 섭렵하여 그것을 논리적으로 설명, 기술한다면 충분하겠으나, 후자의 경우는 반드시 일본과 중국의 유학을 모두 궁구하고 이에 대해 일가의 견해를 수립한 뒤에야 비로소 가능한 일이다."[246]

이 대목에서 다카하시 도오루는 이른바 "조선유학사"를, 그 자체로서의 학적, 역사적 서술과 비교사상사적 서술로 대별하고 있다. 그가 생각하는 "학적, 역사적 서술"이란, "문헌을 호번하게 인용하고 연면히 그 학설을 기록하는 데" 그치지 말고 "논리적으로 설명, 기술"하는 것이다. 그가 보기에, 주리/주기의 틀은 그러한 설명과 기술의 방법이다. 여기서 철학은 어떤 역사적 문제에 대한 답으로서 분석되는 것이 아니라, 문헌의 인용을 넘어서서 나름의 논리적 정합성을 띤

---

246 이형성. 같은 책. 355쪽.

사유체계로서 설명되고 기술되어야 할 어떤 것이다. 따라서 그러한 설명과 기술이 최종으로 목표하는 것은, 설명되고 기술되는 철학의 다채로움과 정교함이다. 어떠한 역사적 문제를 어떻게 해결했는가의 역사적 차원에서 해당 철학이 분석되는 것이 아니라, 설명되고 기술되어질 수 있는 사상 자체의 다채로움과 세련도의 수위가 관건이 되는 것이다. 그 수위를 측정하기 위해서 이른바 비교사상사적 서술이 요청된다. 비교사상사의 결과 다카하시 도오루는, 한국의 철학사상을 일본이나 중국의 그것에 비해 다채로움과 정교함의 수준이 저열한 것으로 판정한다.

다카하시 도오루를 비판하는 한국의 학자들은, 이와 같은 판정에 항의할 뿐 이러한 판정을 초래한 연구틀 자체에는 근본적으로 문제를 제기하지 않은 것으로 보인다. 예컨대, 윤사순이 "조선조의 유학 수준은 적어도 심성설 부문에 있어서 만은 중국의 수준을 능가"한다고 말할 때, 그는 수준의 측정이라는 다카하시 도오루의 연구틀 자체를 탈피하고 있다고 하기는 어렵다. 그리고 "적어도 심성설 부문에 있어서 만은 중국의 수준을 능가"한다는 발언은 그 밖의 분야에서는 다카하시 도오루의 판정을 인정한다는 인상마저 줄 수 있다. 그리고 한국유학사상이 주자학 중심의 단조로운 사상이라는 주장에 대해, 이른바 "실학"을 거론하는 것도, 다카하시 도오루 본인이 다산에 대한 연구를 수행했다는 사실로 미루어 볼 때,[247] 반론으로서 일정한 한계를 가질 수 있다. 다카하시 도오루가 다산 사상의 존재를 숙지하고 있었다면, 그의 평가는 "실학"의 존재를 전제로 한 상태에서 이

247 예컨대, 다카하시 도오루의 「정다산의 대학경설」 이형성. 같은 책. 333-362쪽.

루어 진 것이라고 볼 수 있기 때문이다.

요컨대, 다카하시 도오루의 유산은 단지 주리/주기의 틀에만 있는 것이 아니라, (충분히 그리고 다양하게 발달한 사유체계로서의) 한국 철학 부재론 자체에 있다고 하겠다. 다카하시 도오루의 이른바 "조선 유학사상 (혹은 철학) 부재론"은 그것이 식민지 정책 정당화 역할을 하였다는 점에서 주로 비판되어 왔다.[248] 그러나 필자가 보기에, "조선 유학사상 부재론"이 낳은 예상치 못한 또 다른 결과 중의 하나는, 향후 한국 학자들로 하여금 그에 대항하는 담론으로서 "조선 유학사상 존재론"이라고 불릴 만한 연구 태도, 즉 조선 유학에는 엄연한 철학사상이 존재한다는 것을 증명하고자 하는 노력이 한국철학계에 지배적이게끔 하는 태도를 낳았다. 실로 이후 한국철학계의 학문적 노력의 상당한 부분이 일견 가장 철학적으로 보이는 유산인 사단칠정론과 인물성동이론에 집중되었음은 우연이 아닌 것으로 보인다. 이를테면 "사단칠정론과 인물성동이론 외에 송시열과 윤증, 윤휴, 허목 등과의 다양한 예론은 오직 유교의 응용방면에만 속할 뿐 철학적 문제로 취급할 성질이 아니기 때문에 생략하도록 한다."[249]와 같은 발언은, 연구자들이 과거의 지적 전통 중에서 특히 철학적 내용만 분변해내려는 노력을 경주했으며, 그 결과 한국사상 연구는 사단칠정과 인물성동이론에 집중되었음을 증거하고 있다.

그렇다면 이른바 철학사상 부재론이 왜 문제가 되고, 무엇이 도대체 많은 학자들로 하여금 그에 대한 반론으로서 철학사상의 존재 증명에 매달리게 하였는가? 그것이 식민화 정책의 이론적 뒷받침이

248 이형성. 같은 책. 396쪽.
249 이형성. 같은 책. 94쪽.

되었다는 사실을 넘어선 보다 근본적인 이유는 무엇인가? 많은 학자들이 이른바 한국철학의 존재론에 매진하게 된 것은, 이른바 "부재론"이 모욕적이기 때문이며, 부재론이 모욕적일 수 있게 되는 까닭은, 철학이 인간 사유의 최정점이라는 플라톤적 견해가 그 근저에 받아들여지고 있기 때문이다. 암묵적으로 받아들여지는 플라톤적 전제에 따르면, 철학이 부재하다는 것은 곧 고도의 사유가 불가능한 저열한 인간이라는 것을 의미할 수 있기 때문이다.

"조선 유학사상 존재론"은, 가장 성공적일 경우, "부재론"을 비판하며 "철학"이라고 불리울 수 있는 것의 존재를 효과적으로 과시할 수 있다. 그러나 "존재론"이 가장 성공적일 경우에 조차, 다카하시 도오루 이래의 연구 프레임 자체는 계승하게 되는 결과를 낳는다. 즉 조선의 지적 전통을 검토함에 있어, 플라톤적 전제를 답습하여, 철학적 내용에 집중하게 되고, 그리고 그 철학이라는 것도 논리적 정치함이나 형이상학적 사유의 존재 여부 등이 그 발달 정도를 측정하는 기준으로 작용하게 되는 것이다.

4. 다카하시 도오루의 유산 (2): 철학과 정치 이데올로기의 이분법

위에서 행한 필자의 분석이 타당하다고 하더라도, 위에서 언급한 다카하시 도오루 및 그 이후 비판적 한국학자들이 "철학에만" 관심을 가졌다고 말하는 것은 상황을 왜곡하는 일일 것이다. 그들은 늘 사상이 광범위한 사회현실과 맺는 관계에 대해서도 관심을 기울였다. 그런데 위에서 인용한 이형성의 발언은, 한국 철학의 존재 증명이라는 문제의식 이외에, 다카하시 도오루 이래 지속되고 있던 또 다른 문제틀 하나를 드러내고 있다. 그것은 철학 대 이데올로기의 이분법이다.[250] "조선의 유학 사상에 대한 연구는 당시 유학자들의 '사상'이 얼마나 논리적으로 이론화되고 발전했는지, 또 국가와 사회에 어떤 영향을 끼치고 있는지 밝히는 것이라 생각한다"라는 발언에서, "사상…(의) 논리적…이론화"와 병치되고 있는 "국가와 사회에 대한 영향"이란, 그 의미하는 바가 분명치는 않으나, 아래에서 편의상 "이데올로기"란 말로 통칭하고자 한다.

이형성처럼 다카하시 도오루의 저작을 번역하고 비평한 또 하나의 연구자인 조남호 역시 이기론의 철학적 측면 이외에 이데올로기적인 면을 부각시킨다. 그에 따르면, 이기론이 보여주는 철학과 현실의 관계는 "느슨한 반영"으로서, 기에 주목하는 율곡학파는 보다 현

250 이러한 이분법은 철학 대 경세, 혹은 형이상학 대 실천적 경향 등으로 다양하게 변주되는 것으로 보인다.

실정치에 관심을 가지게 된다. 요컨대, 조남호는 이기론에 대한 "존재론적" 접근을 방법론적 접근으로 치환하고, 그에 대별하여 이데올로기로서의 이기론의 측면을 인정하되, 당쟁의 근원이라기보다는 현실정치에 대한 관심의 정도로서 그 정치적 측면을 이해한다.

철학 대 이데올로기의 이분법은, 철학 대 경세, 혹은 형이상학 대 실천적 경향 등 명확한 정의를 동반하지 않은 채 다양한 표현을 통해 약간씩 다른 양상으로 변주되어왔기 때문에,[251] 철학과 병치되고 있는 또 다른 조선 사상의 측면을 정확히 개념화하기는 용이하지 않다. 우리가 그것을 어떠한 이름으로 부르건, 각 이분법이 갖는 각기 다른 지향에도 불구하고, 연구자들은 (서양 혹은 중국, 일본 등의 철학과 비교하여) 논리적 정밀성의 기준으로서 측정될 수 있는 철학의 측면과 아울러/병렬적으로 사상이 현실에 대해 갖는 관련성에 주목한 것으로 보인다. 이와 같은 이분법 역시 일찍이 다카하시 도오루에게서 발견된다. 다카하이 도오루의 다음과 같은 발언을 보라.

> "…조선의 유학은 그 학설사의 관점에서 본다면 지극히 간이하고 또 단조롭다. 고려 말부터 천편일률적으로 주자학에만 골몰하여 학자의 학설도 반드시 주희의 진의에 부합하였는가 여부를 논의하는 양상에 불과하였다. 따라서 조선 유학의 가치는 학설보다 오히려 사회적, 정치적으로 국가와 사회에 끼친 영향(세력)에서 보아야 하리라. 다시 말해 그것은 인심을 지배하는 힘에 있

251 김태년. 같은 논문. 69쪽.

> 어서 위대한 것이었으며, 정당과 학맥으로 결합하는 데 이르러 가장 두드러졌다."[252]

이 구절에서 다카하시 도오루가 조선의 "유학"을 탐구함에 있어 "학설사"의 관점과 "국가 및 사회에 끼친 영향력"이라는 이분법에 의존하고 있었음이 드러난다. 이른바 학설사는 주자학의 극히 이론적 부분을 지칭하는 것으로서 오늘날 철학 연구자들이 주목하는 이기론에 해당하는 연구를 말한다. 한편 이른바 "국가 및 사회에 끼친 영향력"이란 학설이 당쟁 등과 밀접하게 관련되며 전개된 이데올로기로서의 양상을 말한다. 윤사순의 지적에 의해 드러난 바 있듯이, 조선에서 이기론의 학술적 전개는 결국 주자학의 단조로운 반복에 불과하다는 결론으로 이어지고, 이기론의 이데올로기적 전개는 당쟁이라는 조선조 정치사의 병폐를 낳았다는 주장으로 이어진다. 위에서 행한 필자의 분석이 맞다면, 조선의 이기론은 주자학의 단조로운 반복이라는 결론이나 이기론과 당쟁과의 관련성과 같은 결론들은 이후 학자들에 의해 충분히 비판되었을지라도 적어도 다카하시 도오루까지 소급되는 철학 대 이데올로기라는 도식은 대체로 유지되고 있는 것으로 보인다.

252 이형성. 같은 책. 95쪽.

5. 의미의 역사(History of Meaning)

철학 대 이데올로기의 이분법은 철학은 철저히 논리적 완성도와 세련도라는 차원에서 접근되고 이데올로기는 사회적 정치적 도구로서만 접근된다는 점에서 상호 배타적인 연구태도를 전제하고 있다고 할 수 있다. 그런 점에서 기존의 (사단칠정론과 심성론을 중심으로 하는) 이기론 연구가 철학계의 전유물이 되어 온 현상을 보다 잘 이해할 수 있다. 철학 대 이데올로기의 이분법은 그 자체로 이기론에 대한 다학제적 접근을 용이하지 않게 만드는 면이 있는 것이다. 그렇다면 철학과 이데올로기의 배타적 이분법을 넘어서서, 이기론의 철학적 측면과 이데올로기적 측면에 불가분하게 결합되어 있다는 사실에 주목하고 그리하여 정녕 다학제적 접근을 가능하게 만드는 방법론은 없는 것일까?

그러한 방법론은 모색은, 철학과 이데올로기의 이분법에 전제되어 있는 철학의 순수성, 그리고 그 철학의 순수한 지위를 뒷받침하고 있는 플라톤주의의 재검토에서 시작할 필요가 있다. 기존 사상사 방법론의 근저에 깔려 있는 플라톤주의는 그간 다양한 방식으로 비판되었다. 이기론 연구의 재검토라는 현재의 목적에 비추어 볼 때, 가장 흥미로운 것은 윌리암 보우스마(William Bouwsma)의 이른바 "의미의 역사"(History of Meaning)의 관점에서 행해진 비판이다.[253]

---

253 William J. Bouwsma. 1990. *A usable past : essays in European cultural history.* University of California Press. pp.336-347.

윌리암 보우스마의 분석에 따르면, 기존의 철학 및 사상의 연구는 암묵적으로나마 특정한 인간관을 상정하고 있다. 인간은 여러 가지 다양한 능력의 총합으로서 이루어져 있되, 그 중에서도 이성(reason)이 가장 높은 지위를 차지한다는 것이다. 이성이야말로 인간을 여타의 동물과 구별시켜주는 인간 내의 "신적인" 요소라는 인식이 타당하다면, 그와 같은 이성 기능과 그 산물에 연구가 집중되어 있는 철학/사상사는 여타 학문에 비하여 자부심을 가질 수 있는 위치를 누릴 수 있게 된다. 역사의 관점에서 보더라도, 인간의 가장 고매한 능력을 다루는 철학/사상사는 다른 분과 역사보다 더 고양된 분야일 수 있게 된다. 이러한 보우스마의 논지를 감안하면, 우리는 왜 한국의 학자들이 이른바 "조선 유학 사상 부재론"에 왜 그렇게 민감하게 반응했는지 이해할 수 있다. 그것은 다음 아닌 한국의 지성에 대한 모욕이었기 때문이다.

그런데 철학과 역사의 결합이라고 할 수 있는 철학사 혹은 사상사는 그 뿌리에 불편한 모순이 잠재되어 있다는 것이 보우스마의 지적이다. 어떤 영원한 문제를 이성의 힘으로 파악하고자 하는 노력으로서의 철학과 모든 것은 변화 속에 있다는 전제 하에 현상을 탐색하는 역사는 출발부터 그 지향이 다를 수밖에 없다는 것이다. 즉 역사적 접근에 충실하면 할수록 그것이 가진 "철학성"이 훼손될 수밖에 없고, "철학성"에 충실하면 할수록 그것이 가진 "역사성"이 훼손될 수밖에 없다.

근 수 십년간 철학사 혹은 사상사가 쇠락하는 징후가 뚜렷하였는데, 그러한 쇠락의 근저에는 다름 아닌 플라톤주의의 약화가 도사리고 있다고 보우스마는 진단한다. 그러한 쇠락에 관련하여, 플라톤주의의 인간관을 불식시킬만한 지적 공헌들이 다윈(Darwin), 맑스(Marx), 프로이드(Freud)등에 의해 이루어졌음을 보우스마는 지적한다.

그런데 이러한 상황 진단으로부터 윌리암 보우스마가 도출하는 결론은, 자못 역설적이다. 윌리암 보우스마는 전문화된 영역으로서 철학사 혹은 사상사가 쇠락하고 있는 부인할 수 없는 사실에도 불구하고, 사상사 혹은 철학사의 중요성은 한층 더 배가되었다고 할 수 있다고 말한다. 왜냐하면, 전문화된 영역으로서만 위기가 있을 뿐, 제반 영역에서 사상사적 연구의 필요성은 중요하게 되었다, 요컨대 이제 누구나 일정정도는 연구에서 사상에 연루되지 안되게끔 되었기 때문이다("We no longer need intellectual history because we have all become intellectual historians.")

누구나 일정 정도는 사상에 연루되게끔 되는 그러한 새로운 접근법을 윌리암 보우스마는 "의미의 역사"(History of Meaning)라고 부른다. 의미의 역사란 다양한 역사적 상황 속에서 의미의 창출을 위해 이루어졌던 인간의 노력 제 양상과 그 결과들을 설명하고자 하는 시도이다. 이러한 의미의 역사의 목적과 이론적 기초는 기존 사상사 혹은 철학사와는 자못 다르다. 철학이 진리에 접근하고자 한다면, 그리하여 경쟁하는 철학체계들을 진리에 접근한 수준에 따라 평가한다면, 의미사는 인간이 그러한 철학을 통해 어떠한 의미를 향유하였는지에, 그리하여 어떠한 삶의 체험이 이루어졌는지에 대해 관심을 갖는다. 특히 의미의 역사가 암묵적으로나 명시적으로나 전제하는 인간관은 철학사의 그것과 사뭇 다르다. 의미사가 전제하는 인간관은 (진리가 무엇이든) 행하는 것들에서 의미를 창출하거나 발견하고자 하는 동물로서의 인간이다.

의미의 역사에서 전제하는 인간관은 플라톤주의보다는 인류학에서 전제하고 있는 인간의 모습과 친연성이 있다. 즉 인간에게 부여된 다양한 능력 중에서 (이성과 같은) 어떤 특정 능력에 특권적 지위를 부여하지 않는다. 인간이란 자못 신비한 어떤 특정 측면으로 환원되거나 귀속되지는 않되, 인간의 행위에는 의미의 구축과 상징적 표현이라는 차원이 있음에 주목한다. 이러한 인류학적 인간관과 동전의 양면을 이루는 것이 언어학적 인간관이다.

실로 인류학자인 클리포드 기어쯔는 인간을 "스스로 자아낸 의미의 그물에 매달려 있는 동물"("an animal suspended in webs of significance he himself has spun.")이라고 정의한 바 있는데[254], 그 의미의 그물의 재료는 바로 언어이다. 인간은 바로 언어를 통해 세계 혹은 현실에 대한 다양한 데이터들을 분류하고, 조직하여 이해 가능한 어떠한 것들로 만든다. 이 언어의 변화는 곧 인간이 세계에 부여한 의미의 변화를 가리키게 된다. 이러한 차원에서 이기론을 바라보면, 리란 그와 같은 의미창출의 언어 중에서도 가장 근저에 자리하고 있는, 그리하여 인간의 제반 경험을 뿌리에서 정의하는 근본적인 언어라고 할 수 있다. 클리포드 기어쯔의 표현을 빌리자면, 삶을 질서지워 주는 마스터 픽션(master fiction)에 해당한다고 할 수 있다.[255]

---

254 Clifford Geertz. 1973. *The Interpretation of Cultures.* Basic Books. p.5.

255 Sean Wilentz 1985. *Rites of Power.* University of Pennsylvania Press. p.33

이와 같은 의미부여 활동은 철학자와 같은 특정한 지적 엘리트만 행하는 배타적 활동이 아니다. 따라서 탐구의 대상은 사상가들에 국한되는 것이 아니라 의미를 자아내는 모든 인간에게로 확장된다. 그러한 점에서 사상의 거인들의 경전적 저작에 치중해 온 기존의 철학사는 심각하게 그 연구 범위가 제한되는 것으로 판명된다. 연구 대상은 의미가 깃든 모든 곳으로 확장한다. 다양한 예술을 비롯하여, 상징적 차원이 깃든 현상은 모두 연구대상이 된다.

이러한 의미사의 통찰은, 기존의 철학연구에만 문제를 제기하는 것이 아니다. 그것은 실증주의적(positivistic) 역사 연구태도에도 공히 도전을 한다. 왜냐하면 의미사는, 역사적 사실을 사실 자체로서 나열하고 조직하는 것에 만족하지 않기 때문이다. 의미사는 날것으로서의 사실이 아니라 그 사실의 창조자이자 소비자였던 인간들이 부여하고 발견한 의미를 추적하기 때문이다. 이러한 입장에 선다면, 경제사이든 정치사이든 당시에 일어났던 어떤 사태나 상황에 대한 기록만으로는 충분치 않고, 당대의 사람들이 그 사태에 어떠한 의미를 부여했는가가 중요해진다. 그리고 똑같은 사태라고 하여도 사람들은 각기 다른 의미를 부여할 수 있기 때문에, 사태의 "사실적" 기록과 재진술만으로는 충분한 연구가 될 수 없다.

이러한 의미사의 통찰을 활용할 경우 조선시대 철학의 단조로움에 대한 다카하시 도오루의 평가도 다른 각도에서 검토할 수 있게 된다. 앞서 논했듯이 다카하시 도오루가 실학의 존재를 숙지하고 있었다는 사실을 감안할 때, 단지 실학의 존재를 환기하는 것으로는 충분히 효과적인 비판이 될 수 없다. 다카하시의 도오루의 지나친 단순화가 말하는 바대로, 설령 조선시대 철학이 동어반복으로 이루어졌다고 하더라도, 의미사는 똑같은 것에 대해 완전히 다른 의미부여가 이루어지는 가능성을 염두에 두기 때문에, 동어 반복을 곧바로 단조로움이라고 평가하지 않는다. 관건은 그 자체 자족적인 사상체계로서의 철학의 다채로움이 아니라, 어떠한 "철학적" 언명 자체에 대해 인간이 부여한 의미이고, 그 의미는 같은 대상을 가지고서도 다른 맥락에서 달리 베풀어질 수 있다. 그 "맥락"을 재구성하기 위해서는, 당연히 사회 정치적 상황을 고려해야 한다는 점에서 철학과 이데올로기 간의 배타적 이분법은 더 이상 통용되지 않는다. 그리고 동일한 사회 정치적 상황에서도 각 인간들은 자기 나름대로 해석대상을 전유(appropriate)하여 나름의 의미를 창출하고 소비할 수 있다. 결국 의미사의 입장에서 설 때 연구자는 철학과 이데올로기의 구분을 무화시키는 "의미"라는 지점으로 나아가게 되고, 그러한 지점에서 진정한 의미의 학제적 연구의 지평이 열리게 된다.

이 "의미"의 영역은 "순수한" 철학사보다 훨씬 더 정치적 차원에 민감하다. 그러나 여기서 말하는 정치적 차원이란 단순히 정부에서 피치자들에게 휘두르는 상징조작만을 말하지 않는다. 어떠한 상징조작이 이루어질 경우에도 의미사는 피치자들마저 의미의 생산과 소비의 주체라고 보기 때문에 정부의 상징이 일방적으로 피치자들에게 부과되었으리라고 쉽게 단정하지 않는다. 어떠한 사태가 일어나면 그 사태에 직간접으로 연루된 주체들은 (원래 사태 유발자의 의도와 무관하게) 그 사태에 각기 다른 의미를 부여할 수 있기 때문이다. 흔히 이데올로기를 운위할 경우 정치적 권력자가 피치자에 대해 부과하는 상징체계를 의미하기 쉬우나, 의미사의 관점에서는 피치자도 그 의미를 자기 나름대로 전유할 수 있다. 인간은 누구나 의미적 동물이기 때문이다. 그리하여 각자의 의미들이 충돌할 때, 그것은 또 다른 의미에서 정치적 색채를 띠게 된다. 이렇게 본다면, 이기론은 단순히 세계를 설명하는 틀이라기보다는 세계와 우리를 매개하는 상징계를 점유하기 위해 의미적 인간들이 벌이는 전투의 공간이 된다.

6. 맺음말

인간은 이윤추구를 극대화하는 경제적 동물인 것만큼이나 상징적 의미를 살아내는 "의미적" 존재들이다. 실로 클리포드 기어쯔가 말한 대로 인간은 "스스로 자아낸 의미의 그물에 매달려 있는 동물"("an animal suspended in webs of significance he himself has spun,")이다. 상징을 단순히 자신의 이해관계를 위해 사용하고, 위선을 행하는 존재라면, 그러한 존재는 실제로 그 "의미"를 살아내는 존재라고 할 수 없을 것이다. 인간이 벌거벗은 세계를 사는 것이 아니라 의미의 그물망을 산다면, 그 의미는 그 자체로 인간을 실제로 구속하는 효과를 갖는다. 인간이 자발적으로 그 의미에 구속되고 제약될 때, 우리는 그것을 단순히 위선이라고 부를 수는 없게 된다. 동시에 인간이 아무리 상징을 자발적으로 구현하려고 한들, 그것을 생래적인 도덕적 본성의 발현이라고 서둘러 간주할 수도 없다. 의미의 역사를 연구 방법론으로 적용한다면, 그 상징적 의미의 기원은 궁극적으로 인간의 삶이 요청하는 일정한 정치질서의 필요에 있을 뿐, 내재된 본성이 아닐 수도 있다. 그렇게 보았을 때, 내재된 인간의 특징이 있다면, 인간은 이 세계를 파괴하지 않고 유지하고자 하며, 벌거벗은 삶이 아닌 의미로 충만한 삶을 살고자 한다는 점 정도이다.

우리가 경제적 이해관계로만 정의될 수 없는 존재라면, 과거에 살았던 이들도 그처럼 정의될 수 없는 존재일 것이다. 오늘날을 사는 우리나 과거의 인물들이나 공히 생물로서의 자기 보전을 넘어서 나름의 의미를 창출하고 사는 존재들이라면, 우리는 한국의 전통을 연구함에 있어 이기론 연구를 포기할 수는 없다. 과거의 역사를 검토할 때 이기론의 영역이 누락된 과거의 역사를 상상한다는 것은 곧 의미의 차원이 사상된 인간을 상상하는 일이기 때문이다. 이처럼 의미의 차원을 존재의 핵심으로 간주하는 인간관을 받아들일 경우, 기존 이기론 연구를 보완할 수 있는 새로운 연구 지평이 열릴 수 있다는 것이 이 글의 취지이다.

참고문헌

김태년. 2010. 『학안에서 철학사로 : 조선 유학사 서술 관점과 방식에 대한 검토』. 『한국학연구』 23. 인하대학교 한국학연구소.

다카하시 도오루. 1999. 『조선의 유학』. 조남호 옮김. 소나무.

______. 2001. 『다카하시 도오루의 조선유학사 : 일제 황국사관의 빛과 그림자』. 이형성 편역. 예문서원.

박지원 지음. 2004. 『열하일기』. 리상호 옮김. 보리.

______. 2007. 『연암집』. 김명호 역. 돌베개.

윤사순. 1970. 『실학사상의 철학적 성격』. 『한국문화사대계』 6. 고려대 민족문화연구소.

______. 1976. 『高橋亨의. 한국 유학관 검토』. 『한국학』 12집. 중앙대한국학연구소.

Bouwsma, William J. 1990. *A usable past : essays in European cultural history.* University of California Press.

Geertz, Clifford. 1973. *The Interpretation of Cultures.* Basic Books.

Wilentz, Sean. 1985. *Rites of Power.* University of Pennsylvania Press.

[저자소개]

황재문

서울대학교 인문대 국어국문학과를 졸업하고 서울대학교 대학원 국어국문학과에서 석사 및 박사학위를 받았다. 현재 서울대학교 규장각한국학연구원 HK교수로 재직 중이다. 주된 관심사는 한국 고전문학과 근대문학의 관계, 문학과 역사의 관계 문제이다. 주요 논문으로는 「大東詩選의 편찬경위와 문학사적 위상」, 「전통적 지식인의 망국 인식」, 「안중근의 문학적 형상화 양상 연구」 등 다수가 있다.

E-mail : hwajm@snu.ac.kr

황호덕

현재 성균관대 국어국문학과 부교수로 재직 중이다. 성균관대 국어국문학과 및 동대학원 박사과정을 졸업하고, 일본 도쿄대학 총합문화연구과 박사과정을 수료했다. 캘리포니아 주립대학교(Irvine) 동아시아어문학과에서 수학·강의했고, 일본 조사이 국제대학 인문학부 전임강사를 역임했다. 고석규비평문학상·한국비교문학상을 수상했으며, 인문학의 정치성을 전재탈환하기 위한 연속 기획 'What's up 총서'를 기획 편집하고 있다. 지은 책으로는 『벌레와 제국』, 『프랑켄 마르크스』, 『근대 네이션과 그 표상들』 등이 있으며, 『개념과 역사, 근대 한국의 이중어사전』 1, 2를 공저했고, 『전쟁하는 신민, 식민지의 국민문화』를 공편 하였다. 역서로는 『근대어의 탄생과 한문·한문맥과 근대일본』 (공역)이 있다.

E-mail: weiv@lycos.co.kr

배우성

배우성은 서울대학교 학사, 석사, 박사를 졸업하고 청운대학교 교양과정 교수(1998~ 2000년)를 거쳐 2001년부터 현재까지 서울시립대학교 국사학과 교수로 재직 중이다. 저서로 「정조와 정조시대」(공저. 서울대출판부. 2010), 역서로 「국역동문휘고강계사료」(공역. 2008), 논문으로 「만주에 관한 지식과 조선후기 사회」(역사학보. 2011) 등이 있다.

E-mail: sungdd@uos.ac.kr

이윤갑

서울대학교 국사학과를 졸업하고 동대학원에서 석사학위를 하였으며 연세대학교 사학과 대학원에서 박사학위를 받았다. 계명대학교 사학과 교수로 재직하고 있으며, 한국학연구원장을 맡고 있고, 친일반민족행위자 재산조사위원회 위원을 역임했다. 주요 관심분야는 한국근대농업사와 민족운동사, 사회사상사이며, 「한국근대의 상업적 농업연구」, 「일제시대 사회성격론」, 「일제의 식민지 지배와 마을문화의 해체」, 「한국역사학의 새로운 길 찾기」 등 다수의 논저가 있다.

E-mail: ykl311@kmu.ac.kr

박홍식

성균관대학교 유학과 졸업, 동대학원 석사 박사를 졸업하였으며, 현재 대구한의대학교 외국어학부 교수로 재직중이다. 저서 『실학사상과 근대성(공저)』, 『현대인의 유교읽기(공저)』, 『다산 정약용(편저)』 등이 있으며, 논문으로는 「조선조 후기 실학사상에 나타난 인간관의 특징」, 「청년 최한기의 철학사상」, 「자산 안확 철학사상의 한국 철학사적 의의」 등이 있다.

E-mail: hong@dhu.ac.kr

김영민

고려대학교를 졸업하고 미국 하버드(Harvard)대학교에서 박사학위를 받았다. 브린 모어(Bryn Mawr) 대학교 교수를 거쳐, 현재 서울대학교 사회과학대학 정치외교학부 교수로 재직 중이다. 주된 관심사는 동아시아 정치사상사이다. 주요 역서로는 『북계자의』, 『역사 속의 성리학』 등이 있다.

E-mail: kimyoungmin@snu.ac.kr

근대 전환기의 학문적 단절 잇기

2012년 12월 12일 초판1쇄 인쇄
2012년 12월 26일 초판1쇄 발행

지은이 **계명대학교 한국학연구원 편**
펴낸이 **신 일 희**
펴낸곳 계명대학교 출판부
(704-701) 대구광역시 달서구 달구벌대로 1095
TEL: (053)580-6233
FAX: (053)580-6235
홈페이지: www.kmupress.com
출판등록: 1970. 9. 1.(제347-1998-1호)

ISBN 978-89-7585-603-7 93300
정가 25,000원
*잘못된 책은 교환하여 드립니다.